谨以此书献给我的奶奶郭秀珍、姥姥闫士英和母亲杨素君。

南京医科大学学术著作出版资助项目

何以为生

当代中国城市女性孕产现状研究

邱济芳 著

西北大学出版社
·西安·

图书在版编目(CIP)数据

何以为生：当代中国城市女性孕产现状研究 / 邱济芳著. -- 西安：西北大学出版社，2024.11. -- ISBN 978-7-5604-5541-9

Ⅰ.C924.24

中国国家版本馆 CIP 数据核字第 2024W28V22 号

何以为生：当代中国城市女性孕产现状研究
HEYIWEISHENG DANGDAI ZHONGGUO CHENGSHI NVXING YUNCHAN XIANZHUANG YANJIU

著　　者	邱济芳
出版发行	西北大学出版社
地　　址	西安市太白北路 229 号
邮　　编	710069
电　　话	029-88303310
网　　址	http://nwupress.nwu.edu.cn
电子邮箱	xdpress@nwu.edu.cn
经　　销	全国新华书店
印　　装	陕西瑞升印务有限公司
开　　本	787mm×1092mm　1/16
印　　张	13.5
字　　数	240 千字
版　　次	2024 年 11 月第 1 版　2024 年 11 月第 1 次印刷
书　　号	ISBN 978-7-5604-5541-9
定　　价	58.00 元

如有印装质量问题，请与西北大学出版社联系调换，电话 029-88302966。

序 言
PREFACE

从计划经济时代到社会主义市场经济时代,医疗制度经历了一系列的变迁,在这一过程中,女性怀孕和生产的社会意义和具身经验也不断发生改变。计划生育、优生政策和健康中国等理念都成为中国女性孕产之身体面临的特殊社会文化环境。市场嵌入到医疗制度中,催生了一种医疗资本和市场资本的运作规律,创造出了具有消费性特征的孕产身体。专业符号或知识成为市场可利用的资本,而市场所提供的额外资源缓解了医院的供给紧张问题,两者在这一意义上达成共赢。孕妇在这种健康化、消费化的身体定位下以不同方式进行策略性回应,形成了极为多样化的情境选择。

在医疗制度当中,风险分配与孕妇的健康母职焦虑相伴而生。医院的风险分配策略包括程序化的风险编排、空间化的风险控制和污名化的孕妇分类。在这一系列风险分配下,孕妇产生了差异化的风险认知和焦虑的母职体验。孕妇将医疗制度中的风险观纳入到对自己孕产身体的治理过程之中,在中国传统文化的形塑下,形成一种具有历史特殊性和文化传承性的"风险"观念。孕产知识是风险分配的基础。在医疗制度中,孕产知识的传播通过医患关系和教学关系两种方式完成。制度之外,女性群体将孕产知识和具身经验结合在一起,形成一种整合的孕产知识和情境性的选择。在这一过程中,知识和权力的边界模糊化,新时代的母职想象具有了更加多元化的知识形态,其中专家知识仍居于主导和权威地位。

从女性主体出发，我们发现在医疗实践中，女性会表现出"花钱买心安"和"情境性选择"的行动逻辑。她们对基因检测技术的消费实际上是以消费者的角色推动了这一技术的发展和国际竞争。产妇在医院中依情境进行社会互动，整合并调用自己的知识做出分娩过程中的种种选择。本书勾勒出当前城市女性孕产所处的整体环境和女性处于其中的行动策略，描绘了生命的门槛之当代图景。

邱济芳

2024年9月于南京

目 录
CONTENTS

第一章　导　论 …………………………………………（ 1 ）
　一、问题的提出：中国女性的怀孕与生产 ……………（ 1 ）
　二、文献回顾 ……………………………………………（ 2 ）
　三、研究方法 ……………………………………………（ 9 ）
　四、研究概述 ……………………………………………（ 16 ）

第二章　国家推动：现代卫生与健康化身体 …………（ 18 ）
　一、国家政策下的女性生殖 ……………………………（ 20 ）
　二、建设到改革：医疗制度与妇幼卫生 ………………（ 28 ）
　三、生育政策调整后的产科状况：质量与服务的分析 ………（ 37 ）
　四、三孩政策以后的产科何去何从？ …………………（ 45 ）

第三章　市场嵌入：医疗制度与消费化身体 …………（ 47 ）
　一、医疗技术、专业知识和市场 ………………………（ 49 ）
　二、怀孕与生产中的消费化身体 ………………………（ 58 ）
　三、"多重剥夺"下的医疗资源利用不平等 ……………（ 63 ）

第四章　医院制度：风险分配与母职焦虑 ……………（ 66 ）
　一、医院的风险分配逻辑 ………………………………（ 67 ）
　二、孕妇风险认知与母职焦虑 …………………………（ 74 ）
　三、风险排序与价值商榷 ………………………………（ 78 ）

第五章　孕产科学：知识融合与母职再造 ……………（ 85 ）
　一、医院制度中的孕产知识 ……………………………（ 87 ）

二、非制度化的孕产经验与知识传播 ………………………（ 94 ）
　　三、网络时代下的知识/权力边界与母职再造 ……………（ 101 ）

第六章　"花钱买心安"：多元治理下的基因检测消费 ………（ 107 ）
　　一、无创基因检测在中国 …………………………………（ 108 ）
　　二、遗传咨询的身体治理过程及机制 ……………………（ 114 ）
　　三、"花钱买心安"：无创基因检测使用的内在逻辑及其影响 ………
　　　　…………………………………………………………（ 129 ）

第七章　"风险"的生产：分娩的多重阐释及情境选择 ………（ 140 ）
　　一、分娩的具身经验与生物医学风险 ……………………（ 141 ）
　　二、生产的"风险"：生物医学话语及其传播 ……………（ 145 ）
　　三、"风险"的生产：女性的分娩体验和行动策略分析 …（ 149 ）
　　四、组合知识与情境选择：产房里共识的构建 …………（ 157 ）

第八章　生命的门槛：怀孕与分娩的再思考 ……………………（ 159 ）
　　一、消费性、健康性的多元治理与孕妇行动 ……………（ 160 ）
　　二、理论反思与中国情境 …………………………………（ 166 ）

参考文献 ……………………………………………………………（ 169 ）

附录一　访谈人员及其编码 ………………………………………（ 193 ）

附录二　访谈提纲 …………………………………………………（ 195 ）

附录三　知情同意书 ………………………………………………（ 197 ）

附录四　调查问卷 …………………………………………………（ 199 ）

后　记 ………………………………………………………………（ 207 ）

第一章 导 论

一、问题的提出：中国女性的怀孕与生产

随着现代产科医学的发展，怀孕与生产经历了医学化的过程，包括定期的产检和最终的住院分娩。女性通过医疗技术来了解自己孕期的身体和腹中胎儿的状况，监测自己的基本情况，最终娩出婴儿来给十月孕期画上句号。因此，医院的产科成为一个对女性怀孕与生产的身体进行集中治理的现代场所，与人类社会最关键的人口再生产——生殖活动本身紧密相连。现代女性的孕产问题一直是备受关注的社会问题，无论是国内还是国外，关于女性孕产现状的研究与讨论都较多。

早在1973年时，美国非营利组织波士顿女性健康图书发表了《我们的身体，我们自己》(Our bodies, Ourselves)一书，其中专门以女性为第一人称讲述经验的方式分享了生殖健康、生育、节育及其中的个人权力等多种话题。2014年，网络上有女性以话题标签"补偿你的子宫"(Payetonuterus)将自己在医院遭受的不愉快经历分享到推特网站上，这一分享引起了女性群体的广泛共鸣。女性的经验被公开讨论，女性的声音被医学界和社会界所听到，这实际上间接推动着产科领域医疗服务的改革和完善。2017年8月，法国巴黎举办着一系列反对"产科暴力"(violence obstetricale)的活动：共和广场上的游行和示威、女性基金会(La Foundation des Femmes)邀请妇产科医生、律师和社会学家参与的讨论会、面对公众的免费讲座等等。她们反对任何在生产过程中未经女性同意的操作：注射催产素、外阴切开术、助产士压腹部以加速产程、阴道触摸等。法国社会对孕产相关问题的深入讨论也是从近几年才逐渐开始的。

如今，在全球化背景下，产科医学的推广和医疗机构的制度化给中国女性带来了与西方女性相似的现代化孕产体验，那么，当前中国女性在医疗体制中的怀孕与生产过程是如何展开的？医生和孕妇如何互动和

沟通？这些孕妇在医疗环境中的体验和行动到底如何？本研究关注当代中国城市产科中女性怀孕与生产的具体过程、不同主体在这一过程中的作用以及女性怀孕与生产的身体经验。

二、文献回顾

19世纪下半叶，女权主义理论家反思性别和生育的关系，质疑生育繁衍的自然性和绝对性。她们批判医疗机构和新生殖技术所带有的父权制色彩，强调女性在怀孕与生产中应保持自己的主体权力（Martin，1987；Mitchell，1971；Oakley，1980；1984；2016；Simonds et al.，2007；Rothman，1982；1989等）。在这样的背景下，研究者不断反思医疗化（Zola，1972；Conrad，1975；1992）①孕产过程中女性体验的阶层化差异（Gimenez，1991；Ginsburg & Rapp，1991；McCallum，2005；Nelson，1983；Petchesky，1987；Rapp，1999等）和女性的选择（Lippman，1999；Zhu，2008等）。从女性主义运动的第三波浪潮出发，研究者反思批判以"白人中产阶级"为主流的价值观，通过多样化研究对象来分析她们差异化的生殖体验和行动，强调特定社会文化背景下女性自身对控制（control）、选择（chioce）或者权力（power）的理解并不相同（Namey & Lyerly，2010）。比如洛克和考菲尔特（Lock & Kaufert，1998）使用"务实的女性与身体政治"（pragmatic women and body politics）汇编了学者对不同国家女性生育实践的研究，拓宽了怀孕与生产研究的社会文化谱系。

"生殖的政治"（the politics of reproduction）这一概念切实道出了生殖问题的复杂性和社会文化意涵，因为生殖离不开其所处的政治、社会和

---

① 医疗化研究源于20世纪70年代的美国，其代表为埃尔文·佐拉（Irving K. Zola）和彼特·康拉德（Peter Conrad），两人主要强调医疗化趋势与社会控制的关系。医疗化成为社会控制的新型手段（Zola，1972；Conrad，1975）。医疗化（medicalization）是指生活中原本不属于医疗的部分逐渐被医疗知识解释，纳入医学问题，并被置于医疗制度安排之下的过程（Conrad，1992）。医疗化进程将怀孕与生产这一生物过程纳入医疗产科制度之下，并以妇产科学为知识基础，使怀孕与生产同医学不可分割。医疗化的过程逐渐社会化，把生命周期中的每一个阶段包括怀孕与生产等都带入科层化的专业照看场所进行统一管理，削弱了家庭的照看作用（奥尼尔，2010）。康拉德认为医疗化通常发生在三个层面，分别为观念层面、制度层面和互动层面。从观念层面，社会中的现实问题先被医学权威赋予特定称谓；在制度层面，相关的机构会采用特定的医学方法来处理这一问题；在互动层面，医生通过给患者界定相关概念并且采用特定治疗方式来使患者认识到这一医学问题（Conrad，1992）。

文化(Ginsburg，Rapp，1991)。耶鲁大学社会学家艾尔美林(Almeling，2015)曾利用福斯特-斯特林①(Fausto，Sterling，2000)"俄罗斯套娃"(Russian nesting dolls)的说法来比喻当前生殖问题研究的这种多层面性。她将生殖社会学研究划分为历史结构文化过程(包括国家、市场、文化规范、医疗、媒体、社会运动等)、互动过程(包括家人、朋友、医生等)、个人过程(认同、体验和具身性)以及身体过程(基因、细胞、器官等)，多个层面之间互相关联、彼此影响，构成了当下生殖社会学研究的样貌。

在现代医疗技术出现之后，女性为了确保血脉延续会半推半就医疗机械的入侵，同时与此相伴的是一系列对身体日常作息、情绪状态等各方面的规范(李贞德，2012)。随着住院分娩的推广和家中分娩的改造，中国女性怀孕与生产的过程日趋医疗化，同时，产科医疗空间中所蕴含的医学知识和医患关系发生了改变(陈家萱，2007；赵婧，2008)。这一系列分析也给中西方生殖社会学领域的对话提供了基础，中国和国外的女性都参与同样的医学实践，而中国女性还受到传统医学养生等观念的规范，这是否会使得中国女性所经历的孕产医疗化具有某种特殊性？

国内已经有不少学者从医疗化入手分析怀孕与生产问题。杨蕾、任焰(2014)和刘畅(2017)从社会建构的角度入手，分析了产检医疗化过程中国家、市场、医疗机构及科学知识的具体作用，他们都认为这种医疗化是多方权力建构的产物，女性在其中的行动性鲜有提及。范燕燕、林晓珊强调了产妇身体经验、医疗风险话语和国家现代化叙事重塑了中国女性的分娩方式，其侧重三者视角下分娩的意义，展示出中国分娩医疗化带来的后果，但是未能呈现这一过程的连续性背景。

与医疗化相伴随的是消费社会的出现和消费母职(consuming motherhood)产生的社会文化效应。泰勒(Janelle S. Taylor)认为女性通过消费在怀孕与生产中获得愉悦感。在当代社会中，女性既是一个进行人口再生产的劳动者，还有一种消费者的身份(Taylor，2000)。在购买的过程中，女性成为特定检查项目常规化的主体之一(Gammeltoft，2007；Taylor，2008；曹慧中，2014)。女性的消费行为还缓解了产检给她们带来

---

① 福斯特-斯特林将从分子到社会结构不同层面间的紧密联系比喻为多层且具有相似结构的俄罗斯套娃，任何一个层面(从身体分子到社会结构)的改变都会引起其他层面的变化。

的焦虑情绪(Theodorou，Spyrou，2013)。政治性、医疗性和消费性构成当前怀孕与生产分析的主要视角。

女性主义理论、身体研究和母职研究构成了生殖社会学中关注怀孕与生产对话的主要理论背景，而孕产医疗化、消费母职、密集母职等则构成了当前城市女性孕产面临的社会情境。本研究从身体与性别研究出发，使用"对身体的治理"分析代替"新生殖科技"等趋势性的展现，强调当代城市对女性怀孕与生产行为的具体组织方法，从而由一种对孕产现状的描述和批判转移到对具体治理技术的探索和反思(Weir，2006)。

(一)生命政治理论与治理术[①]

治理术(governementalité)这一概念是由福柯于1978年提出的，发表在意大利刊物 Aut 上，之后放入了福柯的文集《言与文》第三部。在福柯讲授《安全、领土与人口》这一课程时，他展开阐述这一思想，对其具体的使用方法进行分析比较。"治理术"(gouvernementalité)有三个层面的意思：第一是由制度、程序、分析、反思、计算和策略所构成的总体，使得这个特殊而复杂的权力形式得以实施，这种权力形式的目标是人口，其主要知识形式是政治经济学，基本的技术工具是安全配置。第二是"治理"的权力形式越来越突出，比其他权力形式更加重要，形成了一系列治理特有的装置(appareils)和一整套知识(savoirs)的发展。第三则是指"治理"这一过程，西方社会的国家经历了一个"治理化"的过程(福柯，2010)。

福柯在分析监狱、诊所等制度的历史后发现，现代社会出现一种将宏观人口管理和微观身体治理结合在一起的生命政治(Foucault，1975；Foucault，2004)。这是一种新型社会治理形态，并以身体政治(politique des corps)的方式实现。"身体治理"(le government des corps)的范畴越来越广泛，其中不仅包括宏观范畴中对身体的治理，还包括日常的一些扩散性的机构和程序，这些范畴都已经成为我们日常生活中的政治领域(Fassin & Memmi，2004)。治理是一种个人和其他人之间的道德联系，治理的技术有多样化的逻辑和弥散的形式(Dean，1999；Fassin & Mem-

---

[①] "治理"这一概念的使用非常广泛。浙江大学王诗宗曾从公共行政学视角系统讨论过这一概念及在中国的适用性(王诗宗，2009)。国外学者也已有不少著述专门分析这一理论(Dean，1999；Lemke，2000；Inda，2005 等)。本书侧重从治理术的层面进行分析，并主要探讨身体政治理论视角下对怀孕与生产之身体治理的分析。

mi，2004）。

在生物医学指导下对身体的自我治理是当代西方社会治理的关键特征之一。福柯在谈论安全、领土与人口治理之际，已经提出了一种对自己和他人身体的治理（Foucault，1978）。随后的研究者在对法国社会继续研究的基础上提出，法律将人们选择自我管理方式的权力交给每个人——保持健康、控制生育、生活和死亡。治理（gouverner），就是让每个人治理自己。在各种治理身体的具体情境中，个案管理成为一种管理人的主要方式，针对个人的心理分析也成为这一理性科层制的重要特征之一（Fassin & Memmi，2004）。自我成为权力的作用主体，国家不再是权力治理的中心。与此同时，当代生物医学发展迅速，自我治理和医学领域紧密相关。罗斯（2014）认为当代生命政治的主要特征便是生命的资本化，它通过诸如基因控制遗传风险或者犯罪率等问题来创造一种伦理的肉身化。他认为这种生命政治在当前社会中发挥着一定的积极功能，而且其形塑了一种控制生物学的新型治理策略。

在医疗的生殖领域，国家通过培训专业的医疗咨询师和伦理咨询师参与不同女性或家庭对生育或放弃生育，以及死亡方面的决定（Memmi，2003）。他们用话语来治理生与死，同时在沟通过程中"制造同意"（Faire dire oui）（Memmi，2003）。在怀孕与生产这一问题上，自我治理则表现为孕妇按照医患沟通、医疗课程和日常学习的孕产知识管理身体，并将自己的孕产过程纳入医疗流程中。罗斯（2014）提出，当生殖技术越来越发达时，人们对生殖活动的自我治理范围也更加广泛。他认为现代的自我治理是一种主体的自我优化和风险控制。拉普（Rapp，2000）分析孕妇对羊水穿刺的使用，认为当前自我治理情境下孕妇在面对产前检查时，往往会成为"道德先锋"（moral pioneer）。公共层面的社会伦理问题要求孕妇在个人社会生活环境下做出私人化的抉择。孕妇成为对自己身体负责的主体，她们需要在各种孕产技术中做出选择并自己承担相应的责任。医生在孕妇身体的责任体系中成为建议者和知识传递者。在这样的背景下，罗斯（2014）等认为以后的医疗技术在生命本身的政治上会具有更多的"个体化"（individualization）特征，逐渐形成一种"定制性"服务。社会控制通过自我治理形成了一种越来越个体化的身体治理形态，这种个体化的身体治理形态和个体化的社会存在密切的关系（Memmi，2003）。

在全球化背景下，各国的治理越来越具有相似性，不少学者使用生命政治和治理的理论来研究中国社会(Sigley，2006)。对于生命政治理论在中国的适应性问题，中国的生命政治除了以长期的官僚主义、内部政治意识形态和最近的社会主义以外，其本质和国际上的生命政治相同——都以一种特别的方式使用现代民族国家和制度对生命和身体进行治理(Farquhar & Zhang，2005)。杰福利斯和席格伦(Jefferey & Sigley，2009)总结了治理术的研究，并分析了"中国社会主义治理艺术"与西方自由主义有亲近的谱系。两种传统都依赖于治理策略的成功运作，从而"创造"出治理规范自身的被治理者。但是两种治理方式又存在差别。自由主义承认个人天赋自由并且维护其自由范围，而社会主义和共产主义则优先考虑集体利益和国家利益。当前中国的"中国式科学行政国家"(technoscientific-administrative Party-State)结合了社会主义和自由主义治理策略(Jefferey & Sigley，2009)。从这个意义上来看，治理及生命政治的理论可以走进非西方的社会情境并且寻求更大范围内的解释力。

以格林豪尔(Susan Greenhalgh)为代表的学者分析了中国对人口和生命的治理。她认为，中国社会生命政治治理方式发生了变化：第一，由简单直接的治理方式转变为非直接不强制的促进性个人推动；第二，核心工作内容从控制人口数量转向控制人口质量；第三，以国家为中心到以多元权力为中心(Greenhalgh，2010)。安德训(Anagnost，2004)也认同中国生命政治在经济社会转型之后开始强调人口"素质"。"素质"话语的提出构成了中国生命政治的转角，在历史变迁的基础上，中国的生命治理经历了量到质的转化，但是对量的控制仍然没有消失。如今中国的生育政策修订为三孩政策，在强调生育质量的同时有数量的要求。生命政治的治理(biopolitical governance)或者生命治理(biogovernance)以优化个人和集体生活、健康和福利为名义来管理人口生命特征(Greenhalgh，2009)。

理解这种差异化的权力如何在中国得以运作，是理解混合形式治理术的关键(杰福利斯、席格伦，2014)。在"生命的门槛"之处，我们看到女性正经历着孕前检查、产前检查等一系列的母婴安全管理措施，这些措施一方面是从人口的角度进行出生质量筛查，另一方面从女性身体的角度是个体化的生命质量控制。我们何以理解处于其中的女性身体及其经验呢?

(二)治理怀孕与生产的女性身体

威尔(Weir,2006)将近年来怀孕与生产治理的研究总结为三个方面:胎儿的主体化、产前风险的管理和对怀孕的治理。她强调当前对怀孕的治理具有一种自由主义的多样形态特征:以一种自我批判的方式不断完善。对怀孕与生产的治理属于一种"临床风险(clinical risk)技术",与保险风险(insurantial risk)的不同之处在于,其模糊了个人身体状况和人口健康状况风险的界限。以往研究多注重对治理的不同方式进行深描,而当前的研究应该更关注风险治理技术的多样化形式。

如国外学者试图跳出欧美的经验,探讨不同文化环境下的怀孕与生产问题(Lock,1993;Gammeltoft,2007;Ivry,2009 等)。在中国逐渐采用计划生育政策之后,一些学者将身体治理和生命政治等问题的研究目光转移到中国。格林豪尔以政府工作人员、农村地区女性的访谈、田野观察、二手文献等多种材料为基础,分析中国人口政策所表现的生命政治,以及对女性身体的治理。她认为当前国外对身体政治的分析仍然局限于西方的社会环境,中国社会生命政治的治理与西方有所不同(Greenhalgh,2005;2008)。格林豪尔追溯独生子女政策出台的历史,分析计划生育中女性的主观体验和国家政策两个层面对身体治理的具体操作,她提出中国的人口政策是一种强调质和个人控制的新型代理人式治理方式。在格林豪尔看来,尽管中国的独生子女政策带来了性别比例失衡、老龄化、失独家庭等一系列问题,但是这一政策的生命政治治理也助力于创造了一个越来越现代化的社会,使得中国在当前以"知识经济"为主要内容的世界经济中得以立足。中国当前对人生命的治理更多的是一种生命力政治(vital politics),而且依然停留在集体层面的目标上。

生命力政治或者生命政治(bio-politics)指的是对人们生活的生命特征相关的内容进行治理和优化的政治领域,包括生殖、死亡和质量,尤其是在人口或者国家总体层面上(Greenhalgh,2009)。中国从改革开放时期开始就出现了一种新型的人口管理模式,即通过科学和科技手段,关注集体和个人层面的生物性身体。生命政治一直是中国改革体制议程中的核心内容(Greenhalgh,2010)。她提出,中国的人口政策实际催生了一种自我管理的个体,而且在短时间内培养了"素质人口"。在市场、国家和社会的综合作用下，中国培养了大量的"世界公民"（global citizens），也使中国在国际社会上的形象与改革开放以前有所变化。

格林豪尔的分析侧重于人口政策对女性身体的控制，而在这一控制过程中的一个重要社会机构则是医院。本研究便将重点放在医疗制度，尤其是产科的孕产制度安排及女性在其中的行动策略，以人口政策、生育状况等变迁为背景分析女性的孕产行为。从中国社会文化背景出发，当代医疗制度的发展受到现代西方医学及专业技术的影响。当前中国社会治理情况的历史叠加性使得我们有必要了解这种差异化治理是如何完成的，以及多种治理方式是如何在关系和权力层面相互作用，从而构成一个治理制度的。

朱剑锋（Zhu，2008；2013）从医疗制度出发，讨论了当代中国女性在医疗体制中所面临的治理、消费及其背后的现代性问题。朱剑锋的分析提示我们，中国女性的传统与现代母职经验的差异背后是我国的社会变迁。她认为，当前社会中女性的新孕产行为已经成为当代中国"潜力"文化的关键内容。在这样的一种竞争背景之下，潜力成为很多家长追求的目标，从出生之前就强调胎儿素质和孕期保健。从而，当代中国的家庭内部形成了一种追求"赢在起跑线上"的自我治理，消费性则成为中国女性孕产过程中的新特征。

两位学者也都分析了中国女性主体在身体治理过程中的回应。格林豪尔分析生育政策对农村女性所实行的"身体政治"时发现：中国农村女性依然受到父权制的影响，但是她们在这种权力关系中并不是完全被动的角色，而是参与推动了权力的实施和修正（Greenhalgh，1994）。她的分析主要侧重独生子女政策下生育这一行为。而朱剑锋（2010）则将当代中国女性的消费母职和孕妇上一辈（母亲或者婆婆）的母职进行比较，形成了一种母职变迁，由此展示出中国社会变迁下的怀孕与生产中母职所发生的变化。同时朱剑锋剖析了当前中国社会中消费力对于孕妇具有较之以往时代更重要的含义，而且身体"素质"的提高构成了当代中国母职养育的主要内容。

本研究主要以前有的研究为基础，从医疗从业人员、孕妇以及国家市场等多重视角分析这一问题，继续探究当前城市医疗制度的产科中多个主体如何治理女性怀孕与生产的身体。针对中国的怀孕与生产及产科对女性身体的治理，以上研究尚未呈现的多元主体之间的互动关系。朱剑锋以女性怀孕与生产的过程分析了她们在不同阶段所经历的孕产及文化冲突，本研究更侧重从医疗体制内部出发，分析在这一制度中各主体的相互作用及互动结果。从这个意义上讲，本研究尝试填补医学社会学领域内中国医疗制度对女性怀孕与生产治理术这一空白。

本研究尝试从几个层面的互动作用出发呈现出一幅关于中国女性怀孕与生产的立体图景，并将这一图景纳入已有的研究结论之中，讨论中国社会文化情境下"生命的门槛"呈现为何种样态，以及作为这一过程主要承载者的女性何以回应和行动。

三、研究方法

（一）混合研究方法

定性研究和定量研究的争论已久。在科学性方面，各个方法都在不断完善自己的操作过程和推论范围。在两类研究方法都如火如荼发展的同时，克雷斯维尔提出了一种混合研究方法（mixed method）。混合研究方法是社会科学、行为科学和健康科学领域的一种研究取向，持有这种取向的研究者同时收集定量的（封闭的）数据和定性（开放的）数据，对两种数据进行整合，然后在整合两种数据优势的基础上进行诠释，更好地了解和研究问题（克雷斯维尔，2015）。

在研究方法上，风笑天指出应该根据研究主题和研究内容来选择，而不是直接否定或者肯定某种方法。本研究着手对孕产过程中的多元治理主体进行分析，呈现女性的身体体验与行动策略，故而选择混合研究方法，依照"文献阅读——孕妇访谈、参与式田野观察——问卷调查——参与式田野观察和追踪访谈——二手文献和资料——文献阅读"这一过程推进研究。混合研究方法以定性访谈和田野观察材料为主，同时辅以定量调查和二手数据分析。这种混合研究方法可以帮助我们获得同一问题在不同层面的答案——定性视角获取开放性的讲述和叙事，深入展示事实的当事人视角，定量研究获得封闭性的群体差异数据，呈现更为宏观的群体面向。因此，正如克雷斯维尔所言，这样的研究方法可以获得更具综合性的视角；它能够赋予定量数据以背景、场域和个人经验脉络（定性信息）的细节；针对个人的初步探索（定性研究）可以确证采用的研究工具、测量变量和干预（定量研究）是否真正适合研究对象和研究场域(克雷斯维尔，2015)。两种方法互为补充，相互印证。

具体来说，本研究之所以采用这种做法是基于以下几种考虑：第一，研究问题主要是探讨医院对孕妇身体的治理，这一治理过程既涉及医院产科对孕妇的管理方式，也涉及医患关系，所以既要了解医院的具体规定要求，也要观察医生和孕妇的实际互动，还要了解孕妇对这一治理过程的态度和反应；这一研究涉及主体较多，需要以不同的方式搜集相关主体材料。第二，女性的怀孕与生产具有一定的过程性，在这一过程中女性的怀孕经历和体验都会不断发生变化，因此既需要有追踪性的访谈研究，也需要在女性怀孕后期了解其孕产体验情况。第三，医院治理的具体后果，包括医院治理给孕妇的认知和就医选择带来的具体影响，需要以问卷调查的形式进行群体比较分析和状况变迁分析，以为整个研究提供整体的背景状况信息。

(二) 研究设计

确定使用混合研究方法以后，研究者(即笔者本人)先采用了参与式观察和访谈的研究方法初步了解怀孕与生产的过程。作为一个当时还没有经历过生育的女性而言，生育的过程于我而言是新奇的、神圣的，也是女性角色的重要转变。参与式观察使我从医生护士的视角看到女性的身体变化，与之相对应，医院访谈的女性对自身孕产经验的讲述也构成了我理解她们身体经验的重要参考。随后，作为补充，我使用定量的问卷调查方法展示生育政策调整的背景下女性所处的产科状况，同时也扩大了女性群体的范围，呈现她们在怀孕与生产问题上的孕产选择和社会差异。在参与观察和访谈过程中，我的身份都是一名没有生育经验和医学知识背景的学生，无论是医院的医生、产房的助产士、医院的实习生、被访谈的孕妇，都以"过来人"的视角给我详细讲解她们的实际亲身经验和相关医学知识。

1. 参与式观察

本研究的调查地点主要是南京市。参与式观察分为两个部分，一部分是在得到孕妇许可的前提下参与并追踪她们的产检过程，了解孕妇整个孕产时期的体验。这些医院均为城区三甲医院或城区社区医院，另一部分是在南京的一所医院实习，参与医生的日常工作，访谈产科工作人员并采用专业医生的视角来观察孕妇。

2015年3月到2016年11月，我征得14名研究对象同意，追踪她们的产前检查过程，以此来了解她们在产检中和医生的互动和体验。每个孕妇进行产检的医院通常有两种，一种是建小卡的社区医院；另一个是综合性医院和专科妇产医院，完成医院的分娩登记，即建大卡。在这一过程中，我以孕妇"家属"的身份，曾经到过3家社区医院、多次到过市中心的综合性医院。追踪孕妇的次数从2次到5次不等。这种追踪式、实时性的田野观察给我提供了在医院现场观察孕妇体验的可能，并将我纳入孕妇一方，参与和医生的互动及整个医疗过程①。

另一部分的参与式观察是在一所妇幼保健院完成的，为了保护医院及工作人员的隐私，本书将该医院称为A医院。A医院设有产科、妇科、生殖科学、儿科等临床科室，同时还有妇女保健科、儿童保健科、计划生育科等多个医技科室，其中妇科和产科都是国家临床重点专科。之所以选择在这家医院进行田野观察主要有两个原因：第一，研究的可行性。对于一个非医学专业的学生来说，能被一家医院接受入院进行参与式观察非常困难。本次调查是依靠熟人关系介绍后才得以进入医院的。同时，在医院工作人员的许可和帮助下，我在医院调研期间可以穿着医生的工作服，以学生身份参与医生的日常非专业性工作，直接观察并体验医生的工作。第二，医院的专科性和代表性。由于本研究主要针对的是孕妇，所以调研地点选择专业的妇产科医院。A医院具有权威性，来院就诊的孕妇中除了医院附近的普通孕妇以外，还包括很多从其他医院网络系统转诊过来的紧急病症孕妇。在同样一段时间内，A医院孕妇的数量更多，医疗情况也更加复杂，便于遇见更多样背景的孕妇。

2016年5月至2016年11月，笔者以A医院产科为田野点进行参与式观察。之所以采用参与式观察，是为了观察和体验医生的视角，而非限于一种"局外人"的观点，或者仅仅是讨论孕妇的视角。"从孕妇走进研究主题——从孕妇走出去——从医生走进来——再从医院走出去"是这次研究的一个实践和思考过程。开始几天，由于对胎心监护的具体工作内容尚不熟悉，我专门负责在监护室门口处给来做胎心监护的孕妇登记。后来胎心监护室的老师们开始教我如何操作，并告诉我在何时可以给孕妇卸掉仪器绑带。在熟悉了胎心监护室工作之后，关键联系人张主

---

① 在实际参与观察过程中，有的医院允许"家属"跟随孕妇进入诊室或者检查室，有的医院则将"家属"限制在等待区。在等待区时，我通常会询问孕妇她去"里面"都发生了什么来了解整个沟通或检查过程。

任将我介绍到产前诊断诊室、产科门诊和产房。周一、周二、周四上午跟两个专家主任医师在产前诊断诊室和手术室，周一、周二、周四下午在胎心监护室，或者在产科门诊测量宫高、腹围并登记孕妇基本情况，周三和周五全天在产房。周末大部分时间休息，但是偶尔也会和工作人员一同在周六去胎心监护室加班半天，下午不定期到产房上夜班。

  周一、周二、周四的产前诊断工作过程中，我负责登记信息、传叫孕妇、填检查表格，并记录医生和患者沟通的具体过程。周四结束日常问诊以后，刘主任去产房手术室给脐带血穿刺的孕妇进行手术，我穿好隔离衣从旁观察手术。过程中，老师偶尔允许我一同在监管下给手术医生准备无菌①的手术环境和手术器材等。在产科门诊的工作相对简单，每个孕妇的常规产检都要先去产科的固定区域称体重，然后在产科门诊室测量宫高、腹围。我主要负责给她们测量宫高、腹围、听胎心，并将这些基本信息记录在她们的《孕产保健手册》上。产房待产妇很多，我们会按照孕妇的生产进程分别将她们安排到分娩室和待产室。我在产房中通常和年轻的实习生或研究生做类似的工作，负责安顿我的老师给我找了一名指导老师，通常她上什么班，我就来和她上班学习并观察。具体工作内容包括准备分娩过程所需药物、为待产妇测量胎心、血糖体温、手术旁观摩帮忙、为新生儿准备产包、接生器材、送产妇和新生儿回到住院病房等。田野过程中的参与式观察和过程中对医务人员的正式和非正式访谈帮助笔者从医院工作人员内部角度了解到产科的运作方式和治理过程。

  2. 访谈

  自 2014 年至 2016 年，本研究追踪访谈和观察了 30 位孕妇。笔者优先采用熟人介绍及滚雪球的方式找到 11 位孕妇作为研究对象。在生育政策放开"单独二孩"时，笔者身边就有一名打算生育二孩的 37 岁二

---

  ① "无菌"这一要求在手术室和产房经常出现。我在刚刚进入产科实习时，经常因为不懂无菌操作浪费材料。在产前诊断手术过程中，无菌过程除了基本的隔离和一次性用具以外，在医生戴手套的方法和敲击药物开瓶的办法都需要注意保证"无菌"。和原始社会宗教仪式中的洁净污染一样，医疗体制中"洁净"和"污染"的观念和现代医学细菌观念和杀菌法存在很大关系。另一方面，无菌观念在医生的不同群体中存在差异。比如助产士到剖宫产手术室中参与工作，往往被医生要求着无菌服装和双层手套，并对双手消毒。若有助产士未严格按照她们的要求完成，对无菌环境要求严格的医生通常还会因此指责上前参与的助产士，让她们严格遵守手术过程的无菌规则。

孩孕妇和一位27岁适龄初产妇。37岁的孕妇米妈给我介绍了文中其余两位追踪研究的个案荷妈妈和丽丽。另外，本人使用QQ、网络论坛（"宝宝树"等）找到"孕妇准妈妈交流群""辣妈备孕鸡宝孕妈孕妇群组""准妈妈群孕妇群妈妈群""高龄二胎群""高龄二胎备孕群""我要生二胎""南京二宝辣妈群"等网络群组。在"南京二宝辣妈群"中，我联系到3名二胎孕妇。随后，在医院调研和田野过程中我又联系到其余16位同意接受我访谈和研究的孕妇。两年时间，本研究共访谈了30位孕妇，其中追踪访谈了14位孕妇，追踪访谈每位孕妇2~5次。每次对孕妇的访谈时间为半个小时到2个小时，访谈地点少数在孕妇家中或工作地点，多数为医院的产检候诊区。访谈提纲内容包括风险认知和生育决策、孕产经历、就医经历、孕期知识获得这四大部分。具体提纲内容参见附录二。

所有访谈中，28次访谈是经孕妇同意后使用录音笔录音，并且转换为逐字稿。两名孕妇是在产检过程中提问，并无录音，但根据观察访谈内容在检查之后整理完成。所有内容均由笔者个人整理完成，整理结束后如果有需要深入了解某些内容，或者微信或者再约访谈继续提出问题，将最终获得的所有文本纳入访谈记录中。孕妇访谈的编号包括访谈顺序、姓名字母、孕妇年龄、孕妇接受访谈的时间，文章引用具体访谈内容时均采用匿名。访谈匿名编号对照表格参见附录一。

另一部分访谈是在参与观察过程中完成的，主要访谈了在产科门诊调研过程中经常接触到的5名工作人员，包括两名主任医师、两名护师和一名助产士。对5名工作人员的访谈主要在其工作地点完成，访谈时间为半个小时到一个小时。经过她们允许，笔者都对访谈过程进行了录音。最终转换为文字资料同样是由我个人完成，在需要进行深入询问处在微信上与她们进一步沟通，具体编码、时间和内容见文末附录一。

3. 问卷调查

本研究的问卷调研地点为江苏省。之所以选择在江苏省调查，第一是考虑到研究的便利性和可行性，调查组成员由于社会关系较容易进入本地医院完成相关调查。第二，江苏省自2002年制定计划生育条例以来，一直是计划生育政策较为严格的省份。直到此次生育政策调整后的2016年3月31日，江苏省卫生和计划生育委员会发布《江苏省人口与计划生育条例》提出一对夫妇生育两个子女①。在研究全国生育政策实施及后续影响方面，江苏省具有一定的代表性。因此，生育政策调整给江苏省产科领域带来的影响对全国其他省市有一定的参考价值。

为了对不同医院的状况进行比较，本研究根据人口规模和经济发展水平在江苏省内选择一个省会城市、一个大中城市、一个郊区、一个县区。省会城市为江苏省南京市，其居住人口总数在2015年达到了821万人左右，属于特大城市；大中城市为江苏省扬州市，其常住人口在2015年为448万人左右，属于大中城市；同时抽取两个与省会城市距离不同的郊区和县区——江宁区和溧水区。江宁区距离省会城市市中心较近，属于与市中心相对的郊区。溧水区是距离省会城市相对较远的县区。在两所城市中分别选择一家综合型医院和一家妇幼保健院，从两个区的公立医院中选择一所综合型医院，将所有六家医院纳入样本，即省会城市妇幼保健院和综合型医院各一所，大中城市妇幼保健院和综合型医院各一所，郊区综合型医院一所和县区综合型医院一所。

调研员在六家医院的三个地点进行问卷调查，分别是产科病房、胎心监护室和产检门诊处。产科病房的优势是孕妇较为集中且都有时间填答问卷，缺点是孕妇也可能面临生产或者产后出院，问卷有效回收率难以保证。另一个地点为胎心监护室，所有建卡孕妇在孕晚期需要每周检查一次胎心监护。孕妇每次胎心监护时间从10分钟到30分钟不等，因此她们有足够的时间填答问卷，问卷有效回收率较高。产检候诊区的孕妇数量较多，发放较方便，但是孕妇流动性较大，回收率偏低。各家医院中，我们尽量在三个地方平均分配调研员进行调查。但是在两所城区的专业型医院中，孕妇数量本身就比较多，仅在胎心监护室半天时间我们便达到了目标回收数量。

从2016年5月到2016年7月，本研究先在A1妇幼保健院的胎心监护室进行试调查，随后对问卷进行调整后在六家医院开展正式调查。调查采用现场发放自填问卷的方法，由南京大学社会学院的三名社会学专业博士生和三名硕士生共同完成。考虑到孕妇防御心理较强，我们先和医院建立好联系。调查组到达医院和产科医生、护士沟通以后，请她们先行和孕妇介绍调研情况，然后调研员开始发放问卷。调查员再次和

---

① http://www.jswst.gov.cn/wsxx/nrglIndex.action?type=2&messageID=ff8080815339f2740153ca68ccdc05c6

孕妇解释说明调查目的及内容,在征得孕妇同意之后,请她们现场填答问卷,并由相应负责的调查员在现场检查回收。成功回收的问卷都由调查员仔细核查,有逻辑不符等情况及时在现场和孕妇核对,较好地保证了问卷调查内容的回收质量。

调研预计一周时间内在每家医院发放并回收100份问卷。最终,本地调研共发放问卷880份,实际回收问卷730份,问卷总回收率为82.95%。各个调查医院及实际回收问卷数量如下表1-1所示。问卷内容参见附录四。

表1-1 调研基本情况简表

调研时间	调查医院	回收问卷数量
2016/05/23—2016/05/27	县区综合型医院(C)	142份
2016/06/12—2016/06/12	大中城市妇幼保健院(A1)	106份
2016/06/12—2016/06/15	大中城市综合型医院(A2)	119份
2016/06/17—2016/06/23	特大城市妇幼保健院(B1)	140份
2016/06/23—2016/06/27	郊区综合型医院(B2)	112份
2016/07/14—2016/07/17	特大城市综合型医院(D)	111份
总计		730份

4. 二手资料分析

(1)医院历年统计数据

本研究还收集了问卷调查所包括六家医院历年的分娩状况统计数据。医院数据收集是由调查组成员直接询问产科工作人员,或者由调查员对历年数据进行统计汇总。医院基本数据包括从2013年到2016年历年的产床数量、医生与护士数量、产妇数量、剖宫产比例、高龄产妇数量、二孩产妇数量和建卡数量。调查员从医院数据收集的结束时间为2016年7月,所以2016年数值为上半年的数值,即从2016年1月份到2016年6月份的统计总值。收集数据期间,调查组成员还通过访谈和非参与式观察了解到当时各家医院产科的实际运作情况,以此来对基本数据进行补充说明。

(2)网络日志、报纸杂志等

除了以上方法之外,本研究还利用网络媒体、读秀等学术搜索中的报纸、杂志、法律条文等内容,对文章政策层面的主题进行历史和比较分析。媒体网络上的资料包括孕妇的孕产体验日志、孕妇对医院医生的评价，以及孕妇和医生的微信朋友圈等。报纸杂志和法律条文的呈现主要展现国家和市场的作用，以及医疗知识的变迁过程几个方面，以时间为轴线展示相关主题的内容变化。

四、研究概述

本章主要阐述研究问题、文献回顾和研究方法。第二章开始进入研究主题，探讨当前中国社会国家和市场以何种形式参与到怀孕女性的身体治理中，以及它们所表现出的时代特征与变化。第二章从历史的角度梳理中国城市中女性的怀孕与生产是如何与国家的生育政策交织在一起的。在什么样的政策变迁背景下，我国医疗制度得以实现对孕妇的身体治理？同时第二章还通过在医院的调研，分析了当前全面二孩政策对孕妇和医疗领域带来的普遍影响，结合最新的研究成果和新闻报道呈现全面三孩政策以后产科又发生了何种变化。这部分内容试图给本研究提供一个历时性的社会变迁背景，以理解孕妇所处时代的生命政治特征和政策发展阶段。

第三章则讨论当前中国社会医疗机构与市场的交织关系，并从医院的具体运作过程讨论市场如何参与医疗产科对女性的身体治理？其策略为何？女性对此做出何种反应？同时这一系列市场化过程带来了何种社会效应？这一章的调查发现市场和医疗之间形成了"合谋"。在生育政策调整阶段，医疗行业工作压力和工作量普遍增大，市场不仅成为一种可行的补充力量，与医院形成了医疗项目的合作，一定程度上缓解了医院的工作压力，且将医院的医疗检查和市场的经济利益联系起来，使身处其中的孕妇成为特定检查的"消费者"。而实际运作过程中，笔者发现，这一消费行为也带来了孕妇之间新型的不平等。

第四章进入医疗体制内部运作逻辑，分析当前产科医疗治理中，风险对孕妇医疗管理的重要性。在医疗空间中，医疗工作人员对"风险"进行空间分配和程序化类别化的处理。在医疗话语中，"风险"成为一种分类逻辑的重要标准。孕妇在纳入这一标准的同时产生了更多的母职焦虑，还将此类现代医学风险和传统的孕产文化和中医等知识在自身经验上融为一体，构成一种具有文化特殊性，同时也具有历史传承性的"风险"观念。

治理的基础与核心内容是知识，在本研究中则体现为孕产知识。第五章便是关注医疗制度内外的孕产知识生产和传播。怀孕与生产的医学知识在医疗制度中得以传播，具有制度化途径和非制度化途径。直接的沟通或者间接的制度学习都将女性纳入孕产知识的体系当中，成为制度中的学习者。与此同时，在知识民主化的情况下，孕妇被周遭各种不同形式的孕产知识所包围，女性处于一种传统现代融合的知识海洋中，将自己的身体经验和专业医疗知识编织在一起，形成一种全新的母职样态。

第六章开始转入孕妇的视角，在具体情境下分析她们在面对风险与知识的医疗体制时如何行动。基因技术治理孕妇身体对她们的影响如何？孕妇如何在现实情境中进行选择？她们为什么做出这样的医疗选择？以无创基因检测（non invasive prenatal test，NIPT）（简称无创）这一新兴技术为例，这一章分析产前诊断过程中孕妇通常所面临的三种技术抉择：唐氏筛查（简称唐筛）、非介入式产前检查和羊水穿刺（或者脐带血穿刺）。基因话语成为医生和孕妇沟通胎儿健康的重要内容，这一话语也将孕妇拉入新的母职焦虑体验中，因为每个孕妇都不希望自己生一个"不好的孩子"。产前诊断中医生和孕妇及其家人的交流，孕妇习得基因检测技术背后的风险话语，在已有医疗技术中做出"选择"——花钱买心安。

第七章集中分析最后的胎儿分娩过程，展示医方和孕产一方如何阐释和理解分娩。在分娩这一事件上，产科工作人员如何理解分娩？在孕妇课堂教学中，分娩的方式和风险如何被讲述？女性如何理解这一过程？她们自身的经验和知识如何在具体情境中发挥作用？第七章提出风险的多重性和女性在其中的组合知识与情境选择等概念来分析这一过程。通过分析女性在面临生产风险时的行动策略，展示她们在孕产过程中的复杂主体性所在。

第八章综合讨论本研究的结论、理论贡献和研究反思以及延伸讨论。结论总结了本研究所发现的国家、市场和医疗等权力如何交织在一起对孕妇身体进行治理，这一过程生产出了一种追求健康和消费的女性身体，同时创造了"生命消费"和"生命剥夺"两种形态。这些内容展示出治理生育的身体之具体过程，并回应了当前的生命政治理论与女性孕产身体体验等议题。基于此，结论再思考"生命的门槛"，提倡关注女性主体的生育经验，构建社会公平和性别友好的生育社会环境。

第二章 国家推动：
现代卫生与健康化身体

生殖活动一直与国家的生育政策密切相关。自古以来，我国就出现了人口数量、统计和质量的论述，这些内容构成了计划生育政策的基础（杨发祥，2003）。到了近代，随着西方观念的流入，生育政策以及与生殖相关的妇幼卫生政策愈发受到西方现代文化影响。国家在生育上的政策指导着人们对生殖活动的安排规划，在妇幼保健上的规定推动着社会对女性怀孕与生产之身体的关注。

19世纪末期，"富国强种"的目标带动了妇幼卫生事业的发展。一些城市的教会医院妇产科或者产科医院逐渐开始采用价格较为昂贵的新法接生，并推广西医妇产科知识（赵婧，2008）。妇幼保健自此时起日益受到重视并逐渐系统化。1930年，我国近代第一所"北平妇幼保健会"在北京成立。这一保健会的主旨是提倡节制生育以及促进母婴健康（杨发祥，2003）。社会政权更替之后，新兴政权重新整顿社会各个层面秩序。

新中国成立以后，生育政策和母婴保健内容做出了调整，以适应新时期的国家改造计划。早期的妇幼保健工作主要强调新法接生取代旧法接生。妇幼保健中对接生的规定是一种群众性的改造工作，也是一项国家性的卫生运动（朱琏，1951）。1951年，《健康报》发表社论提出，截止到1950年，全国各地改造了将近6万名旧产婆，这一举措在很大程度上推广了新法接生（健康报，1951）。这些产婆成为国家政策的宣传者，她们传统的人际网络扩大了卫生行政的技术资源，帮助国家形象经由地方网络与资源进入农村（杨念群，1999；于文，2008）。国民经济恢复阶段，政府制定"限制节育、鼓励多生"的政策[①]。鼓励生育这一阶

[①] 1951年12月31日，《限制节育和人工流产暂行办法》和《婚前健康检查试行办法》开始推行，将施行绝育和人工流产的条件再次具体化。

段从1949年持续到1953年。

1954年到1970年为限制性人口政策的酝酿阶段(唐应天，2005)。1954年，第一届全国人民代表大会第一次会议中，邵子力第一次提出了"社会主义什么都有计划，生育更要有计划"。计划生育在这一社会主义计划经济话语背景下被提出。1955年3月，中共中央发布《关于控制人口问题的指示》(中发[55]045号)，其中提出："在当前的历史条件下，为了国家、家庭和新生一代的利益，我们党是赞成适当地节制生育的。"1957年7月，马寅初发表《新人口论》，强调经济增长过程中控制人口增长的必要性。1962年12月18日，中共中央、国务院发文《关于认真提倡计划生育的指示》，指出农村和城市均应提倡节制生育，使生育问题由无计划走向"有计划"。1968年，国务院计划生育工作领导小组成立，这一举动从政治机构布局上确定了计划生育的地位。随后在1973年，这一计划生育工作领导小组提出了"晚、稀、少"的计划生育政策。

1978年3月5日，全国人大五届一次会议上通过了《中华人民共和国宪法》，其中第五十三条规定：国家提倡和推行计划生育。1980年前，计划生育政策相对较为宽松。1980年9月，中共中央发表《关于控制我国人口增长问题致全体共产党员、共青团员的公开信》，"提倡一对夫妇只生育一个孩子"。1982年2月，《中共中央、国务院关于进一步做好计划生育工作的指示》明确规定人口政策为"控制人口数量，提高人口素质"，具体要求为：国家干部和职工、城镇居民，除特殊情况经过批准以外，一对夫妇只生育一个孩子；农村普遍提倡一对夫妇只生育一个孩子，某些群众确有实际困难要求生二胎的，经过审批可以有计划安排。不论哪一种情况都不能生三胎。这时的生育政策已经发展为独生子女政策，而且日趋规范化、严格化。1980年前后是全国范围内推广以家庭为单位实施独生子女政策的关键节点(包蕾萍，2009)。也有学者将其称之为"从倡导性到限制性生育政策"(Greenhalgh, 2008)。1988年生育政策做出调整，开始实行"一孩半"政策。1995年世界妇女大会召开，女性生殖健康问题被提出而且开始受到广泛关注(郑晓瑛，1996)。

2000年3月2日，中共中央、国务院做出了《关于加强人口与计划生育工作稳定低生育水平的决定》，其中提到："人口问题是社会主义初级阶段长期面临的重大问题,是制约我国经济和社会发展的关键因素。计划生育是我们必须长期坚持的基本国策。在实现了人口再生产类型的转变以后,人口和计划生育工作的主要任务将转向稳定低生育水平,提高出生人口素质。"2001年12月29日,第九届全国人民代表大会常务委员会第25次会议上通过了《中华人民共和国人口与计划生育法》,同时于2002年9月1日起正式实施。2014年,"单独二孩"政策提出,再次扩大可生育二孩的家庭范围。随即我国在2016年提出了"全面二孩"政策,即所有家庭均可以生育两个孩子。至此,独生子女时代步入下一个阶段——"后独生子女时代"(风笑天,2014)。

本章主要通过梳理新中国成立以来生育政策和妇幼保健政策两方面内容的发展变化,展示独生子女和后独生子女时代中政治、人口和医疗如何联系在一起,以及它们的关系在这一过程中发生了何种变化。同时,本章还通过问卷调查结果和二手资料呈现当前生育政策调整后医疗系统的实际运作情况。第一部分以独生子女时代到后独生子女时代的发展变化为线索,分析中国社会生育政策中的身体治理方式经历了何种变迁?在不同时代的话语中,生殖活动的主体——女性身体在政策中的意涵发生了何种变化?这一生殖的身体以何种方式和国家发展及其政策相联系?第二部分以产科所属的妇幼保健为主题,探讨妇幼保健如何被纳入现有的医疗体制中,以及产科在妇幼保健院中的具体运作体系发生何种变化。第三部分则通过妇幼保健专科医院和综合医院的问卷调查结果重点展示全面二孩政策以后产科的医疗现状,在比较差异的情况下分析当前社会环境下医疗系统产科资源的紧张性、差异性和需求不对等情况。最后,本章结合现有文献和新闻报道呈现三孩政策调整以后产科面临的新问题和新情况。

一、国家政策下的女性生殖

独生子女时代到后独生子女时代直观地展示了我国计划生育政策的内容调整,也是本研究的主要政策背景。而实际上在此次政策调整之前,生育政策对女性身体的界定已然发生了变化。在不同的历史时期,我们可以看到女性的身体被界定为劳动者、生育者和工作中的女性,其对应着对生殖的叙述和想象也不同。从新中国成立初期对男女平等和女性劳动力投入的强调到对女性生殖健康的关注,我国国家政策中的女性生殖与身体形象经历一系列变迁，而其对应的女性群体对自我身体的想象实则也在同步不断发生着变化。

（一）节育优生政策与未来劳动力

新中国成立初期，国家建设注重计划经济的发展，对劳动力的参与呼声很高。女性参与劳动生产，在当时经济社会体系中一个与男性平起平坐的主要障碍便是生育。于是，从生育中解放出来，节制生育一度成为早期国家政策对女性怀孕与生产的主旋律。女性被视为一个关键的劳动力，新出生的孩子在计划经济体制中则被视为一个需要照料的主体，也即需要国家和家庭付出代价来培养的"劳动力"。当时的计划生产逻辑主要侧重于计算衡量生产和支出的平衡性，强调生产的重要性，故而认为人口增长——这一不同个体的生育行为造成的集体性后果，给国家带来更多负担：

> 人口增长对经济发展的短期影响可以从直接和间接两个方面来分析：将一个婴儿抚养、培育成为一名劳动力，国家和家庭都要付出一定的代价。按目前物价在城市培养一个劳动力的总费用为13273元，其中国家支出28%，即3840.74元；在城镇培养一个劳动力的总费用为8771.18元，其中国家支出12%，即1015.38元；在农村培养一个劳动力的总费用为2909.37元，其中国家支出1.26%，即367.01元。我国推行计划生育以来少生了1.1亿孩子，若以30%在城市计，大约可为国家节省培育费用近2000亿元。当然，其中部分的费用是应在未来支出的。家庭节省的费用难以估计。因此，少生孩子对中国来说平均每年国家大约可节省直接支出130亿元。（《人民日报》——1988年第6期《人口与经济》版块）

计划经济时期生育政策中的"节育"是为了节省培养"劳动力"主体的支出，平衡生产与消费。1989年，我国评估计划生育带来的经济效益，在《人民日报》上报道了《计划生育带来巨大效益，18年少生两亿多人，节省抚养费三万亿》。文章提出计划生育自实施以来不仅控制了人口过快增长的势头，而且产生了巨大的经济效益。由此可见，计划生育主要是从降低生育水平以节省培养劳动力经济开支的角度提倡节育的，而对身体的治理也主要表现为对当前和未来劳动力使用及其投入产出的治理。

节制生育是国家政策在家庭生育数量上的要求，优生优育则是国家在生育质量上的目标。新中国成立初期，我国一度不接受优生学（皇甫翰深，2009）。直到1979年，吴旻在人类与医学遗传学术会议上做了题为《关于优生学》的报告。1981年，在国务院科技领导小组的支持下，由国家计生委①和中华医学会联合召开了"全国优生学科普讨论会"。1982年发表在《优生与遗传》中的《全国优生学科普讨论会倡议书》提出：

> 严重智力障碍、畸形儿不仅不能劳动，而且不能自理生活，需要消耗父母大量精力，给家庭带来很大的经济负担。即使假定这种严重残疾儿只占千分之一，全国就可能有一百万，一个这种孩子的养育医疗费用以5000元计，就是50亿元，平均每月每人以25斤粮食计，每年消耗的粮食就是3亿斤。……一定要用一切方法来减少和防止这种严重残疾儿的降生。这就是优生要解决的问题。优生，关系到每个家庭和每个人的健康与幸福，关系到"四个现代化"的宏伟事业，关系到国家、民族的未来，是保证人口质量的重大措施。

优生政策的主要对象是女性所生育的胎儿，目标是控制畸形儿的出生。对畸形儿的界定并没有明确的指向，而更强调对其培养所消耗的养育医疗费用——给家庭和国家带来的负担。这次优生会议还提及了优生工作的重要措施，包括遗传学、围产医学和新生儿保健三个方面。此次会议还提出加强中小学的校园普及教育和优生常识，同时强调各新闻报刊、文化艺术的广泛宣传（李崇高，2008）。"节育"和"优生"一并成为计划生育独生子女政策实施后的关键特征，而两者中都蕴含着将未来的胎儿视为需要消耗经济资本来培养的劳动力。

伴随着计划生育政策的完善发展，节育转变为"一个家庭可以生育一个孩子"的具体指标，优生则细化为遗传、围产到新生儿保健。按照安德训（Anagnost，2004）的分析，"素质"话语的出现代表了中国国家政策对人口的关注从"量"转变到了"质"。但两者实际上长期同时存在，只是对质的关注在对量有所控制的基础上逐步得到强调。优生政策的实

---

① 即原人口与计划生育委员会，2013年3月与原卫生部合并，更名为卫生和计划生育委员会，简称卫计委。2018年3月，原卫计委更名为卫生健康委员会，简称卫健委。

行,一方面借助于逐渐推广的优生遗传咨询网络,另一方面则依赖于社会宣传中对人口"素质"的强调。

> 人口素质可简单地分为两个方面:即身体素质和文化素质。身体素质是人口素质的物质基础。……人口学者指出,世界上任何人群必须经过教育引导,才能自觉地使自己的生育水平符合社会的要求。计划生育需要国家引导,优生同样需要国家引导。然而,长期以来人们受封建传统思想的影响,生育观念陈旧,对科学的生育知识缺乏了解,这给优生工作的开展带来很大困难。……目前,我国只有26个省、自治区、直辖市设立了210多个遗传实验室;全国2300多个县,仅有80个县有遗传实验室。卫生部正在全国范围内推行优生保健服务,并准备选择有条件的县装备遗传实验室,逐步建立各省的优生遗传咨询网络系统,切实地开展优生工作。……优生工作是一个科学性、社会性很强的系统工程,需要全社会通力合作,经过长期的努力才能完成。这是关系到国家富强、民族繁荣和家庭幸福的伟大事业。要让全社会都充分认识优生工作的重要意义,积极参与和支持优生工作,把国家的倡导变为人民的自觉行动,为祖国的明天,为中华民族的未来做出应有的贡献(郑红深、罗华,1990)。

优生的政策体系强调国家的"引导"作用。在这一话语体系下,避免出生遗传缺陷成为家庭、民族和国家的共同任务,需要个人及家庭的自觉控制和共同参与。节育和优生本质上是对女性生育数量和质量的控制。此时,女性的身体在这一话语体系中成为再造生产力的主体,从而生育数量和质量都与民族和国家的现代生产联系在一起。

在此意义上,从最初对劳动力数量的需求逐渐附加上对劳动力质量的控制,我国生育政策给女性怀孕与生产身体提供了更详细的目标,这一目标随着国家经济发展对劳动力的需求改变而逐渐发生变化——即从新中国成立初期对生产性劳动力的需求转变为改革开放以后对创新型劳动力的需求。而女性的怀孕与生产的身体也成为各种风险管理的对象,除了对生育的数量进行控制之外,还需要在怀孕与生产的过程中防止出生缺陷发生。女性的生育活动除了具有家庭繁衍的意涵,还增加了民族复兴和国家现代化的色彩。

(二)生育控制政策与妇女解放

女性是生育胎儿的主体,她们在节育与优生政策中也扮演着关键的角色。前述内容中不难看出,女性是社会运动的主要动员对象。新中国成立初期对经济发展的需求使得占总人口一大半的妇女必然成为新政权可利用的有效劳动力。在这种时代背景下,女性从生育活动中"解放"出来一度成为当时节育政策的主要话语。①"晚婚节育"在计划生育政策实施早期是最主要的生育措施。在当时的政策话语体系中,节育能够将女性从家庭劳动中解放出来,从而摆脱中国传统生育制度的限制。同时,节育行为让女性更多地参与社会劳动,实现男女平等的妇女解放。人民日报通过表彰节育后积极参与劳动的妇女来提倡这一生育活动要求:

> 说起王应铭的名字,全公社的好多人都很熟悉。她思想好,觉悟高,样样工作走在前。今年春天,王应铭听到关于实行计划生育的宣传,了解了计划生育的意义,第一个到卫生院去做了节育手术。当她做手术后回来时,队里的好些妇女都来看望她。大家围着她问长问短。她就把做手术的经过讲给大家听。王应铭手术后休息期间不是走东家,就是串西家,到处宣传实行计划生育的好处,启发妇女打破旧思想,自觉地实行计划生育。前些时候,区卫生院和公社卫生院的医生来队里开展

---

① 此处得益于 Nicolas Spakowski 课上的讨论,本书不将这一点作为重点,故不做专门讨论。计划生育将女性从封建家庭中解放出来,让她们更多地参与社会生产,这是国家对广大劳动妇女的解放运动。和世界其他大国的经济差距使得中国难以展现其计划主义经济的优势。从生产和劳动力角度考虑,当时的计划经济目标要求更多的劳动力参与社会生产以提升国民生产总值,与其他国家相抗衡。但是这种解放运动也受到了部分学者的质疑。这种以劳动生产为目的的解放是否是"真正的妇女解放"? 当时我国的妇女解放和西方女性主义运动的内发性妇女解放不同,妇女的社会地位并没有多少提高。这种说法在 1995 年世界妇女大会上得到了证实。中国妇女的生殖健康并没有受到充分的重视。之后在高彦颐的《闺塾师——明末清初江南的才女文化》一书中提出过,"五四妇女史观",妇女解放问题进行了部分讨论。这一观点认为五四时期关于妇女的解放论调都是将妇女看作了鲁迅笔下的"祥林嫂",认为她们都生活在压迫当中,而这实际上就是一种政治和意识形态的建构。贺萧也曾经通过陕北农村新法接生的口述史访谈发现,国家并没有始终如一地把妇女生育健康当作首要任务,它利用更多的时间来动员妇女参加劳动,而不是用来改变妇女的生育环境(参见贺萧《生育的故事:1950 年代的新法接生员》,载王政、陈雁主编,《百年中国女权思潮研究》,复旦大学出版社,2005)。

计划生育工作，王应铭积极配合。一天，队里的一个妇女要求做节育手术，但她担任生产队的养猪工作，一下子找不到人替换，心里有些着急。王应铭知道后，就主动去接替她的工作，让她安心地去做手术。

在王应铭的影响下，队里绝大多数育龄妇女都自动落实了生育计划，采取了各种节育措施，成为全公社计划生育的先进单位之一。（新华社通讯员，1973）

在政治动员环境中，榜样往往对政策的推进起着重要作用。以"王应铭"等人为例，全国妇女群体中广泛开展一种以节育为先进标准的政治动员活动。节育政策的实施情况与各地的政治进步程度联系在一起。国家政策赋予女性节制生育的身体以道德性和觉悟性，建构了一种愿意放弃自己生育历程而为国家建设服务的女性形象。国家的政治动员模式将劳动的"去性别化"推到顶峰（金一虹，2006）。女性按照当时的政策要求参与劳动，生育成为次于集体劳动的事务。金一虹在访谈原来的女子搬运班班长时，她说搬运工作在怀孕与生产过程中也照常进行。不论女性参与劳动还是节制生育，都是完成国家的生产劳动要求，从而成为经济建设的主力。

Y珠（原女子搬运班班长，已退休）："装卸真不是人干的！现在想想都后怕。最重的时候我背过240斤，一般也有一百多斤，192斤重的地毯要连装好几车，猪鬃、棉布一包84公斤……头一天还扛大包呢，第二天（孩子）就生了（按规定怀孕到7个月不扛包了，做辅助工。但大家结婚的时间差不多，怀孕与生产的时间也差不多，实际上没有那么多辅助工好做，像Y珠等积极分子都是干搬运到临产——金一虹注）。

（产后）一上班奶就没了，衣服从来就没干过……现在不能想象自己当时是怎么干的了。"（1998年访谈）（金一虹，2006）

社会主义初期国家建设过程要求女性参与到劳动过程中，而这一以生产建设为目标的政治动员并没有将女性怀孕与生产的身体特殊性考虑在内。贺萧提出，国家并没有始终如一地把妇女的生育健康当成首要任务，而是利用妇女解放争取更多的资源来动员妇女劳动，这一过程并未实际改变妇女的生育环境（贺萧，2005）。国家提出妇婴卫生一方面帮助劳动力动员落实在了对身体的管理上，另一方面，劳动力动员规划着妇婴卫生的进路(于文，2008)。

梅米在分析法国对身体治理方式的变化时提出，治理的重要过程是通过不同方式唤起人们对自己在"不得体"面前的羞耻感(la honte devant l'impropre)。这种管理方式将人身体上的差别转移到道德上，并让具有这种差异的人感到羞耻(Memmi，2003)。这已经实践了一种"伦理学的肉身化"(罗斯，2014)。生育行为和道德评价联系在了一起。计生政策通过鼓励参与节育的先进个人创造与节育行为相关的荣誉感，促进孕妇自主选择节育，完成女性群体的社会动员。然而对于女性而言，这一过程则充满了困窘：

> "女人不结婚就会被嘲笑，而她们结婚生育之后又会因参加政治活动多，不能守在家里而遭怨恨。如果她们在家里待上几年，又会被骂为落后。在旧社会女人的命运是悲惨的，可在新社会她们却陷入了一种并非自己造成的窘境。"她们在没有结婚前都抱着有凌云的志向，和刻苦的斗争生活，她们在生理的要求和"彼此帮助"的密语之下结婚了，于是她们被逼着做了操劳地回到家庭的娜拉。她们也唯恐有"落后"的危险，她们四方奔走，厚颜的要求托儿所收留她们的孩子，要求刮子宫，宁肯受一切处分而不得不冒着生命危险悄悄地去吃着堕胎的药。(丁玲、刘晴，2008)

国家的政策宣传将"先进落后"的道德意义和女性身体的生育联系在一起，辅之以奖励和惩罚的具体手段，形塑了一种政治动员和妇女解放话语下的新型生命政治主体。改革开放以后，中国的政治经济制度发生改变，在国际社会中立足的基础不再局限于劳动生产。新型政治经济制度对"科学"和"发展"的渴望推动国家对身体的功能预期不再只是体力劳动，而更多的强调"素质"。政府希望把劳动大众变为现代创新型劳动力，从而能够更好地参与全球化市场竞争(Greenhalgh，2010)。人口成为资本现代化和全球性进步的国家主义之核心成分(Greenhalgh，2010)，身体则成为一种可供投资发展的创新生产力。妇女解放话语逐渐退出历史舞台，"妇女发展"话语逐渐成为主流。

1994年，《母婴保健法》开始正式关注中国女性和婴儿的健康问题。1995年，世界妇女大会在北京召开，中国女性的生存状况和生殖健康等议题展示在国际社会面前。随后,国务院常务会议讨论颁布实施了《中国妇女发展纲要(1995—2000年)》。自此时起,国家政策和相关文件越来越强调女性的进步和发展是整个社会发展的重要指标。"女性与健康"在历年《中国妇女发展纲要》中的比例和重要性逐渐增加:在《中国妇女发展纲要(2011—2020年)》中,"妇女与健康"部分排到了第一位;同时,这一部分的内容也从最初的目标型数字计划逐渐细化为各方面措施。妇女发展取代了妇女解放,妇女健康逐渐成为妇女发展的关键内容。

(三)生育促进政策与妇女健康

2019年,国务院新闻办公室发表了《平等 发展 共享:新中国70年妇女事业的发展与进步》白皮书,强调中国高度重视妇女事业发展,而且妇女健康成为其中的重要主题之一。妇女健康领域发展迅猛。截止到2018年,全国妇幼保健机构3080家、妇产医院807家、妇幼保健工作者近64万人,这一进展被世界卫生组织列为妇幼健康高绩效的10个国家之一。①

与这一高绩效的妇女健康制度建设相伴而生的是妇女健康政策的精细化和生育保障水平的提升。在女性生育健康的问题上,职能部门陆续出台了《母婴安全行动计划》《人工流产后避孕服务规范》等,强调妊娠的风险防范和产科的专科能力建设。在2018年《母婴安全行动计划》中,"风险"出现了18次,其中强调产科的妊娠风险评估、风险教育和女性的妊娠风险防范意识等问题。这一风险防范、教育和预防的一系列举措细化了女性怀孕与生产过程中的管理措施,包括从孕前保健、孕期保健、住院分娩、产后避孕和儿童保健等"一条龙"内容,全程涵盖了女性生育过程的健康议题。这一高速发展下的产科管理制度给女性的孕产带来的是快速的经验变迁,代际之间甚至个人胎次之间的生育经验也可能截然不同。

随着女性教育程度提高,越来越多的女性加入工作,养育的社会支持模式发生变化,工作和家庭冲突成为主流的讨论议题。当前的生育政策除了强调生育质量下的母婴健康以外,还逐渐关注女性在生育过程中

---

① 国务院新闻办公室《平等 发展 共享:新中国70年妇女事业的发展与进步》https://www.gov.cn/zhengce/2019-09/19/content_5431327.htm。

的社会补偿、经济补偿和生育文化的构建。自 1994 年出台城镇职工生育保险制度以来，2010 年《中华人民共和国社会保险法》将部门规章上升为国家福利。2019 年，国家的生育保险和职工基本医疗保险合并，使更多生育妇女能够享受到生育保险的服务。各地调整生育和女性职工的支持政策，开始实施延长产假、生育奖励等一系列措施。直到近年提出三孩政策以后，我国女性职工的产假延长。在生育友好环境构建的主流倡导下，不少省市也提出了男性陪产假、生育奖励等措施，形成当下生育促进的整体社会现状。

这些政策变化都是在中国特定的政治经济状况和人口形势下发生的。不同种类的生命政治不仅以差异化的政治理性为特征，而且这些理性都与思考生命的方式密切相关（罗斯，2014）。中国社会的急速转型使我国所面临的社会情境更加复杂，在看似有一种明确转变的前台背后，还有一个错综复杂的历史情境后台。于是，本研究主要从国家对女性身体治理的角度提出：中国在不同历史时期对生产与再生产的具体要求不同，因而政策对女性生育的身体提出的要求也不尽相同。正如罗斯所言，当代生命规范是由其形成条件决定的。一方面，我们的人格越来越被他人、被自己依照当代对身体的可能性和极限的理解所限定；另一方面，我们的身体特征已经向着选择、谨慎、责任、实验和质疑开放了。那么，这就是界定我们当代新兴的生命形式的生命政治学的问题空间（罗斯，2014）。中国女性的生育健康得到更多保障的同时，女性孕产中所承担的健康责任也更重了。

国家政策对身体的治理界限不断前移且日益精细化。生育的身体从最初的"政治解放"到"健康发展"，经历了"政治性"到"日常化"的转变。从"节育""优生"到"二孩""三孩"政策，生育的数量和质量控制共同发挥作用。这一系列变化实际上代表了政策对女性生育之身体的控制日趋个人化、全面化。宏观层面上中国生命政治之作用方式发生改变还伴随有具体制度形式和互动方式的变化。医疗制度作为这一系列政策的关键空间，其与女性生育身体之间的互动关系如何？这一关系又经历了何种程度的变化？当代医疗产科的情境具有何种历史延续性和变革性？这些问题将构成我们全文讨论的医疗制度背景。

二、建设到改革：医疗制度与妇幼卫生

新中国成立以来，医疗体制经历了一系列变革。新中国成立初期，

我国城镇医疗体制效仿苏联实施社会统筹雇主责任制，农村则以三级诊疗和赤脚医生为主（周毅，2014）。医疗体制建设和计划经济发展有密切关系，农村地区未得到充分重视，城市地区政府医疗保险承担的压力也越来越大。改革开放后，我国进行全面市场经济改革。1979年，卫生部部长钱信忠在全国卫生厅局长会议上提出："医疗卫生工作重点从政治斗争转向现代化建设，全国建设1/3重点县，运用经济手段对医疗卫生事业进行管理"（王虎峰，2008）。市场化迅速成为全国各大卫生机构的主要特点。2009年，国家出台了"新医改"，提出新的改革目标。国家对医疗体制市场化的认识和举措在不断发生调试。2012年，"三明医改"提出要降低医疗成本、提高三险，改革路径为医药、医保和医疗联动。这一改革随后逐渐在福建省乃至全国推广。2024年国家《深化医药卫生体制改革的2024年重点工作任务》中提出继续深化医疗体制改革，并总结推广自身经验和做法，推动以治病为中心转向以人民健康为中心。①

医疗体制变革的同时，我国的妇幼健康的服务也逐步细化。孕产保健作为其中的关键内容，日益具体化为产前检查项目以及出生缺陷预防规范。妇幼保健医院等专业机构的设置与公立医院产科的发展相呼应，形成改革开放以后中国社会的妇幼保健网络。本章先回顾中国医疗体制所经历的重大变革，随后具体分析医疗体制中妇幼保健制度的变迁。

（一）医疗体制市场化与深化改革

早期我国的医疗体制具有城乡分割的特征，城市地区的医疗保障嵌入在单位体制中，农村地区的医疗保障则嵌入在人民公社体制中（顾昕，2008）。《1993年世界发展报告：投资于健康》指出，"到70年代末期，医疗保险几乎覆盖了所有的城市人口和85%的农村人口，这是低收入国家举世无双的成就"。1979年初春，卫生部联合财政部、国家劳动总局等国务院部局联合颁布了《加强医院经济管理试点工作的通知》，正式启动中国的医疗体制改革。1985年开始，党的十二届三中全会通过《中共中央关于经济体制改革的决定》。1985年4月国务院批转卫生部《关于医疗卫生工作改革若干政策问题的报告》，医疗体制市场化正

---

① 国务院办公厅，国务院办公厅关于印发《深化医疗卫生体制改革2024年重点工作任务》的通知，https://www.gov.cn/zhengce/zhengceku/202406/content_6955905.htm。

式启动。中国医疗体制进行市场化改革后的一系列问题引发社会上对医疗体制中政府职责和市场化程度的广泛讨论。随后社会上展开关于"医疗体制是否需要市场化?""医疗体制中市场化程度应该如何?(王绍光等，2005)""医疗体制中政府干预的程度应该如何?"等问题的讨论(王绍光，2005；顾昕，2005)。

直到2009年，国家推出"新医改"方案——《中共中央关于深化医疗体制改革的意见》。文件中先肯定了1978年以来医疗体制改革的主要成就，随后分析了医改以来的问题有以下方面：医疗卫生事业发展城乡地区差异大；政府在卫生领域的投入不足；医药费用上涨过快；个人负担过重；等。同时，文中提出新的改革目标，医疗体制需要将预防作为主要方面，且更加强调政府责任和投入(国务院，2009)。2015年，国家发展和改革委员会等联合制定《推进药品价格改革的意见》，取消了大部分药品的政府定价。随后，我国再次提出了《"十三五"深化医药卫生体制改革规划》。其中强调发展方式由以治病为中心向以健康为中心转变，同时坚持政府主导与发挥市场机制作用相结合。国家政策对医疗体制市场化的认识和举措在不断地发生调试和改变，中国社会的医疗体制在此框架下寻求效益和公益的平衡。

医疗制度具有一定的公益性，它针对公民的就医需求提供特定的医疗服务。医疗体制在引入市场机制之后，经营性质发生变化，同时出现了市场化所带来的资源分配差异日益增大的局面。医疗卫生机构成为一种市场创收经济实体，同时还是医生、医院、药品和检查四位一体的一元化经济利益共同体(蔡江南等，2007)。政府在医疗领域投入不足，医疗资源配置由市场主导。然而，在出现了医疗体制领域市场失灵之后，政府有限的医疗资源并没有被用来矫正市场失灵，而是被市场力量所牵制，形成了市场失灵和政府扭曲的双重问题(顾昕，2006)。陈竺分析当时医药卫生事业主要存在以下问题：首先政府对于医疗卫生服务的责任和投入不到位；经济体制的经验照搬到卫生领域，淡化了医疗卫生行业的公益性质，增加了群众负担。医疗体制开始强调追求市场规范下的经济利益，忽视了社会效益和公平原则，导致资源配置在城乡之间和地区之间严重失衡(陈竺、高强，2008)。

据统计，20世纪90年代以来，农村合作医疗的覆盖率从1980年的63.8%降到1989年的4.8%。在城市，随着公费劳保制度转变为城镇职工基本医疗保险制度，原来家属和子女的医疗保障"从有到无"（王虎峰，2008）。《2000年世界卫生报告》附表7中，所有会员国根据1997年卫生系统资金提供公正性的世界卫生组织指数估算，中国排名188位——全世界倒数第4位（世界卫生组织，2000）。经济购买能力对人们获得医疗服务类型的影响越来越大，由此按照各种多样化的需求和购买能力形成了差异化的服务。VIP病房、VIP挂号等服务屡见不鲜，经济上的贫富差距在医疗资源获得上带来日益明显的分化。现代中国地区之间、城乡之间以及人与人之间收入差别，以及所获得的社会福利和医疗救助水平差别巨大（黄荣清，2006）。

据此，市场化后产生的一系列问题应该如何解决？一种观点认为，我国医疗卫生事业的市场化已经实现，但是仍不够彻底。医疗卫生体制改革应该加快速度、充分放开市场，打破政府隶属关系下的垄断，给所有医院提供一个平等的竞争环境（梁中堂，2006；刘国恩，2007；高春亮等，2009）。另一部分观点认为，我国医疗体制的过度市场化引起了这一系列问题。解决问题需要由政府对其进行规范管理，重新找回政府在医疗领域中的职责（王绍光，2003）。一种较为折中的认识是——市场化给医疗体制带来诸多问题，但是需要寻找一种政府和市场重新在医疗领域合作的方式来恢复医疗体制中的秩序，降低群众自身的医疗负担（顾昕，2005；路琰，2007）。2016年12月27日，国务院印发《"十三五"深化医药卫生体制改革规划的通知（国发[2016]78号）》，其中提出坚持政府主导与发挥市场机制的作用相结合。具体而言这一内容是指，在基本医疗卫生服务领域，坚持政府主导，落实政府责任，适当引入竞争机制。在非基本医疗卫生服务领域，发挥市场活力，加强规范引导，满足多样化、差异化、个性化健康需求。与此同时，现代医疗卫生体制中开始提倡预防、健康的医学观念，同时越来越强调个人的健康素养。

在这一背景下医疗体制的目标也发生着调整与变化。在新中国成立初期，医疗卫生工作被认为是一项政治工作，需要加以重视。1951年，毛泽东起草的《关于加强卫生防疫和医疗工作的指示》中提出，卫生、防疫和一般医疗工作是一项政治任务。随后在《中央关于各级党委必须加强对卫生工作的政治领导的指示》中提出，"卫生工作是一件关系着全国人民生老病死的大事，是一个大的政治问题，党必须把它管好（刘雪松，2016）。"据世界银行数据统计，1950—1980年，我国人均预期寿命从新中国成立之前的35岁提高到了66.86岁。这时的卫生管理主要是政府主导带动社会参与，同时防治结合，以农村为主（李滔、王秀峰，2016）。"爱国卫生运动"从民族复兴的角度出发，将医疗卫生事业作为政权重建过程的核心工作之一，注重和政治活动的联合及其对群众的"解放"作用。当时的医疗卫生工作重点是防疫，控制新中国成立初期的流行疫情等。改革开放之后，医疗体制的工作性质逐渐发生改变，带有越来越多的市场性特征。同时，人们的医疗卫生需求和人口健康状况发生改变，我国对医疗体制的工作内容提出了新的要求。

社会经济发展带来人们生活水平的变化，疾病模式的流行病学发生改变。不同地区和不同社会阶层健康差异增大等各方面因素使得健康成为我国医疗卫生的首要任务（饶克勤等，2000；刘国恩、陈佳鹏，2006；任强，2006）。2007年，卫生部部长陈竺提出了《"健康中国2020"战略研究报告》。十八届五中全会提出了"推进健康中国建设"的目标，这时"健康"成为新的国家卫生战略（李滔、王秀峰，2016）。随后卫生行业又提出了《"健康中国2030"规划纲要》，其中强调发展方式由以治病为中心转向以健康为中心，推进健康中国建设。健康话语的出现，使得每个人的身体都成为医疗体制推进健康计划的可能对象。同时，健康问题本身受到多种因素的影响，因此，健康成为一个需要多领域合作治理的范畴。健康的概念也从出生率死亡率和人均寿命等较为具体的微观问题变成一个包罗经济产业发展、社会消费、环境、个人身体等各方面内容的新式话语：

> 坚持以人民为中心的发展思想，牢固树立和贯彻落实新发展理念，坚持正确的卫生与健康工作方针，以提高人民健康水平为核心，以体制机制改革创新为动力，以普及健康生活、优化健康服务、完善健康保障、建设健康环境、发展健康产业为重点，把健康融入所有政策，加快转变健康领域发展方式，全方位、全周期维护和保障人民健康，大幅提高健康水平，显著改善健康公平，为实现"两个一百年"奋斗目标和中华民族伟大复兴的中国梦提供坚实健康基础。（《"健康中国2030"规划纲要》指导思想）

医疗体制中的健康观念使得个人成为对自己身体负责的主体，按照自己对身体的管理来提出差异化的医疗需求。这些差异化的医疗需求和市场支付能力紧密联系在一起,进一步造成医疗资源内部分配的资本原则。在这种以健康为目标,以市场为导向的医疗体制下,妇幼健康作为其中一个特殊的规划内容具有自己的制度网络和特征。

(二)妇幼保健的量变与质变

19世纪以后,西医以教会、学校、医院三位一体的方式传入中国,我国妇幼保健开始在全国范围内发展。1921年开始,北京市开设了孕妇检查所。1925年,协和医院的公共卫生系联合北平警察厅,建立了包括妇幼卫生在内的卫生事务所,这是我国妇幼卫生机构的最早雏形(王海琦等,1989)。1927年,北京创建了第一所助产学校。杨崇瑞博士教育改造旧法接生婆,推动全国助产事业的发展。到1937年,全国助产学校有54所(黄醒华、王临虹,2006)。1930年,北京设立妇幼卫生事务所,同时在四川等地建立了9个妇幼保健所。已有研究数据结果显示,到1949年北平解放时,孕妇死亡率为7‰,婴儿死亡率为200‰(严仁英,1994)。1949年,全国范围内有80所妇幼保健所,生产床位有1762张(王海琦等,1989)。自1992年至2014年,我国新生儿死亡率从32.5‰下降至6.3‰;孕妇死亡率也从76.5(1/100000)下降到23.2(1/100000)(中华人民共和国国家统计局,2014)。《中国卫生和计划生育统计年鉴》(2013年)数据显示,我国的产前检查率从1992年的65.7%上升至95%。而住院生产率也从1985年的43.7%上升至99.2%(卫生部统计信息中心,2013)①。医疗体制中的妇幼健康事业经历了何种变化?这些变化对当前医疗体制中的妇幼健康管理有何影响?

在医疗体制不断变革的大环境下,妇幼健康的形式和内容也经历了一系列变化。新中国成立初期,新政权亟需在全国范围内巩固合法性,妇幼卫生领域也受到意识形态合法性建设的影响。最初的卫生政策中,妇幼卫生工作是一种国家意识形态指导下的医疗实践。卫生工作人员把计划生育工作的要求纳入自己的工作职责,同时将其视作革命工作和改造社会的重要内容:

> 计划生育、妇幼卫生、幼托工作绝不是一项单纯的业务工作,而是上层建筑领域的一场深刻革命,是破旧立新、移风易

---

① 数据来源:http://www.nhfpc.gov.cn/htmlfiles/zwgkzt/ptjnj/year2013/index2013.html。

俗、改造社会、改造人类，造就共产主义一代新人的一件大事。（选自"保护和解放妇女劳动力的一件大事"，《人民日报》1977.07.06 第2版）

政治力量是妇幼保健工作发展的推动力，因此妇幼保健事业的发展和政治形式与意识形态紧密联系在一起。1949年2月，沈阳设立妇婴学院，培养儿科和妇产科医师，同时培训护士和助产士。1950年，卫生部在北京成立了中央妇幼保健实验院，主要是培训新法接生、新法育儿指导等工作。随后在各个省市相继建立了妇幼保健组织系统（王海琦等，1989）。1955年，卫生部拟定了《妇幼保健专业机构组织试行简则》，到1957年，设有妇幼保健院96所，床位6794张；设有妇幼保健所4599所（王海琦等，1989）。然而，受到"文化大革命"影响，1966年以后的十年期间，妇幼卫生工作停滞，妇幼保健机构被撤销，妇幼保健人员下放改行。直到1976年10月以后，妇幼保健机构开始重建。

随后，妇幼保健事业继续发展。1978年统计数据显示，妇幼保健院为112所，妇幼保健所为2459个（王海琦等，1989）。1981年，卫生部着手制定了《城市产科质量标准和要求》，将孕产期质量分为甲、乙、丙三类①（华嘉增，1991）。1982年12月，卫生部在北京召开了全国妇幼卫生工作会议，提出到2000年建立一个完整的妇女保健网络。加强卫生工作业务建设并培训妇幼卫生人员。1985年《妇幼卫生"七五"发展计划》中提出，"一切有条件的城乡开展婚姻保健、围产保健、优生和遗传咨询，对婴幼儿实行系统保健，重点加强新生儿保健和疾病防治，降低围产儿死亡率和出生缺陷儿发生率（中华人民共和国卫生部妇幼司，1986）。""发展计划"还强调了建立妇幼保健机构——建立妇产科、儿科专科医院及省级妇幼保健机构，并提出在"七五"期间建立全国妇幼保健和遗传咨询中心二至三所，承担指导全国的妇幼保健、优生优育和节育技术培训、科研和宣传等任务（中华人民共和国卫生部妇幼司，1986）。1982—1986年，卫生部与联合国儿童基金会确定在中国建设妇幼卫生示范县。1986年《妇幼卫生工作条例》紧接着提出开展优生优育，提高民族素质，同时提出围产保健、产前诊断，检测遗传疾病和出生缺陷，预防和减少先天性疾病。在妇女保健方面强调科学接生，做好围产

---

① 这一政策在1985年开始正式实行。

期保健工作，推动实现孕妇的系统管理（卫生部，1986）。1990年，卫生部发布的《关于省级妇幼保健机构办院方向若干意见》中指出，以《妇幼卫生工作条例》为办院依据，坚持保健为中心，指导基层为重点，保健与临床相结合。

随着新法接生和住院分娩的大力推广，围产期保健和出生缺陷预防等问题被提上日程。母婴健康成为妇幼保健工作的重点内容。1994年10月27日通过的《母婴保健法》提出保障母亲和婴儿健康，提高人口素质。随后，我国陆续推出《中国妇女发展纲要（1995—2000年）》和《儿童发展纲要》，着重从妇女和儿童健康的角度提出相关要求和措施。2001年，国务院颁布的《中华人民共和国母婴保健法实施办法》，以法律形式确定了妇幼保健工作方针——母婴保健工作以保健为中心，以保障生殖健康为目的，实行保健与临床相结合，面向群体，面向基层和预防为主的方针。2002年，卫生部创建了中国妇幼保健中心，该中心以贯彻实施《母婴保健法》《中国儿童发展纲要》和《中国妇女发展纲要》为核心，坚持"以保健为中心，保障生殖健康为目标，保健与临床相结合，面向群体，面向基层和预防为主（杜玉开，2006）。"

《中国妇女发展纲要（2011—2020年）》中，将妇女和健康放在首要位置，详细提出要求指标——孕妇系统管理率达到85%以上，孕妇住院分娩率达到98%以上，农村孕妇住院分娩率达到96%以上。自1992年到2014年，女性参加产前检查比例直线上升，从1992年的69.7%增加到2012年的95%。同期住院分娩率也达到了99%。与此相对的则是孕妇死亡率和新生儿死亡率的直线降低，新生儿死亡率降低至6.3/1000，孕妇死亡率也大幅降低。

《中国儿童发展纲要（2011—2020年）》中规定了优化卫生资源配置，加强妇幼卫生服务体系建设，要求省市县设置至少一所政府举办的标准化妇幼保健机构，建立三级妇幼卫生服务网络。在出生缺陷方面则提出要求三级预防，指的是出生缺陷患儿从孕前保健、遗传咨询到怀孕过程中的产前诊断、产前检查，再到三级患儿出生以后的有效诊断治疗。在以健康话语为主导的医疗体制中，妇幼健康的重要性越来越突出，国家对女性生育过程治理范围越来越广泛、详细且系统化。

妇幼卫生关乎国家的生育和下一代发展问题，这在国家建设和主体创造计划中往往占有举足轻重的地位（Krause & Zordo，2016）。在这种情况下,中国的妇幼保健网络提供了一种可行的控制手段,能够更直接管理女性的怀孕与生产过程。妇幼保健使用系统管理的方式建立妇幼保健网络,其将生命数字化并进行量化分析,由此,传统社区中生育的问题变为和国家现代化目标相联系的行政管理问题。从社区妇幼保健所到省级妇幼保健院,自然社区被纳入"医疗社区"当中,这将人的生育身体纳入统一规划的行政医学管理之下,使生命成为一个可用于档案过程处理的对象(杨念群,2013)。随后我国妇幼保健工作与国际接轨,纳入国际管理标准。新中国成立以来,妇幼卫生工作重点从政治意识形态宣传过渡到系统性网络建设,由机构人员数量增多到质量控制细化。

  同时,妇幼保健工作的重点工作内容也发生了改变。新中国成立初期,妇幼卫生工作的重点是改造旧法产婆,推行新法接生。减少新生儿破伤风和产褥感染,防止婴儿疾病,推广新法育儿,强调深入工矿农村(王海琦等,1989)。1978 年,国务院批转卫生部《关于普及新法接生的报告》,其中再次强调推广新法接生(华嘉增,1991)。截止到这一时期的孕产期保健注重孕妇的身体健康,同时针对孕妇的妊娠、分娩等问题采取具体的保健措施。

  以母子统一管理为特征的围产医学从 20 世纪 60 年代兴起,后来逐渐被中国接纳并推广。1976 年,卫生部在江苏如东召开的妇幼卫生工作现场经验交流会首次提及这一问题。1981 年上海召开"全国围产医学专题会",强调早孕登记,加强对异常妊娠和妊娠合并症的防治(王海琦等,1989)。1985 年左右,全国已有 20 个省市自治区基本普及了新法接生,许多医院开展产前诊断(王海琦等,1989)。1986 年,卫生部在上海召开了围产保健工作经验交流会,讨论了全国城市围产保健的管理办法(华嘉增,1991)。1987 年的《围产保健管理办法》中规范了孕妇从孕前、产前、产后的一系列流程,围产保健管理实行医疗保健机构的三级分工。一级为基层街道妇幼保健站、医院或卫生院厂矿保健站;二级为区妇幼保健院、区级医院及有产科床位的厂矿职工医院;三级为省市级妇幼保健院(所)、医院、中央各部署医院及医科大学附属医院。围产保健实行划片分级分工(中华人民共和国卫生部妇幼卫生司,1987)。在 1986 年、1989 年和 1991 年,我国开始建立了全国性的出生缺陷、孕妇死亡和 5 岁以下儿童死亡监测网络(陶芳标,2003)。世界卫生组织(WHO)近年以来提倡高危管理及按危处理,对高危危险因素者加强监护(华嘉增,1991)。我国也逐渐纳入危机管理观念。1996年,卫生部实施"三网合一",从节约人力和物力的角度加强了监测工作的管理。

孕产期保健方式以孕妇为中心,围产期保健改变这种观点,研究母子关系,同时更加注意胎儿的健康素质(华嘉增、朱丽萍,2011)。围产期保健从孕妇确认妊娠开始便对孕妇和胎儿进行监护,是一种将母亲和胎儿统一管理的医疗保健形式。围产期保健是保障母儿健康,降低围产儿死亡率、病残儿发生率、孕妇死亡率和并发症等(王海琦等,1989)。

因此,我国孕产期保健的发展经历了普及新法接生、实行孕产期系统保健和开展围产期保健三个阶段。新中国成立初期,孕产期保健以推广新法接生为重点;20世纪50年代末期,新法接生基本普及,产妇死亡原因逐渐变为妊娠高血压、胎位难产、产后出血等问题,孕产期重点也就转向了普及产前检查预防难产、防治并发症为主。20世纪70年代初,各地开始实行从早期妊娠开始到产后42天对孕妇进行系统保健;到70年代末,采用围产医学技术和监护方法,开展降低围产儿死亡率和病残儿发生率的围产保健,积极防治孕妇并发症,特别是危害胎儿和新生儿的各种疾病,对胎儿成长进行预测和监护(冯国银,1990)。

产科管理的变化使得对孕妇和胎儿的监护越来越依赖于先进的医疗技术。胎儿的身体健康逐渐与孕妇健康一并成为孕产保健过程中的关注重点。由此,胎儿先天性疾病的预防和检测成为产前检查的关键内容。孕产过程中对孕妇的身体进行监测不再仅仅是为了降低孕婴死亡率,还为了控制胎儿的出生缺陷发生率。妇幼保健的工作也不再仅仅只关注孕妇和新生儿死亡率,而是涉及辅助生殖技术、产前诊断技术等一系列新型技术在妇产科的应用和风险管理。

三、生育政策调整后的产科状况:质量与服务的分析

"全面二孩"出台以后,我国的计划生育和妇幼保健工作步入了新的阶段。这一政策的生育累积释放效应给产科带来了医疗服务和质量安全等各方面的挑战,形塑了一种新生育政策下的医疗产科环境。这是本研究所处的关键产科情境,二孩政策以后的产科状况和三孩政策以后的产科状况有质量和服务方面的明显差异。《"十三五"卫生与健康规划》回顾,截至2015年底,近200万对单独夫妇提出了再生育申请。妇幼

健康事业改革取得一定成效,"全面二孩"政策稳步实施(国发[2016]77号)。然而,生育政策调整以后,生育堆积在短期内释放,医疗资源紧张问题凸显。2016年10月14日,国家五部委(国家卫生计生委、国家发展改革委、教育部、财政部、人力资源社会保障部)推出了《关于加强生育全程基本医疗保健服务的意见》(国卫妇幼发[2016]53号)。11月25日,江苏省卫计委发布了详细的《加强全程医疗保健服务和妇幼健康领域风险防控的实施意见》(苏卫妇幼[2016]12号)。一系列政策陆续出台旨在及时应对生育政策调整后医疗产科所面临的问题。本部分使用问卷调查数据和二手资料展示生育政策调整后产科医疗资源情况,以及在调研过程中所凸现出来的医疗现状和问题。

(一)压力与调试:资源的需求和供给

2015年12月31日,中共中央、国务院提出全面二孩政策,同时在改革完善计划生育服务管理方面做出相应规定(中发[2015]40号)。这一公文提出中国处于一种从"人口大国"转为"人力资本强国"的关键时期,其基本原则由主要依靠政府力量向政府、社会和公民多元共治改变。在妇幼健康方面推进优生优育全程服务,孕前优生健康检查、孕产期保健服务和出生缺陷综合防治,提高人口素质。2016年10月14日,五部委发布了加强生育全程基本医疗保健服务的若干意见,其中着重强调了妇幼健康服务资源和具体的妇幼保健服务:

> 充分利用各级各类医疗机构现有资源,通过科室间、科室内床位调整等方式,尽快扩增产科床位,缓解部分地区"一床难求"的突出问题。生育服务需求大的重点地区可探索分级建档制度,合理分流,引导孕妇根据风险评估结果合理选择建档机构;设立孕妇建档服务中心,协调解决孕妇建档问题,让每位孕妇都能得到及时、安全、有效的孕产期保健服务。……强化妊娠风险评估管理……针对高龄孕妇密切监测、治疗妊娠合并症并发症。……同时推进出生缺陷的综合防治。

全面二孩政策之后,部分医院出现"一床难求"问题,高龄孕妇数量增多也给医院带来额外的挑战,出生缺陷预防问题再次提上议程。2016年11月25日,江苏省卫生和计划生育委员会发布"加强全程基本医疗保健服务和妇幼健康领域风险防控的实施意见"(苏卫妇幼[2016]12号),详细规定了产科医疗资源配置、医疗保健服务完善以及规范和风险防控等问题。

中国人口数量众多,医疗资源分配的公平性和可及性是主要问题;在医疗体制中逐渐纳入市场因素以后,资源分配的公平性和优质医疗资源的可及性面临更多挑战。在全面二孩政策以后,这两个问题更加突出。医学界和社会学界的学者均提出:从2014年单独二孩政策开始实施到2016年,生育政策调整加剧了产科资源的紧张程度,给城市助产医院带来了更大的工作压力(风笑天,2014;乔晓春,2014;石一复,2014;张丽萍、王广州,2014;张丽娜,2014;范建霞、杨帅,2015;贾朝霞等,2015;康楚云等,2015;王靖等,2015)。本研究侧重结合医院的具体情况进行横向和纵向比较分析,即比较不同医院接纳孕妇数量差异以及它们在生育政策两次调整期间不同时间点的适应性变化情况,并在此基础上展示当时医疗产科的差异性情况。

研究中通过收集各家医院的基本情况数据,了解了江苏省六家医院的产妇数量、高龄产妇数量和二孩产妇数量。生育政策调整后,各地医院产科接纳数量总体增多。表2-1结果显示,2014年单独二孩政策实施以后,江苏省六家医院的产妇数量均有所增加。2014年整体增长趋势强于2015年。大中城市妇幼保健院B1前三年接纳的产妇数量一直维持在6500左右。全面二孩政策以后,在2016年上半年产妇数量就达到了5017名,接近以往全年的数量。这说明,产妇数量在二孩政策放开以后确实有大幅度增加。大中城市综合型医院B2产妇数量没有大幅度增加,但是在2016年上半年的产妇数量达到了2272,接近2013年全年的水平,且已超过历年平均全年产妇数量的一半。

特大城市妇幼保健院A1的产妇数量在2016年上半年已经达到了4645,超过了前三年历年的全年总数量。而在两家县区和郊区的二甲医院,产妇数量相比较少,产前门诊和产房的情况也不是非常紧张。它们的产妇数量波动不大,甚至两家医院还都在2015年有所降低。一方面因为这两个地区本身的生育积累效应较之城市弱,但更为直接的原因是有一部分人经济条件较好,会选择去城市里的大型三甲医院分娩。

特大城市市区两家医院的年接纳孕妇数量都在5000左右,特大城市综合医院A2采取限制建卡的要求,在这以后孕妇数量有所降低。但是这也使得孕妇申请建卡更加紧张。一名37岁的高龄二孩孕妇提及这种网络预约建卡制度的操作经验:"网络预约建卡需要在系统开放的整点申请，但是为了成功预约，孕妇一般需要提前将材料全部填好后在系统开放第一时间发送"。这使得孕妇既要处理一般孕产期的问题，还要考虑安排自己建卡生产等各方面的医疗资源利用问题。2016 年 1 月 1 日开始实施全面二孩政策，截止到 2016 年 6 月，省会城市妇幼保健院的产妇数量已经超过历年产妇总数量。而其他医院半年产妇的总数量也基本超过了历年产妇总数量的一半。这一方面可能是由于孕妇在 2015 年由于生育偏好导致的生育堆积释放，另一方面则由于全面二孩政策较早在全国范围内流传，一些双非家庭已经开始着手生育二孩。

这一点我们还通过表 2-1 中二孩产妇的数量来验证。结果显示，在我们所收集的三家医院中，不论是在特大城市的妇幼保健院，还是大中城市的综合型医院和妇幼保健院，二孩产妇的数量都是逐年增多的，而且在 2016 年上半年的二孩生育总数量都和 2015 年全年总数量相当。这足以说明，生育政策调整直接影响了医院产科接纳的产妇和二孩产妇数量。同时我们也不难看出，二孩产妇数量中，2015 年的总数量均高于 2014 年和 2013 年。所以产妇总数量在 2015 年的下降应该主要是一孩的产妇数量减少。

表 2-1 江苏省六家医院产妇数量变化情况（2013—2016 上半年）

医院	产妇数量				高龄产妇数量				二孩产妇数量			
	2013	2014	2015	2016	2013	2014	2015	2016	2013	2014	2015	2016
A1	3459	4402	4088	4645	366	549	655	668	641	916	965	896
A2	4407	5762	5299	—	—	—	—	727	—	—	—	1300
B1	6588	6520	6809	5017	395	393	483	347	1763	1993	2416	1920
B2	2749	3269	3100	2272	145	232	269	275	140	265	285	257
C	2985	3398	3071	1873	413	425	340	194	—	—	—	—
D	2612	2562	2487	—	160	170	187	—	—	—	—	—

前文中提及有不少学者预测生育政策调整带来生育潜力的短期释放，年龄超过 35 岁的女性生育二孩会带来高龄孕妇的增加，医院应对风险增大。省会城市妇幼保健院、大中城市妇幼保健院和综合型医院、D 区综合型医院的高龄产妇数量均逐年增加。C 区综合型医院比较特殊，高龄产妇的数量在 2013 年就是所有调查医院中最多的，在单独二孩政策实施以后再次增加，但是 2015 年的数量则明显减少。D 区综合

型医院的高龄产妇数量则相对较少,据医院的工作人员介绍,因为 D 区到大城市市中心的地铁很方便,所以很多孕妇会选择到市区的医院进行产检。而 D 区的高龄产妇有部分考虑在市区进行产检也可能是其高龄产妇数量较少的原因之一。

(二)分流或均衡:资源的分配和利用

在这样的情况下,并不是所有医院都及时适应生育政策调整,在产床和医护人力资源方面进行增减。如表 2-2 所示,只有 D 区的综合型医院增加了产床。但是经仔细询问 D 区综合型医院的产科主任,这是因为她们和妇科的床位是共用的,产科使用的床位增多以后,妇科的床位就相对减少,所以并非额外增加了产床。所以,在单独二孩政策实施以后,六家医院均未来得及调整产床资源,便直接迎来了 2014 年的生育高峰。2015 年,六家医院当中只有特大城市的一所综合型医院扩建增加了 45 张产床。直到 2016 年,全面二孩政策宣布正式施行,大中城市的综合型医院增加了 26 张产床,其余医院的产床数量都没有实质性增加。由此可见,生育政策调整之后,或者因为场地有限,或者临时使用妇科等其他科室床位,大部分医院均没能及时增加产床,以应对政策调整后出现的孕妇增多问题。但是,城区医院面临"一床难求"的同时,C 区的综合型医院则截然不同。他们的产科床位从 2013 年到 2016 年保持 66 张没有任何增加。在我们 2016 年调研期间,他们的产科病房中仍有很多空床。与其他大城市的医院产科情况形成了鲜明对比。短期内增加产床、扩大产科病区对各家医院都较为困难,也正是因此,在相似科室之间进行周转成为部分医院可行的临时应急策略。

表 2-2 江苏省六家医院产床和医护人员调整情况(2013—2016 上半年)

医院	产床数量				医生数量				护士数量			
	2013	2014	2015	2016	2013	2014	2015	2016	2013	2014	2015	2016
A1	98	98	98	98	27	27	27	29	75	79	90	92
A2	55	55	100	—	25	32	36	—	59	61	78	—
B1	160	160	160	160	30	32	32	31	87	90	94	91
B2	59	59	59	85	10	10	11	12	31	32	39	43
C	66	66	66	66	12	14	14	16	31	31	32	34
D	55	60	70	80	21	22	22	24	22	23	24	25

调查还收集了各家医院历年的医生和护士数量，以此来比较各医院的人员配备情况及其在生育政策调整期间的适应性变化。总体上而言，生育政策调整前后，各家医院医护人员的数量均有少量增加。省会城市综合型医院由于场地扩建，医生和护士增加的数量最多，从2013年到2016年均增加了十余人。省会城市妇幼保健院也在单独二孩政策实施一年以后增加了十余名护士，医生增加两人。郊区的综合型医院的工作人员告知研究者，他们的工作人员也是和妇科一起的。所以在应急的情况下，人员都是在两个科室间调动，并没有实质性的人员增减。在访谈过程中，特大城市的妇幼保健院的医生谈及这一情况："医生和助产士这个行业都具有一定的专业性。培训一名医生或者培训一名可以正式上岗的护士，需要的时间往往不止一两年。医科专业学生毕业后的上岗和培养都需要一定时间。"医学专业的工作内容具有特殊性。这使得医院即使招聘了新的医疗工作人员，他们还需要一段时间适应工作内容，之后才能真正参与工作来缓解医院的压力，难以及时解决问题。

调查过程中研究者还发现，在特大城市和大中城市的四家医院会有一些医疗器材公司或者医疗服务机构的员工在产科从事一些专业性不强的工作，包括称体重、量腹围等。这使医院产科利用社会和市场力量，提升了工作效率，同时降低了人力资源投入成本。这种人力合作适当地缓解了全面二孩政策之后医院人手短缺的情况。

对各家医院而言，孕妇数量的增加情况不同，医院所面对的压力也不同。同时在压力增加的情况下，各家医院所做出的适应性调整也存在差异。我们在问卷调查过程中询问了孕妇作为医疗资源使用者的需求满足情况。孕妇对所在医院医疗资源的评价情况如表2-3所示，省会城市两家医院的孕妇均认为医院产床资源紧张，分别占总人数比例为66%和74%。郊区综合型医院的110名调查对象中有56%的孕妇认为其产床资源较为紧张。其他医院的孕妇则大部分认为其所选择就诊医院的产床资源充足。由此可见，以特大城市为辐射中心的优质产科产床资源较为紧张，郊区综合型医院的床位和妇科共用，但是产科使用的数量比例逐渐增加。结合上文对产床数量变化的分析，可以看出，虽然省会城市医院床位种类和数量较多，各类医院之间形成了一定分流，但是各家医院的紧张形势仍不容乐观。

表 2-3 江苏省六家医院孕妇就医需求满足情况（2016 年）

医院	产检资源评价（充足）	医护人员评价（充足）	产床资源评价（充足）	满意度
A1	59.0%（N=139）	70.3%（N=138）	34.1%（N=135）	89.9%（N=138）
A2	53.8%（N=106）	61.8%（N=102）	26.0%（N=100）	91.6%（N=107）
B1	93.9%（N=99）	88.9%（N=99）	78.8%（N=99）	95%（N=100）
B2	93.1%（N=116）	86.2%（N=116）	52.2%（N=113）	94.8%（N=116）
C	87.0%（N=131）	92.4%（N=131）	78.5%（N=130）	94.7%（N=132）
D	70.3%（N=111）	72.1%（N=111）	43.6%（N=110）	84.7%（N=111）
总体	75.8%（N=702）	78.8（N=697）	52.3%（N=687）	91.8（N=704）

2016 年，相较于以往各年，省会城市核心城区的医院都迎来了生育高峰。而大中城市 B 市妇幼保健院的 160 张产床则形成了较好的流转，给就诊孕妇形成了产科床位资源充足的印象。C 区综合型医院接纳的产妇数量没有大幅增长，因此原本就很充足的床位在二孩政策之后也较为宽裕。2016 年上半年 5 月，调研组成员在此医院调研时，产科病房的两个楼层中每层楼都有 6~8 张空床，并非像其他城区内医院存在孕妇在走廊等待病房周转的情况。由此可见，特大城市、大中城市优质医疗资源的紧张情况需要得到及时适量的补充，才能更好地满足孕妇的就医需求；普通县区和郊区医院面临的问题不同，更需注意发挥资源和技术优势来吸引更多的本地孕妇就医。

相比较而言，两家省会特大城市医院的孕妇对产检资源充足或紧张程度的评价相当，均为 50% 左右。相对其他医院而言，孕妇评价的资源紧张程度最高。建卡时，有的孕妇需要使用自己的熟人关系才能建到卡。40 岁的高龄产妇晨星（化名）在 11 周确定好建大卡的事以后和我提起自己建大卡的过程找了熟人：

> 我建大卡的时候，当时都过了时间了，医院都满了，都不好建了，然后我当时做三维 B 超也是晚了。我是几月份啊，五月份的时候过来开单子的。后来他们忘记了，然后到我到这边来的时候已经八月份了，所以来不及了。一约就约不到了，最后还真的是找了熟人才能顺利建卡，确实是快了一些。
> （11W-40Y-20160811）

还有37岁的二胎孕妇林林（化名）在建大卡的时候没有找到熟人，但是在医院预约B超紧张的情况下，还是借用了熟人关系才预约到。对地方医院和区医院的不信任使得孕妇更愿意找"大医院"，安全度过孕产阶段，同时辅之以熟人关系作为保障享受医疗服务：

建大卡的时候A2医院搞了一个App网上预约。挺折磨人的。我那个时候已经建过小卡了，然后我已经拍了照片放在手机里，当时要出号，每天要抢号，才有多少号呀是吧。抢了号以后，发现我要把照片传上去，当时就要现拍，就第二天跑到建小卡医院。那就再等第二天，又出来那个号了，8点准时抢到了，然后一分多钟上传太晚了，动作太慢了。然后第三天我又试了一下，第四天我就把前一天没抢到的那个我就没有提交，直接第四天提交，就约上了。我说我终于知道自己为什么动作比别人慢了。那几天挺折磨人的，今年生孩子的人特别多，然后我又想在这边生，然后社区医院还有一个母婴计划，多做一些检查，留一些数据，保证你可以在市妇幼排上号，所以就可以在那边生孩子。但是我不是想在G医院生嘛。所以约了前前后后四五天，总共一个月就200个号。反正就是过程挺折磨人的。这边医院没约上，那边也没得生，那就相当于两个比较好的医院都得生，所以那个时候就觉得挺麻烦的。

我后来就说约不上我就找我同学了。因为我同学的话也是个普通医生，能不能帮上忙也不一定。我的性格就是，能不麻烦别人就不要麻烦人家吧。A1我也考虑过，那个时候还是人工排队，那边要到27周，还是26周约。那个要等22周的B超做完了之后才给你约。如果这边都约不上就去试那边。我家就是到这边比较方便，坐地铁就好了，还是这边方便一点吧。因为我家住在江宁，D医院我不太信任，就是人的一种心态吧，老大的时候我是怕万一有什么情况。我那个时候一个是年龄大嘛，我姐生孩子的时候大出血的，我也怕我有什么情况，还好是没有问题，但是万一不好的话就……那个时候我还小，不太明白，就是凝血功能差，剖宫产的，包括剖完了以后她不是有个疤么，那个说一半是医生缝的，另一半是助手缝的，后来恢复的时候还是有不一样。她是在叫什么的，好像是二附院生产的。反正她就觉得医生，包括特殊情况下处理什么的，江宁医院万一有什么急事真的不好讲。（12L-37Y-20160811）

医疗资源紧张的情况下，她们开始在医疗制度中利用人事关系寻求建卡等帮助，而这种医疗资源利用逻辑也提示我们分级诊疗本身的预期是希望能够让各层级的医疗资源有更好的利用率，但是可能无法对应人们切实的就诊需求。人们对医疗资源的考虑更多从解决问题或者安全性考虑，显然是级别高、专业性强的医院更具有吸引力。所以，医疗资源的分配和均衡问题如何对应到人们实际利用过程中的逻辑极为重要。

在产检过程中，以胎心监护室为例，省会城市妇幼保健院每天进行胎心监护的孕妇数量均在 100 个以上，据胎心监护室的护师介绍说，"以前一天也就五六十个，现在一天最多的时候到过 170 个。有时候一上午就有 150 多个。我们已经开出来两个胎心监护室，一个是我们这里，已经设置了 8 个床位，2 个座位。另一个房间在旁边的住院楼，帮我们分担部分孕妇。实在不行，还有一些医疗器材公司的工作人员使用便携式的胎心监护器，给孕妇使用手机操作完成胎心监护。"不论是门诊还是产检等候区，都有很多孕妇在等待叫号。调查过程中，不少孕妇和我们提及医院现在人太多，排队时间太长。很多孕妇预留半天甚至一天的时间产检。医护人员的充足情况评价仍然是省会城市的妇幼保健院和综合型医院情况评价最低。两家医院中都有 1/3 左右的人认为医护人员不充足。省会城市的妇幼保健院在 2016 年才增加了 2 人，而综合型医院虽然每年都在增加，已经有 36 名医生。两家医院的护士人员数量也有所增加，但已有的人员调整仍然不能满足孕妇的就医需求。医护人员评价最高的是县区的综合型医院。它在孕妇数量增加幅度不大的情况下，医生和护士的数量仅有少量调整便很好地满足了孕妇的需求。

在对医院的满意度上，大中城市的妇幼保健院和综合型医院以及县区综合型医院最高。省会城市的综合型医院、妇幼保健院及其郊区综合型医院则满意度相对较低。研究者进一步询问了孕妇不满意的主要原因。孕妇提及最多的原因就是"人太多了，排队太久""服务态度差"，还包括医院的"医生不专业""资源紧张""人多机器少""费用高"等问题。这些孕妇对医院的不满意之处均是当前不同医院面临的共同问题，有可能引发更多的医患矛盾与纠纷。然而，生育政策所引发的这一需求和资源利用问题并没有持续很久。近年来，医疗资源的利用率正随着人们生育意愿和行为的变化而再次发生变化。

四、三孩政策以后的产科何去何从？

在本研究结束以后不久，2021年8月20日，我国人口与计划生育法正式完成修改，三孩政策开始正式实施，即一对夫妻可以生育三个孩子。然而，与前有状况大不相同的是，产科似乎并没有再度出现医疗资源紧张的状况，甚至还有社会新闻发出"救救产科"等呼吁挽救产科关停的文章。

自2017年总出生人口的1723万人以来，出生人口数逐年降低，出生率从2020年连续跌破了9‰，我国已经正式进入了"少子化社会"。根据2024年国家统计局公布的最新人口数据，2023年我国全年出生人口为902万人，比2022年出生人口（956万）降低54万人。这一急剧下降的出生人口给产科带来新的议题：质量与服务之间如何达到新的平衡？基层医院和大中型医院的问题和需求不同，产科医疗资源如何进行合理分配？

与此同时，三孩生育政策出台以后，虽然生育数量有所降低，但是高危产妇数量、多次妊娠和瘢痕子宫等问题仍旧突出，加强复杂问题的处理能力，提升产科的整体服务水平成为这一阶段产科面临的主要挑战（应豪，谢涵，2023）。质量和安全的问题何以在新的生育形势下实现平衡和双重保证？

对产科来说，在现代卫生体系建设和女性健康之间，此刻仍然需要思考的是，在保证了女性孕产安全以后，何以能够在资源充足的情况下更好地满足孕妇的实际需求，构建一种"孕产照护"为中心的产科环境（Qiu，2024）。

第三章 市场嵌入：医疗制度与消费化身体

> 学校生产教育，电动机生产动力，医疗生产健康保健。这些输入都是具有商品特征的主要产品。它们的生产成本直接影响国民生产总值，它们的供不应求可以从其边际价值来衡量，它们的价钱是基于当前的等值货币。正是凭着这些特征，这些主要的产品构成了一个市场。正如学校教育和运动交通一样，医院的医疗保健是一种资本集中消费品的生产，所有生产和涉及的服务都是为了其他人，而不是和其他人一起或者是为了生产者本身。同时人们常常忽视的一点是人们完全靠自身自由生产的非市场化的使用价值，这是一种具有实际使用价值且能够与市场化抗衡的力量。
>
> ——伊力奇·伊万思（Illich Ivans），1976

医疗体制的改革不仅影响着医疗资源的供给和使用，也逐渐将市场因素引入医疗领域。医疗服务和医疗消费紧密相连，就医需求的满足越来越差异化。已有研究多是以市场化改革为分割点，侧重分析两个时期医疗体制的变化、发展和差异。本研究着重从当前医疗体制出发，梳理这一发展过程中医疗产科的变化，并以市场化体制的内在运行为分析基础，探索当前市场嵌入医疗的具体方式，孕妇、医生与医疗市场的互动、双方的行动特征及其后果。

从1978年开始，政治意识形态话语逐渐式微，经济话语成为人们日常生活的主导。冯珠娣（Judith Farquhar）认为一段时间内农村地区医疗中"雷锋式"的"为人民服务"精神逐渐减少，以个人医术和效果宣传为主的个体户医生诊疗越来越多。医生群体中出现了一种"致富"竞争的逻辑（Farquhar，1996）。苏珊娜·古德昌（Suzanne Z. Gottschang，

2001)通过在城市医院的田野观察和对 30 名孕妇的追踪研究,探讨了中国城市医院如何协调国家强调健康公民的政策和资本主义强调个人选择的消费行为之间的关系。她提出,中国城市医院表现出了一种现代化观念界限的模糊性,这体现在国家的控制政策和市场的医疗服务消费之间的界限不清。而处于这种体制当中的女性则面临着中国社会文化中对女性身体的一系列想象。最终,她还着重分析了女性面临并处理这种模糊界限的具体方式已经构成了当代中国城市女性协调母职要求复杂多样的现代化行动特色。

陈南希(Chen,2001)认为,这种社会主义市场经济提供给人们的医疗消费选择已经成为一种社会区隔和身份地位的主要表现方式。当前这种消费的健康观念对个性化需求和经济实力的强调与社会主义时期对公共卫生服务公平性的重视形成鲜明对比。消费商品和服务所带来的新健康、权力的视角当前正在创造一种 21 世纪新型的身体经济,以及一种社会地理分布密切相关的医疗健康。陈南希认为当前中国的消费文化和身体文化交织会生产越来越多渴望健康财富和好生活(good life)的个人化身体。朱剑锋从中国日益紧张的医患关系出发研究国家、市场和消费者之间的关系。与收紧的计划生育政策同步,国家试图在市场中寻找问题的答案,并将医疗系统的卫生保健投资转换为一种购买服务的市场模式。关乎人口质量的潜力政治和孕妇的营养保健都通过一种经济的话语表述出来(Zhu,2008)。他认为,我们正在制造一种希望重复简单经济购买方式的主体,这些主体愿意通过创造更多的财富来解决所有复杂的问题(Zhu,2013)。

本研究继续以上学者的讨论,从具体医疗过程出发,分析市场化医疗中主体(医生、医院内市场的工作人员、孕妇等)的相互关系,展示在当前中国城市的医疗环境中,市场和专业医疗如何交织在一起?这一市场如何影响了社会不平等?女性在这一网络当中做何反应?首先,本章将针对医院和医药公司工作人员的日常工作和合作逻辑进行分析,详细阐释医院的"局内人"如何与市场工作人员达成"共谋"。随后,本章将展示健康消费、自我治理和医疗服务消费如何从多个方面创建了一个新的图景,并说明医院产科的市场化使人们在孕产资源使用及其后果上形成了社会差异的再度分化。最后,本研究认为医疗资源的市场化给孕妇的医疗服务使用不平等带来了新的危机与挑战,处于劣势的孕妇可能因此受到多重的资源剥夺。

一、医疗技术、专业知识和市场

孕妇是产科服务市场化的主要购买者,而处于医疗体制中的医疗工作人员则是与这一市场化服务的"合作者"。医院提供给市场可能的"消费者"——孕妇。与此同时,他们充分利用竞争性的市场力量完善医院的服务体系,并吸收体制外人力资源应对自身的人力不足。医疗市场和医院医生的这种资源的"交换"与"互惠"构成了双方合作的基础,也是我们在此分析这一问题的重点。在此之前,我们先呈现产科医生对各种医疗产品的选择和考量,她们①的专业知识及与孕妇的直接沟通使得她们成为市场主体所争取的主要对象,也使她们成为选择进入医疗市场竞争主体的"权力"所有人。

(一)医疗技术的竞争与筛选

产科市场化的重要特点之一就是产科内部的产前检查技术和设备的使用与资本市场密切相关。不同市场主体在医疗体制内竞争,持续与医院合作,以获得更多的消费群体。同时,产科的医生和医院的领导根据自身状况来选择适合自身的医疗技术或设备。

正如本章引言中伊力奇所论述的,医疗保健逐渐成为一种商品且具有了市场中的剩余价值。怀孕与生产过程中的医疗技术、孕期保健品等都成为市场竞争生产销售的主要领域。在本研究的田野观察过程中,市场竞争的一个典型例子就是医院胎心监护室引进的两家胎心监护仪器公司,这两家公司的工作人员分别以不同的方式争取孕妇使用自己公司的产品,同时缓解了医院产科的人力资源短缺问题。

胎监室中有三名老师分别轮流值班工作,曹老师是组长。三个人除了在胎监室的日常工作以外,张老师会在1号诊室和胎监室之间协调人力,钟老师和曹老师则需要在6号诊室负责建大卡②。胎监室两名胎心

---

① 这里准确地使用"她们",是因为在研究者所田野的产科,只在产房有三个男性实习医生,其余在产前诊断、产科门诊和胎心监护、产房的专业工作人员和非专业工作人员都是女性。针对产科中医生的性别问题,在赵婧的博士论文中有所总结,她提及了姚毅的《医师专业的形成和社会性别的建构》,在这篇文章中,姚毅认为这种医师专业的女性化实际上是助产士和产科医生强化自己职业性的结果。

② "建大卡"即是指孕妇在计划生产的医院正式登记入册,并且在即将生产的医院完成后续一系列检查。

监护仪器公司工作人员分别为灵灵和琴阿姨（均为化名）。胎监室中偶尔还会有学校里来见习的本科生，他们实习的时间不长，一天或者一周不定。据张老师介绍，现在胎监室的孕妇急剧增多，多是因为当前二孩政策后孕妇数量变多了。同时，医院没有限制建卡数量，这一系列原因造成了医疗资源的"供不应求"。因此，为了缓解当前的工作压力，三名老师培训胎心监护仪公司的工作人员，让她们参与胎心监护的实际工作。

在接待孕妇压力增大时，两家胎心监护仪器公司的工作人员都尽心尽力地帮忙，同时找机会推销她们的胎心监护设备。胎心监护室忙碌的时候，半天需要接待的孕妇达到200名左右。二孩政策放开以后，这家专科医院的孕妇数量直线上升。经张老师介绍，以前半天时间接待的孕妇只有几十个，现在每天都150个以上。下午则人数略少，因为一般孕妇需要进行空腹抽血检查，集中上午检查的比较多。在胎心监护室所有监护床位都满了的情况下，琴阿姨让等待的孕妇坐在床边或者椅子上使用自己公司的仪器做胎心监护。琴阿姨先教她们下载设备需要连接的软件，下载后使用公司的仪器给孕妇监护，现场打印结果；灵灵则有所不同，因为灵灵所在的公司入驻医院时间较短，胎监室内已经没有给灵灵公司安装仪器和电脑的空间，于是医院将住院楼里五楼的一个会议室留给她们。在孕妇数量多的时候，负责胎心监护室的老师则会将她们公司的人安排到5楼，可以带上去请部分孕妇使用她们公司的仪器做检查。这些前来检查的孕妇成为她们两家公司共同的潜在消费群体，直接接触胎心监护仪的孕妇则成为她们的目标"租售"群体。两家公司代表在面对同样潜在消费者的情况下偶尔会发生冲突和争执，竞争的侧重点有所差别。

在工作过程中，灵灵称琴阿姨为"阿姨"，这区别于她对其他医师的称呼——"老师"。对于我而言，刚进胎心监护室时，除了年龄相近的灵灵和实习生，我将所有身穿白色大褂的人都称为"老师"。三位在胎心监护室的老师对两个市场工作人员的客户源控制起主要作用，因此与她们三人的关系在两人的竞争中非常重要。灵灵和我提起过一次她与琴阿姨的不愉快经历：

> 灵灵和我提起她和琴老师的一次小误会。一个同样繁忙的上午，有190多名孕妇来做胎心监护。灵灵正和公司的领导一

起"监督"主任开专业大会,希望宋主任在会上介绍一下她们公司的产品。因为张老师还要负责一号诊室和其他杂务,所以当天胎心监护室只剩下琴阿姨一个人。于是,张老师让琴阿姨给灵灵打电话过来帮忙,灵灵收到琴阿姨电话时正在会中,便告诉琴阿姨,让张老师找自己公司领导说一下,领导同意后就下去。

等灵灵下来后,张老师问她怎么这样说话,这么小的孩子说话很不尊重人。灵灵不明白怎么回事。张老师说,灵灵要求琴阿姨转告张老师自己给她打电话。灵灵立即解释说,她没有让张老师打电话,而是让张老师给自己领导打电话说明情况。张老师告诉灵灵,这是琴老师转告给她的。

后来,琴阿姨说张老师实际上是自己在旁边听到的。由于琴老师上午很忙,曹老师来胎监室发现张老师没在,说了张老师一顿,张老师又把气撒在了琴老师和灵灵身上。周六的时候,钟老师让灵灵来加班,和琴老师聊一聊。钟老师人很好,于是在结束的时候请两个人吃了一顿饭。两个人基本上说清楚了,灵灵说自己知道琴阿姨总是讲她公司产品的一些不太好听的话。(摘自2016年10月16日田野笔记)

两家胎心监护仪器公司员工的关系主要是被实际人际交往中两个人和其他医院工作人员关系的亲疏远近和利益关系左右。同时,两个人与其他医生和孕妇的关系也不尽相同。两家机构都和医院签订了合同,但是在产前门诊的5个医生里,有一些医生并不认可这些胎心监护产品的结果。灵灵和经常来检查的客户经理提到,"有一个老师就是不认可我们的结果,每次我的客户孕妇拿着我给她们的结果去,她都要给退回来让孕妇重新做,这样我们很为难。"为了和医生搞好关系,在医生介绍的客户上,她们会有一些特殊优惠。两家机构的管理方式不尽相同,这使得两家公司员工的工作压力和工作方式也存在差别。这位客户经理负责和医院的领导层沟通,同时争取更多的医生支持她们的产品。她安慰灵灵说自己已经和产科院长谈妥了,这次让她签了字之后就可以更好地推广产品。琴阿姨的公司区域经理在广州,来南京次数较少。她的工作方式有所不同:她与医生沟通不多,在南京的半天时间里示范如何让更多孕妇使用胎心监护仪并进行推广。琴阿姨的公司对业绩要求不多,而且其直线销售经理也经常不在,所以琴阿姨的工作压力略小于灵灵。

私下里,两人也会和负责胎心监护室的老师一起吃饭,保持好她们之间的关系。灵灵经常在产前门诊帮吴主任检测胎心和腹围等内容,因此吴主任和她关系很好,在自己的门诊中看到适合的情况便会推荐灵灵公司的产品。琴阿姨则是在胎心监护操作过程中获得孕妇的信任,让孕妇相信自己推荐的产品。在研究者田野调查期间,琴阿姨还多次看望使用她公司产品的孕妇,这使得她的工作和医院的人际交往融为一体。可见医疗器械公司的工作人员一方面要和医生保持关系,互相支持,还要和孕妇维持联系,让更多的孕妇信任自己并选择公司的产品。同时,她们也要在医院里和同院的竞争对手保持关系,不能让对方毁坏自己在孕妇和医生面前极力维护的形象,更不能让对方抢走自己的目标消费群体。

除了在进入医疗体制的企业之间内部竞争以外,医生还会针对特定的医疗检查技术进行考察,对具体的项目"把关"。魏主任介绍当时医院如何选择推广无创基因检测,除了考虑技术本身的因素以外,还有一种关于检查技术项目的卫生经济学。比起唐氏筛查,无创基因检测的费用更加昂贵,因此经济落后地区推广起来势必比唐氏筛查更难一些。同时,项目的推广本身还涉及疾病的发病概率及卫生经济学的问题:

> 现在无创的问题呢就是,我们这里是2100元,有的地方是1800元。但是唐筛的费用是110元,它包括传递样本的过程,对整体的技术、硬件的要求不是特别高。但是无创他就特别高。你真的想把这两个体系做下来,第一比如说你准备去完成这个检测,这个检测的部门你要有相应的配备。第二,你要让孕妇负担多少,孕妇的负担我觉得还是最关键的,如果说2100元的项目,你去推广。比如说像南京是经济比较好的地方。但是比如说你往边上去推,过了这个长三角地带,比如说东北啊那一带,就为这个检查她要花2100元还是要考虑的。但是你想唐氏儿的发病率是多少?六七百分之一,六七百分之一我要补筛的话,把600个人乘上2100元,我才能筛到一个唐氏儿。但是话说了,这个无创,也不是像我们,我讲的那个血清学筛查呢,有另外一种算法。如果说无创它是600个人检查,你就算他2000元吧,你就能抓到一个了。但是我血清学

呢，是这样的，你要把它那个检出率算出去。比如说600人中，我乘以一个110，理论上要低很多。但是对不起，这600人中，有5%都是阳性的。这个5%的人，你还要再算一个公式就是600乘以1100再乘上一个5%。然后这些人都再来做羊水穿刺，羊水穿刺的费用是1300元，这两个A和B你得加在一起的，然后再来算这个到底划不划算。这个数字到现在算出来没有我不太清楚。因为这个是需要大卫生统计去算的。它是一个卫生经济学的统计数据。首先你目测下来，这个费用绝对高。所以到时候那一天，也许真有一天会降下来，我心目中它能降到500元，我觉得这件事（指唐筛）就彻底不用做了。
（20160909W－产前诊断医生魏主任访谈）

和唐筛一样，无创也是经过几个大的公司企业竞争从而实现给患者提供基因检测的服务。国内几家实验室的定位不同，所采用的市场经营方式也不尽相同。预防并发现21－三体、18－三体等基因遗传疾病是一个方面，另一方面追踪遗传病的各种发展迹象也是遗传产前诊断所关注的。据产前诊断的两位负责老师介绍，湖南某企业更加注重遗传病的诊治，其他有两家企业更多是商业化运作或者盈利，还有的企业则是专注于数据的获得和科研成果。市场化内部的多元性使得医生在给孕妇提供建议时有所选择，她们更倾向于选择自己所熟知和认可的机构推荐给孕妇使用。基于此，医生成为市场化医疗的关键"把关者"和"推荐人"。

不包括在医疗保险内的医疗项目所花费的金额内部至少会包含以下内容——公司的成本和收益、医院的合作费用、公司安排在医院工作人员的费用和提成几个方面。魏主任和刘主任在选择医院的具体合作企业时起到了决定性作用，她们认为专业性、学术性是主要的选择标准。

它们的主要目标是遗传病诊断。所有的医院中只有它可以叫专科医院，就是协和医院。其他的医院都没有一个资质。然后再往那边就是一个检验所。协和医院而且只是检测遗传病的，对吧？具体的产前筛查诊断这一块，就只有H一家医院。反正我们两个人从学术的角度能跟它合作，我觉得可能是最放心的一家。（20160909W－产前诊断医生魏主任访谈）

两位医生在合作企业的选择上采用两人达成共识的标准——对长期健康的关注，于是医院内部相关市场合作项目的专业人员往往成为这一项目市场竞争的把关人。他们的选择决定着各家企业在医院内部医药市场的生存和消费者获得。

(二)专业知识和权威的转移

市场工作人员如何与孕妇互动？他们怎样获得孕妇群体的信任？上文中医生的引荐、介绍与安排是一方面，另一方面则离不开市场活动主体对专业"科学"符号和知识的使用。

"白大褂"是随着现代中国医疗制度的建立，受到西方专业医疗制服着装影响逐渐推广开来的。门诊时的医生穿着"白大褂"，在手术时则着"手术服"①。专业制服着装对患者或者专业医学生的符号效应在西方学术界有广泛的讨论（Hochberg，2007），不论是分析这种专业着装给患者带来的心理反应——白大褂效应（the white coat effect），即患者看到医生的白大褂出现血压升高等反应（Brace & Richmon，2004等）；还是白大褂的专业权威及其在医学教育中的利用（Huber，2003），都是围绕这种专业"符号"与医生专业权威的直接关系。

刚来医院调研的时候，和绝大部分普通孕妇和家属一样认为所有穿"白大褂"的都是医生。而实际情况是，在研究者所调研的医院当中，"白大褂"这一专业符号可能是医生、医学实习生、市场工作人员，还有研究者这样的研究人员。医药公司人员在医院内工作时也身着"白大褂"，这一专业形象将她们和专业医生、护士混在一起，让很多外行人相信她们也是专业人员。在医院的制度背景下，孕妇和其他就诊人员都对医院的工作人员有一种原初的信任状态，认为她们能够解决自己对身体或检查结果的所有疑惑。产前门诊里问诊的孕妇数量很多。医生与每个孕妇沟通的时间很短，往往不能和孕妇深入交流。医疗专业知识在医生和孕妇之间的信息不对称让不少孕妇有获得更多专业知识的渴望。她们在胎心监护室或在产房里，都需要等待胎心监测结果或者待产，于是，在此时她们会和穿着"白大褂"或者专业制服的"医生"或"护士"交流。这里的白大褂的人可能是专业的医疗人士，也可能是研究者这种调研人员或者市场工作人员。

很多孕妇都会询问我们这些身着专业制服的人检查结果或者孕期反

---

① 在产房或者分娩手术室中医生、助产士和护士等人的着装不同。进入产房以后要全身换下服装，着绿色或者紫色消毒服，换专门的拖鞋并戴消毒帽子和口罩。这种着装和"白大褂"有所不同，但是对专业身份的符号化作用却有增无减。

应，希望得到浅显易懂的解释。但实际上，研究者和胎心监护或者诊所的非专业工作人员并不了解相关知识。灵灵和琴阿姨都生育过孩子，所以她们通常会从自己的生育经验上对这些内容进行解释。研究者则通过阅读通识书籍和观察聆听医院医生讲解得知一二；当然，有时候孕妇也刚好碰上胎监室的医生或者护士，从她们那里可以获得产科专业知识。"白大褂"这一专业符号对大部分人而言象征着"专业""科学"和"权威"，因此，具有这一符号特征的人容易获得孕妇的信任。

在专业符号及其信任问题上，我们在各家医院发放问卷时也直接体会到孕妇对医院内专业着装人群的信任差异及其对潜在市场性医疗产品的防范①。在特大城市专业医院调研时，我们几名调查员都身着白大褂，半天时间内就收集了100多份问卷。这一方面确实由于孕妇数量本身较多，另一方面也因为我们身着白大褂取得了绝大部分孕妇的信任，拒访率较低。在另外五家医院调研的过程当中，我们都没有取得这种"专业的符号"。相对来说，发放问卷的难度较大，且通常需要医院的医生先和孕妇沟通好调查目的，才能为更多孕妇所接受。同样人数众多的特大城市综合医院中，因为既没有这种专业的符号标记也没有医生介绍，所以回收效果很差，孕妇拒绝比例也很高。孕妇产检等候区不仅有孕妇在候诊，往往还有很多医药产品宣传人员寻找可能的消费人群。因此，不少孕妇都对这种没有专业医疗知识的人有所防备。在当前不少孕妇对医疗体制内部市场和资本的批判与抵制的情况下，市场工作人员着以"白大褂"的外衣遮盖了利益的驱动，使不少孕妇降低了防备。孕妇主动寻找"白大褂"这种"专业人士"沟通，信任这一符号背后的知识传递，却也可能因此选择了一种医药市场消费。

医院在这种程度上以自己的专业符号权威支持着市场的销售行为，两者之间构成某种资本的互换。现代的、科学的、权威的、可信任的医生、护士形象通过"白大褂"这一符号出现在孕妇面前，成为专业和非专业的界限，而这种专业符号下的"不专业"也极有可能因为期望落差影响孕妇的就医体验。

---

① 这不仅仅是医院的销售行为。实际上甚至包括自己的调研也是"利用了"孕妇对医生专业身份"符号"的信任。医生这一角色对于孕妇而言是更重要的，而不一定是医生所讲的内容。销售人员的角色扮演也是通过穿上一件没有医院名称的"白大褂"。但是这种细微的差别往往大部分孕妇并不能分辨。

在这一专业符号背后，孕妇实际上信任的是专业知识和权威。为了自身和胎儿的健康，一些孕妇希望自己孕产期的身体处于医生"监督"之下。两家公司的移动式胎心监护仪给孕妇提供了这种可能。孕妇的检查结果中如果出现脐带绕颈、羊水过多/过少等情况，医生便会建议其加强胎心的日常监护，或是增加到胎心监护室的频率，或是租借移动式胎心监护仪器供自己在家中监测胎心。

胎心监护室拥挤的环境和漫长的等待时间使得一些孕妇愿意采用自我监测的方式，而且胎心监护仪器很重要的一个宣传是医生会随时在线给孕妇解读胎心的结果。一家公司的结果可以在手机 App 上读取，并最终在琴阿姨的机器上打印，定期来门诊时找相关的医生解读；另一家公司的则是在手机和电脑上同步，孕妇的胎心监测结果传递到工作人员的电脑上，工作人员通过微信对胎心结果进行解读。这家公司在实际操作过程中并未找到愿意专门解读监测结果的医生，而通常是由灵灵来解决。灵灵入职时间不长，不是医学专业出身，常是胎心监护室老师临时教导或者自己在网上查询学习解读方法。她和研究者介绍的是说这个工作不会太持久，之后她们马上会付给一个护师工资来专门解读结果，或者由一个专家挂名，让她的研究生来完成解读。

孕妇对医疗设备的消费多是以"居家监测"为形式，使用线上的方式与医院取得联系。这种便捷化服务的出现在医疗资源紧张的情况下受到不少人的欢迎，同时也很大程度上受市场的主导。胎心监护的日常操作及其与医生的联系实际上建立起了一种孕妇居家的医疗知识支持，而这种"支持"也与市场的利益和专业人员远程的非真实性紧密联系在一起。医疗知识既是一种孕妇进行居家自我治理的制度支持，同时也是一种孕妇额外需求满足的重要条件。

孕妇的等待时间也成为很多市场宣传产品的极好时机。大部分孕妇对这种市场宣传都非常反感，但是当妇幼保健产品宣传和医生孕产保健知识宣讲捆绑在一起时，孕妇的抵触情绪便有所降低。在孕妇进行胎心监护或者在排队等待门诊过程中，医疗保健产品公司的工作人员会邀请孕妇扫描二维码。她们不仅会在现场提供礼物报酬，还会介绍其中有常年工作于妇幼保健行业的张老师定期在群组内讲课。这一知识宣传的诱惑与孕妇寻求知识支持的需求联系在一起，促成了保健产品公司面对孕妇群体的针对性宣传机会。

艾因(化名)妇幼产品销售在下午也来到了胎心监护室,她给每个孕妇扫描二维码加入一个由产科老师开课的群组,然后送给大家一个小礼物。在大中城市妇幼保健院我曾经也遇到过这样的情况。按老师后来的说法,她们在之后也继续在群里上课的,主要是解答加入群组的孕妇提问、孕产保健产品介绍等(2016061-田野笔记)。

孕产医学知识给孕妇对身体的自我治理提供技术和制度支持,但是另一方面它也成为市场宣传或者推广的助力,提供给医药产品厂家更多可能来扩展自己的消费群体。因此,医学知识、专业性权威及其符号促成医疗市场在怀孕与生产过程中的推广。

(三)共同参与和互惠共赢的机构与企业

"白大褂"等专业符号、其背后的孕产专业知识体系及权威和管理的流程构成了医院本身的制度化特征。在医院市场化之后,这些符号资本、知识资本都已经转换成了可供医疗企业借用的重要内容。在医院这一制度空间当中,医院以孕妇对医生的信任为基础,将市场的对应服务安排到怀孕与生产的整个过程当中。医生这种职业不仅使用了特定医疗检查技术,同时还推广了医疗企业的技术。因此,它不仅具有传统公共医疗卫生服务职能,还具有了特定的消费性质。

从医院方面而言,孕产行业的竞争市场给医院提供了额外的人力资本和制度外的经济资本。正如上文所述,医院对医疗市场主体有所选择,同时引入多方加强内部产品竞争。在医院的两家医药仪器公司,一家主要采用员工在医疗部门工作直接接待孕妇同时给孕妇营销的方式;另一家则主要通过主任医师推荐等方式来签单推销。两家公司和医院的沟通接触方式也存在差异。依靠医生宣传的这一家公司对医院的依赖性较强,其员工在工作过程中受医院的限制和影响较多,但是另一家人员工作时间更加自由,同时不存在业绩压力。这种医疗企业和医院的市场合作不仅将医疗体制之外的人纳入医疗系统,降低了医院的人力成本,还给医院提供了更主动性的市场合作选择权利。产科内部形成一种在医院控制范围之内有限的竞争环境,而在这一制度内需要承担昂贵医疗费用的依然是孕妇本人。在医院内,服务的差异化和个人化越来越取决于孕妇的经济支付实力。

在这一空间中,医疗制度统一化管理与市场宣传和推广同时完成、互相支持。市场的利益获得依从于医院的权力赋予和界限规定。不论是特定项目的选择准入，还是医疗器材的购买，医院本身的决定权力确实比计划经济时期有所增加。在实际运作过程中，医院的权力则体现为与孕妇直接接触之医生的权力增加。除了医生具有专业知识权力以外，在多元化市场供给的过程中，医生也成为医疗器材、药品等竞争市场的"把关者"与"推荐人"。在以医疗知识为基础的医疗诊断系统和市场体系中，医生以其专业优势仍然处于医疗体制"权力系统"的关键位置。市场被纳入医疗体系，但是医药行业或者医疗器械公司的工作人员往往并不具备专业的医疗知识，更没有妇产科背景出身。从专业知识层面上，市场工作人员需要尊重、学习并利用医生的专业知识。另一层面上，市场工作人员与孕妇的接触更多地取决于她们自己对工作业绩的积极性，实际诊断或者门诊过程中仍是医生主导。因此，在这一专业沟通过程中，医生推荐产品、药物或某种检查，孕妇对其接受度更高。怀孕与生产的孕妇身体由此具有了某种消费性，孕妇可以按照自己在医药产品服务中的需要选择购买。在这一体系当中，孕妇的购买力影响着其所能够享受到的医疗服务水平和医疗产品质量，甚至医疗知识获得。

二、怀孕与生产中的消费化身体

消费社会当中，身体的需求范围被日益扩大，象征性符号的或者技术的消费都在当前社会的身体中找到入口。在以医疗技术和专业符号为特征的产科中，女性怀孕与生产的身体也具有了消费性。以健康的胎儿为目标，女性孕期通过各种技术来监测胎儿的状态，了解孕期情况。母婴保健、医疗技术都将女性的怀孕与生产以医疗化的方式纳入医院制度中。上文所提及的两项检查服务（可移动胎心监护仪租借或购买、无创基因检测）都是在医疗保险覆盖范围之外的，需要孕妇额外支付。女性针对自己的身体消费，而消费的目的则是获得健康或者技术操作下的健康符号。在市场嵌入医疗体制以后，女性的身体在怀孕与生产过程中消费化。

（一）健康消费与服务选择

医疗与市场的结合催生了多样化的方法，使得医疗服务成为一些人的欲望（désir），同时成为另一些人的奢侈品。健康成为消费的对象，可以被医药实验室或者医疗器材公司制造，从而在市场中获得一种重要的经济价值（Foucault，1976）。罗斯分析当前社会的健康促进方法提出，当前健康促进成为一种市场和自我的责任。20世纪以来，健康促进方法不断发展，强化了个体和家庭在监督、管理自身健康上的责任。每一个公民都成为健康运动的积极参与者，许多社区组织也在这一方面发挥了重要作用。这种新的"健康意志"日益被从制药公司到食品零售商的企业所利用（罗斯，2014）。

生命政治的监督（surveillance）越来越日常、集中、关注健康，人们都成为"可能的患者"（le patient potentiel）。以前专属于医生的知识和仪器，现在越来越具有可得性。"可能的患者"通过购买专业仪器成为自己的监督人，而医生则成为患者的监督者（Memmi，2003）。在本书分析的中国社会情境之下，由于医院优质医生数量和医疗资源有限、市场介入医疗体系等多方面原因，监督者由医生扩展到了由他们指定权力的特定市场工作人员。如果说，以前的生命政治形式是一种国家分派给医生治理患者身体的权力，当前市场化医疗体制中这种权力由国家到医生扩张到利用专业符号的市场工作人员。市场通过生产特定医疗产品制造经济利益，创造出一系列的"健康"产业链。胎心监护仪的使用确实缓解了医疗资源紧张问题，同时也将监督胎儿和自身健康的状况通过这一医疗仪器转移给了孕妇自身。

对于孕妇而言，她们成为保护自身和胎儿"健康"的主要参与者。孕妇在期待胎儿降生的这一过程中，对孩子"质量"的预期越来越高，日益需要医学检测科技来缩小未知范围。市场提供给孕妇自我健康治理的工具——可消费的商品，并利用医学知识的权威性和可信任性扩展医疗技术服务，扩大了孕妇健康消费的范围。孕妇面临这种不断扩张的医疗消费市场具有何种反应？她们又是如何使用这种市场化的健康和医疗服务呢？

（二）批判性选择与个性化服务购买

在医疗体制中纳入市场化之后，孕妇成为消费者，有更多自我购买服务的可能，同时也使得孕妇成为在这一体制中通过购买对自己的怀孕与生产的身体进行治理的主体之一。消费已经成为当前中国市场化医疗体制中的关键特征（Chen, et al. 2001；Zhu, 2008 等）。朱剑锋强调中国社会中医患关系的紧张性，并认为这种消费市场的嵌入恶化了孕妇和医生之间的关系，让医生所具有的信任体制崩溃。本研究发现，孕妇对这一医疗市场合作的反应存在很大差异，她们当中有一些孕妇对此有批判性、不公正感，也有人接受此制度并认为这是当前社会的关键生存法则。

孕妇对医疗产科市场化的行动以选择或者拒绝为结果，但是孕妇本身对这一问题的主观态度存在很大差异。对孕妇主观权力的讨论离不开她们自身对医疗体制性质的主观理解。孕妇对市场化的态度很大程度上决定着她们和医生之间的关系以及医疗技术服务的使用。42岁的二孩孕妇荷妈妈在怀孕一个月之后流产。随后她去医院检查，医生要求她立即住院做清宫手术。当时医生让她入住昂贵的高级病房，她理性考虑以后拒绝了医生的建议：

> 医院里面我现在觉得他们形成产业了，对患者并不友好。我当时就是发现自然流产的症状，当时那个卵泡已经出来了。然后就到医院去，和医生说了这个情况，当时实际上还是在断断续续的流产中。他们让我做一个B超。那个时候做B超，子宫里面是有血块的。做B超的人就和我说，马上就要出来了，待会儿上厕所的时候注意点。拿到大夫那去，大夫就说你要住院，你要做清宫，然后当时的情况是，只有S医院周一、三、五会做无痛的清宫手术，普通的病房没有，只有单人高级病房。三天的住宿费要多少，吃喝加上服务，你要花多少钱。大夫直接给我开，押金先交3000元，500块钱都用不了。然后我说我不住。他说，那你命要不要了。我说我命要不要不是你说了算的。他是一个老头，70多岁了，他特别生气。其实要是贵的话，我是不在乎钱的，其实我是打算住的，但是那里正好装修，我一进去就流泪。我说这个环境我不住。那脸一下就拉下来了。我说就你这态度就是不行了。那个高级病房楼层都在装修，然后他扭头就走，他就把我扔在那。如果我真有生命危险，他会这么做吗？他们医院会这么做吗？……然后那个老头（专家医生），给我开单子之前，问我做什么工作的。我说我是老师，他就放心的给我开了单子，因为他知道我担负得起。后来我在想老半天，他为什么要问我是什么工作。而且我已经挂了那个100多块钱的专家号了。你挂专家号就100块钱你再做B超什么的都莫名其妙的增加了100块。专家会诊，就是S医院拉来的人。你会少排队，比如说这个号一上午就挂

15个，你就可以少排那么多队的。（一名42岁的高龄二孩孕妇，自主创业者，在接受我访谈时提到自己做流产后在S医院和医生的接触经历。（02D-42Y-20150416）

对于荷妈妈而言，这样的额外收费是由医生控制的。她发现，医生在诊疗过程中会对患者"量体裁衣"，了解孕妇的费用承受力后再提出治疗建议。她和丈夫在事后对此事进行分析皆认为这一医生通过职业、个人穿着打扮等认为其具有较高支付能力，因此将其安置到高级病房等待手术。荷妈妈认为医院存在产业化运作的情况，而且某些医生因为具有某种市场利益目的而成为非常"坏"的。随后，荷妈妈并不是不再处理这一问题，而是咨询另一家医院，对比医生的不同说法后再做出决策。经询问，另一家医院告知荷妈妈不需要清宫也可以痊愈。随后荷妈妈选择了在A1医院就诊。

这一女性对市场化的体验取决于自己所选择的服务和接触的医生。不同医院的医生和患者的相处方式很大程度上会改变他们对医生的信任及其对医疗体制的直观评价。不少医院和访谈中提及的S医院一样采用了一种层级分化式的服务，这给很多病患获得优质医疗资源设定了制度化的经济障碍。在医院中花费的经济成本越高，便可以获得更专业化、依照个人状况定制的服务。

有的孕妇最终选择了医疗技术，但是对医疗技术市场化持批判态度。她认为，现在医院的市场化对自身不利，很多医院设置的内容是以医院盈利为目的。市场化给孕妇带来的直接感受是个人承担的医疗费用越来越多，而医生在这一过程中往往站在利益一边不考虑孕妇的实际感受。在这一层面上，医生和医院在孕妇的眼中带有了经济资本的特征，且常伴有负面的道德评价。

然而，并非所有孕妇对医疗体制的市场化都持批判态度，这一点既和孕妇的个人经历有关，还和医院提供的服务状况存在关系。一名孕妇理解并全然接受医院里有些检查不报销，而且认为不能走医保等一系列问题应该在生孩子的时候就考虑好。她认为毕竟现在抚养孩子本身就是要花很多钱，所以家庭本身应该第一步便做好各种检查的经济准备。产检过程中NT检查和无创都无法报销，38岁的张璐对此全然接受，且认为理应如此：

这个是不报销的，首先你生二胎的时候就要想好，其中很

多东西就是要你自己承担的。不走医保的,你肯定想好这块的。还有就是以后你孩子教育培训这一块肯定也是比较高的,因为你现在一个孩子的话每年这些的话都要好几万。生过一个孩子了,学钢琴啊,学英语啊都很贵的。所以你想生了这个孩子同样也很贵的,只要她喜欢,要干嘛肯定要给他去上(38岁的高龄二孩孕妇张璐谈及自己的产前检查中有一些不报销,我询问她具体情况。)(24A-38Y-20160809)

和朱剑锋分析的情况一样,当前中国社会的孕妇中不乏这样的个体——他们认为经济资本可以提供给自己解决大部分问题的能力(Zhu,2013)。而面对这样主体的医院也开始提供额外购买的服务以满足差异化的孕妇需求。孕妇不仅要把生育纳入医疗体制的流程当中,还要给未出生的孩子提供优质医疗做好充分的经济准备。

为了满足孕妇差异化的需求,有的医院特别推出了VIP服务。二孩政策以后,产科接纳产妇数量增多。VIP服务给有能力购买的孕妇在产检和生产过程中提供便利,并且设置额外门诊和排队服务,将个性化服务购买发展成特定医疗项目。VIP服务的诊疗费用相对普通挂号孕妇价格更高,而且可以集中时间在周二看专家门诊,排队时间较短。在排队时出现VIP孕妇,医生或者护士会提前安排就诊,同时孕妇还可以购买"好孕家①",雇佣专门的陪检护工代替自己排队。医院还推出"温馨病房",与普通病房相隔较远。孕妇在自己的病房待产、生产,由助产士提供服务且有主任专家定期查房管理。具有足够经济资本的孕妇可以"选择"不同层次的服务,温馨病房的价格较为昂贵,但是在当前孕妇数量多的情况下仍然是"一床难求"。VIP的服务日益在产科中盛行而且逐渐被人们接受为一种固定的制度。

刚开始在胎心监护室时,研究者主要负责登记孕妇顺序并叫号。有一次,按照老师她们告诉我的,先叫VIP的号,VIP的不在然后再叫其他的。一位男家属站在我旁边,看到我叫号时候的顺序问我,我老婆在前面怎么先叫其他人?我说因为她们是VIP。他立即大声质问道:VIP就应该插队吗?我们也是排了半天队的,为什么她们一来了就可以做,

---

① 文中化名为这一名称,实际上现在医院里这类机构有很多,她们主要提供的服务有陪同孕妇产检,帮孕妇挂号或者给孕妇拿检查单据。在我所进行田野观察的胎心监护室中,这类机构负责的孕妇一般会提前安排进行胎心监护。

我们要等这么久？

张老师此时闻声走过来："你不要在这里大声说话，我们这个制度已经很久了，VIP 都是有优先的，而且她们集中在周二上午过来，你如果觉得排队太慢可以不在这个时间来！"男家属说："那你们也没有说啊！这太不公平了！都要等半天了！"张老师说："你不要大声说话，周围都是孕妇，而且那边明确写着"男性家属止步"，你现在已经严重影响我们孕妇的情绪了。我在孕妇课上都强调很多次了，心态很重要，你这么着急，大家都着急，我们还怎么做工作？现在你安静地坐下来，然后静静地等一会儿，马上就到你们了。"男家属渐渐感觉自己确实不该违背要求，但还是觉得 VIP 不排队不太公平，和他老婆一边念叨一边走到外面候诊区去了。（2016 年 6 月 21 日田野笔记）

VIP 优先成为一种人们逐渐接受的制度并且在医院里有特殊的空间、时间和规则安排，成为医疗体制中的群体分类标准之一。由此，这种个性化服务购买造成了两种情况：一方面，产科的医疗资源紧张，并非所有孕妇都能获得优质的医疗资源；另一方面，越来越多经济条件较好的孕妇渴求个人化、专业型服务，加剧了医疗服务优劣的差异化分层。

三、"多重剥夺"下的医疗资源利用不平等

新中国成立以来的医疗机构具有公共服务性和公平性，使得人们对其期待也有较少的经济和盈利色彩。在当代中国的医疗体制当中，大部分医院都选择特定的市场化方式来平衡自己的医疗资源配置。医院使用更先进的技术、进口的药物、额外的服务等来丰富孕妇的选择，从而将重视生育行为且具有一定支付能力的孕妇纳入市场盈利空间范畴内。孕妇购买医疗服务，以外化的医疗手段更多了解自己或者腹中胎儿的身体，将自己纳入这一医疗市场化的过程中，成为其中的一个必不可少的齿轮。在这一过程中，孕妇的身体成为以健康为目标的消费性身体，她们的经济购买水平决定其能够获得的医疗服务。这造成市场化消费对社会经济地位处于劣势的群体产生"多重剥夺"——健康剥夺和经济剥夺。

中国社会的迅速发展带来了普遍存在的健康阶层差异。这一差异在

孕妇群体中则表现为她们对自己身体的治理状况不同。一些不具备健康知识或者自我监管常识，且不具有特定支付能力的孕妇在当前这种医疗体制下遭遇风险的可能性增加。在消费医疗服务的情境下，经济水平、教育等各方面的差距使得部分孕妇难以负担优质医疗资源的诊疗费用，或者没有按照医疗要求流程完成相应检查，这就导致孕妇的健康情况出现差别。在妇幼保健院曾发生了一起大抢救，一名孕妇在怀孕期间没有做任何常规产检，紧急出血后面临生命安危：

> 急救车疾驰，从苏中某地紧急送来一位产妇，到达医院时出血量已达500~600毫升，由于之前也没有经过正规的产检，只有一张当地医生写的简单的病例情况。时间就是生命，当晚产科三值班副主任医师立即为产妇进行细致检查，这是一位二胎、孕期31周的妈妈，因前置胎盘引起大出血。没有片刻犹豫，医护人员立即投入数小时的急诊手术中……因为手术及时有效，产妇术后出血不多，分娩出一名1650克的宝宝，新生儿科医生在孩子一出生就立即进行评估与全面的监护，目前母子平安。①

江苏新闻及该医院的微信公众号广泛宣传这一案例，用以警示孕妇要定期参加产检。但在当前市场化的医疗体制中，如果孕妇不理解当前医疗保健的整体流程、没有医疗保险、不具备使用优质医疗资源的经济实力等，很多保证孕期母婴"健康"的项目便难以完成。市场化的健康资源安排越来越依赖经济实力和孕妇的个人需求，这就导致"健康"相关的医疗服务在不同阶层、不同经济发展水平地区医院的利用水平不同，医疗风险的分布也与经济发展水平直接相关。健康及其与之相关的配套医疗服务越来越集中于优势阶层，呈现出了市场规则下的"马太效应"。社会经济地位较低的患者在这种以健康为目的的消费化身体治理下则更易遭受到经济和健康的"多重剥夺"。

医疗体制内的市场化和消费医疗的过程不仅仅是健康问题，还有与健康相关的优质医疗资源短缺和医疗资源不对等的问题。中国的优质医疗资源紧张已经在我们上一章的数据和文献中得到证明，在市场规则作用下这种医疗资源的紧张采用价格差异来保证具有经济优势的人获得更

---

① http：//www.sohu.com/a/109984926_ 196455《今夜，我们使出洪荒之力！全力保障母婴平安！》

多优质的资源。VIP的服务和医院的个性化操作一方面成为维持医院"经济市场产业"发展的主要来源,另一方面医院也会将有限的优质人力投入这些领域中,导致部分患者无法满足基本的诊疗需要,难以获得优质医疗资源的"入场券"。从以上两个角度来看,消费医疗所带来的阶层差异不仅从健康的身体层面上让一部分人承受更多风险,还从医疗资源使用上让这部分人面临"看病难,看病贵"的双重折磨。

孕产行为的特殊之处在于这一问题的医疗化在世界和中国的时间范围都不长,但是因为有"孩子"这样的"潜力","让孩子赢在起跑线上"的心态却让这一领域得以蓬勃发展(Zhu, 2008)。在这种意义上,市场化给医疗体制的资源分配带来了新的规则。同时,市场嵌入及其带来的多重剥夺也对中国社会当前的医患关系产生了重要影响。处于其中的女性做何回应?这又构成了何种技术发展的样貌?这些问题值得我们深思。

第四章 医院制度：
风险分配与母职焦虑

风险成为西方社会人类存在中越来越普遍化的一个概念；风险是人类主体性的核心概念；风险被认为是可以通过人为干预来管理的；风险与选择、责任相关。

——德波拉·卢普顿（Lupton，1999）

分类不止存在于空洞的语言空间，还存在于制度、时间以及人与物的互动过程中。

——伊恩·哈金（Hacking，1999）

无论是国家的政策实施还是市场的资本嵌入，两者都离不开怀孕与生产发生的实际场所——医院制度。新法接生和住院分娩成为现代医院制度建立并发展的关键特征，由此产科也成为中国医院制度现代化的关键领域。第二章分析妇幼保健中核心工作内容的变迁经历了孕产期保健到围产期保健，也意味着产科的工作重点逐渐从临床的紧急救治过渡到了预防医学的筛查控制。

20世纪后半阶段，生命政治关心的是将健康风险降到最低——控制环境污染、减少事故，保持身体健康、养育子女。150多年来，风险思维对生命政治一直非常重要（罗斯，2014）。那么，风险指的是什么？通常来说，风险指的是一套思维和行为方式，它们包括在现在对可能的未来进行预测，接着对现在进行干预以控制可能的未来。这种生命政治的逻辑不再将人简单地分为"正常\不正常"，而是按照风险程度分为"高风险""低风险"以及"临界风险"。每个人都被纳入风险体系当中，每个人都成为风险控制的对象。在健康化和消费化的身体治理过程中，一个非常关键的策略就是风险分配。

风险分配扩大着身体治理的范围。以医院产科为例，医生收集孕妇的孕产史、家族遗传史、个人年龄、身体状况等各方面数据，综合判断胎儿发育及女性孕产过程中可能面临的风险，这已经成为现代孕产医疗化的必要程序。医院产科按照孕妇的孕产经历、个人情况等将孕妇分类，并按照不同的类别确定孕产过程的护理和保健方法。

孕前的风险评估、孕期的风险监控将孕妇纳入现有的产科医疗体制当中。在医院制度中，这种风险的管理通常被称为高危管理（risk approach）。经已有的医学文献介绍，这是 WHO 推行的一种科学的管理方法，它将有限的人力、物力合理地应用在高危人群的保健服务中。怀孕与生产问题上，高危管理则主要指高危妊娠管理。高危妊娠管理是对具有不同危险因素的孕妇和胎婴儿根据其危险程度给予相应的医疗保健服务，以改善妊娠结局，降低孕妇及围生儿发病率和死亡率，保障母婴安全与健康（陶芳标，2003）。中国的医疗系统已经逐渐纳入高危管理的观念，合理化利用医疗资源的关键手段。本章将着重从风险分配这一角度来展示医院管理怀孕与生产的具体方式，同时分析女性在这一风险分配过程中的风险认知和体验。

一、医院的风险分配逻辑

风险分配如何在医疗制度中展开？本章从医院制度中怀孕与生产发生的时间、空间和主体三个层面进行分析说明，分别阐述程序化的风险编排、空间化的风险控制和污名化的风险分类。程序化指的是在怀孕与生产十个月，女性在不同阶段面临着不同的风险。医院对这些风险进行编排，形成一个女性从怀孕到生产的风险谱系。空间化，顾名思义是在不同的空间里管理差异化的风险。这主要是从医生的工作环境来分析，她们将高危的情况划出专门的空间进行处理，同时将这些孕妇和其他女性或者家人分开。污名化则是一种群体分类方法，即直接将这种"高危"的标记赋予孕妇并对其孕产期进行专门管理。

（一）程序化的风险编排

怀孕伊始，"风险"就时隐时现。在产检过程中，孕妇进行不同医疗检查排除特定的风险：孕早期的唐氏筛查和血液检查是主要内容，关注胎儿的三种基因发病率以及孕妇的身体状况；随之而来的是糖耐测定、中期唐氏筛查和三维 B 超检查；之后的产前检查频率逐渐增加，最终孕晚期一周一次，检测胎盘质量和胎心情况，了解胎儿的宫内发展情况，准备生产。在怀孕与生产过程中的不同阶段，孕妇需要预防发现的风险问题存在差别。医院产科将预防不同阶段风险的特定医疗检查编排在怀孕与生产的整个过程中。这一风险编排是国家卫生政策的统一控制，也需要全部的孕妇都按照规定参与其中。

> 所以你知道每一项检查都是必需的，至于在什么孕周做什么样的检查也是有一定的经验和教训让我们来关注。在这个时间段做这个相关的检查。我的意思就是，我们每一位都要重视每一次的产前检查。这都是卫健委统一规定的，它都是经过了大量的样本调研以后规定的，它不会乱给你说。（20160518 - 孕妇课程 - 孕期保健）

> 产前筛查，其中一个最主要的就是唐氏筛查，这个唐氏筛查主要分两个，一个是早期筛查，一个是中期筛查。早期筛查它的时间是 11~13 周加 6 天之间，中期是 15~20 周加 5 天，这两个查的内容也不一样。（20160518 - 孕妇课程 - 产前筛查与诊断）

孕妇课程中有关于各种产前检查的介绍。在这些介绍中，医生会告知孕妇具体的检查时间，比如上文中唐氏筛查分为早中期，每一种都对应着孕期不同的时间阶段。除此之外，孕妇还需要做一系列血液检查和 B 超检查来了解自己和胎儿的身体状况。检查结果中一旦出现高于风险正常值的情况，医生会建议孕妇检查随访或者使用更为精确的检查来排除风险可能。

程序化的风险编排还表现在使用孕产保健手册对整个孕期过程进行登记记录，并随时比较孕妇的身体变化情况。锡锡妈妈在她第一次做抽血检查后就发现有风疹病毒感染的迹象。当时医生建议她进一步检查，做无创基因检测或者羊水穿刺来了解孩子的情况，同时建议她坚持常规检测风疹病毒。但对她而言，她并不觉得两个检查有任何必要：一个检查价格贵，一个检查有流产的风险。锡锡妈妈并没有选择进行额外的检查，而是在常规检查中进行监测，但是直到孩子出生那一刻她的心还是"悬着的"（30W - 29Y - 20160630）。不论是风疹还是唐氏筛查"中风险"或者"高风险"，孕妇和胎儿都面临特定的患病风险，与之相伴随的则是对胎儿可能状况的焦虑。有的孕妇都会按照"患者角色"的要求来完成医院要求的定期监控，也有孕妇会像锡锡妈妈一样自我监测。

随着检查的逐渐增多，孕妇对检查的意义也了解的越来越多，各项指标的含义烂熟于心。程序化的风险编排将孕妇纳入医疗话语体系当中，并使得她们按照这一话语体系来理解自己和胎儿的健康状况。秋叶是一名42岁有妊娠高血压的高龄孕妇，她在怀孕过程中通过检查监控各项检查结果的正常与否，以及这种身体状况对胎儿心脏的影响成为秋叶怀孕产检过程中最重要的一部分。她为了检测自己的特殊情况，需要每周进行一次血液检查，同时了解胎儿的心脏状况。她这样分享着自己检查后的感悟：

> 每周一次抽血检查，看着化验报告上越来越多的上下箭头，心理越来越没底。已经31周多了，医生说我的心肌张力受高血压的影响，越来越弱，要在心力衰竭前把宝儿取出来，早产是必然的。宝儿，你妈妈我一直相信，只要是我真想做的事，就一定能做到。现在我想做的事就是尽可能延长你在肚子里的时间，给你接近其他宝宝的先天条件，为此付出什么代价都无所谓。因为不知道什么时候会心力衰竭，所以咱们娘俩一起努力挣命吧！相信人定胜天，我们一定可以长命百岁。（摘自秋叶在微信的分享）

在产前检查过程中，不论是产前检查结果正常的孕妇还是像秋叶、锡锡妈妈一样检查结果出现箭头"忽高忽低"的孕妇，她们都在怀孕过程中都受到整个医疗检查程序的监督。直至临盆生产，她们还面对选择不同生产方式的风险。生产方式中，剖宫产和自然分娩都有相应的风险，但是当前医院都在大力提倡自然分娩，意在降低我国居高不下的剖宫产率。在孕妇课程中，医生或者助产士会给孕妇介绍不同的分娩方式，"科学""自然""风险"等话语层出不穷。在孕妇学校中，医生这样介绍剖宫产的风险，既有可能出现大出血、子宫切除等风险，还有可能出现"孕妇麻醉后没反应"等意外情况。

> 剖宫产的缺点是什么？风险是什么？有的人很惊讶，剖宫产还有风险。哪有手术没有风险的。如果说剖宫产出血的话，这种出血的风险比顺产的风险要高很多，要凶险很多。有的人说，医生你看，你让我顺产，但是顺产以后出血的这么多。那么你要知道：如果你顺产都出很多血的话，那你剖宫产更是出

很多血。有的人就因为剖宫产，子宫都保不住。还有啊，存在麻醉风险。当然这些都是一些低概率的风险。低概率的风险不是说不发生这种风险，是真有风险的。曾经有一个孕妇，刚刚打上麻醉的时候还可以和我们谈笑风生，一会儿就没有任何声音了。然后麻醉了以后，跟她说话时她喉咙里发不出声音。麻醉可能会出现麻醉意外。如果说我们没有跟她讲话，如果说她一直保持安静的话，都不知道她发生了这件事情。这是非常的可怕的一个事情。（20160923 孕妇学校－分娩方式的介绍）

对于医院的孕产流程而言，生产仪式过程总是以助产士举起顺利分娩的胎儿询问孕妇胎儿性别结束。这一展示胎儿生殖器给孕妇的过程似乎宣告这一"鬼门关"的顺利通过，同时也延续了传统分娩仪式中助产士和产妇的互动。医院给在外焦虑等待的家属"报产"，需要保证各方面信息的正确（尤其是性别的准确无误）。在这之后，助产士将胎儿交与楼上产科病房的新生儿护理人员，这一新生儿的风险责任才转移到下一个部门。

从孕前检查、孕中检查到生产方式的选择，孕产期间充满不同类型的风险，或者以比例、数值，或者直接以"高、中、低"风险的形式出现，直到最终生产选择自然分娩或者剖宫产也没有绝对确定的安全。医疗产科制度中风险编排按照孕产过程中的顺序逐步分配，同时各种不同的风险都对应着特定的医疗行为和医疗检查，将风险外化、显性化让孕妇直观感受到风险的切实存在。

（二）空间化的风险控制

生产通常被人们描述为"鬼门关"。在当前社会医疗技术发达、孕妇死亡率极低的情况下，生产这一过程并未失去其危险性质，只是在现在的医疗系统中被冠以"风险"的概念。医院对生产的风险控制还体现在产科病房的空间化分配上。产房工作人员将她们的主要工作区域称为"前面"和"后面"。"前面"指产房的待产室，助产士和医生会在这里值班。两个待产室共有10张床位，其中待产室一有7张床，待产室二有3张床。隔壁房间是导乐分娩室，通常也会用来给产妇待产。导乐室没有床位，孕妇一般是坐着注射催产素待产。"后面"则指分娩室，集中给孕妇分娩，有两个房间。分娩室后面有一个手术室，专用应对紧急情况。

在待产室，医生或者助产士会将孕妇的简单信息登记在办公室白板上方便大家查看。医院工作人员通常会将"高风险"的产妇用其他颜色的笔标注出来，以此来提醒所有查房的工作人员随时关注该孕妇的情况。"前面"值班的医生和助产士相对来说压力较小，她们主要负责继续监测待产妇的基本情况，包括血压、体温、胎心、排便、排尿情况并进行记录追踪，所以她们的工作状态也相对轻松。大黄是在产房里工作三年的助产士，工作时间尚不太长，在前面工作的时候她轻松很多，愉快地和孕妇交流，她和我说因为后面上台风险太大，神经都是紧绷的。在前面则没有太大压力，主要是关注孕妇的实时情况并确定她们的分娩状态。而"后面"的工作人员则压力较大，主要负责接生和处理各种分娩过程中的突发状况。

在选择具体的生产方式前，医院一般会给孕妇介绍清楚各种不同生产方式的风险。这种风险说明以文字和谈话两种方式呈现，同时家属和孕妇需要签署"知情同意书"。知情同意书的内容大概是要求家属和孕妇知晓怀孕过程中各种风险的不确定性。

> "分娩期间包括分娩前、分娩时和分娩后，如无意外情况分娩过程会顺利，母子平安。但基于目前医学水平的局限性，产科的风险性较高，孕妇即胎儿、新生儿偶尔会瞬间出现变化，可能发生意外情况。"（节选自《阴道分娩知情同意书》）

"生好了是她们的，生不好是我们的"，这是产房钟主任经常说的一句话。孕妇分娩时面临各种意外情况，助产士接生过程中都有医生在旁边保证产程的顺利完成。比较而言，产房分娩室的风险性更高一些。这种空间化的风险区分节点体现在医生"上台"。"台上""台下""上台"等概念在分娩室这一空间中代表了产程相关的一系列角色分配。"台上"和"上台"指给孕妇接生的助产士和医生，即在手术台或者分娩台上接生，台下的助产士以及实习生则主要负责辅助完成产程。医生和助产士在"上台"这个"前台"和"下台"的"后台"具有不同的风险意识，对风险的实践和把握也存在差别。

阴道分娩和剖宫产过程的空间分配有所不同，它们的风险管理方式却基本一致。剖宫产的手术室在产房楼下，有两个手术室和四个床位。每次剖宫产手术需要一名主刀医生、助手三人，还有旁边负责处理胎盘、新生儿的产房助产士。在手术室，研究者协助登记记录新生儿和孕妇的情况，并将新生儿接送到产科病房。相对而言，在"台上"的医生处于紧张处理风险的过程中，而在手术室门口的助产士和研究者则处于风险之外。自然分娩过程中，处于"台上①"的医生和助产士具有特定的角色任务，他们需要协助孕妇将胎儿顺利分娩出来。剖宫产手术过程中，同样处于"台上"的医生需要全力以赴在较短时间内将胎儿胎盘取出迅速缝合。

生产过程中的空间分配赋予不同空间的参与者以差异化的角色，同时孕妇也被要求进行配合以控制可能的风险。产房的空间由分娩室开始风险系数最高，待产室风险系数降低，导乐室风险系数次之，后区则成为医生护士们休息的主要场所。这种风险分配以医生对风险的控制为目标，而将孕妇在不同的空间中转移，对其进行管理控制。医生在医疗机构中的不同区域转换着角色，适应风险控制的变化，而孕妇可能并未意识到自己从待产室到分娩室的风险强度变化。这种观念差异也往往给孕妇带来困扰甚至焦虑不安。

(三)污名化的风险分类

戈夫曼使用"污名(stigma)"分析人们对自己所属群体的归类，分析人的个人特征和社会成见之间存在的关系，而与之相对应的则是人们对"污名化"这一过程中的刻板印象和社会结构暴力（戈夫曼，2009）。林可和费兰（Link & Phelan, 2001）总结了截止到2001年的研究并提出污名的具体过程性内容。污名化的具体过程包括：标签化、将个人特征和负面特点联系在一起、自我和他人的区分、地位受损和歧视、权力分配。污名与"标签化""刻板印象""歧视""社会损失"等一同出现，但这一过程本身包括社会的权力分配。

传统中国的保胎文化下，"孕妇"需要家庭的保护。不少女性会调养身体来保证胎儿的健康成长。当前中国社会中"老弱病残孕"的保护政策将孕妇这一群体特殊化，使孕妇在家庭和社会中都受到更多关注。

---

① 在参与观察期间，研究者都是在台下。后来在最终调研快结束时，一个助产士老师让研究者和她一起上了"台上"，而且因为这个孕妇的情况比较特殊，助产士老师想让我体验一下臀位生产。当时在台上以前所积累的"风险"似乎都摆在眼前，老师在上面用力的时候，研究者在下面用力堵住产妇的产道口，因为要使用人为力量将孩子的体位转到一个基本合适的位置才能够在短时间内分娩出来，所以台上的两个人要花很大力气且最短时间，争取保证胎儿的安全。风险起初存在于研究者的意识中，随后在参与过程中真切感受到风险带来的不安。

中国独生子女政策以后,社会对孩子和孕妇重视度增加,与前述传统观念一并将孕妇塑造成一个随时可能出现风险的脆弱主体。在这一群体内部,医院按照孕妇本身身体条件和孕产经历的差异将部分孕妇划为"高危"。这些高危孕妇包括具有妊娠合并症、不良孕产史的孕妇,还包括在标准生育年龄范围之外的低龄和高龄孕妇。高危孕妇的分类便于医生第一时间发现孕妇的"高风险"情况,但是也让孕妇从怀孕伊始就背负了"高危"的污名。从医院的风险管理程序上来说,"高危"的孕妇往往也意味着在怀孕与生产过程中发生问题概率更大,所以医院对其有更严密的医学监控。年龄大的孕妇在二孩政策之后成为医院重点关注的对象:

> 孕期是对孕妇身体的一个考验。很多孕妇会出现糖尿病、高血压等的疾病。这些人为什么会出现这样的问题?那就是说这些人有了孩子以后,这些身体的机能会发生一些变化。这就预示着,年龄大了以后,可能发生这种概率性疾病,什么糖尿病、高血压等疾病的风险会非常高。而大部分女性,她即便怀孕了,身体在负荷的情况下还是很健康的。(20160923 孕妇学校中医生谈及了女性怀孕过程的"风险"问题)

以 35 岁及以上的高龄孕妇为例,她们从最初便被划分为高危孕妇。从社区医院开始,医生在建卡时给孕妇讲解高龄的注意情况,并将"高危"的标记盖在孕产保健手册的显眼位置。这个标签给孕妇一种特殊的身份。随着日后产前检查的进行,这种高危的身份逐渐被孕妇接受。甜甜妈妈是一名刚跨过 35 岁门槛的孕妇,在她建小卡的时候,刚在社区医院拿到孕产保健手册,就被盖上了"高危"的戳,她和我提起这点时非常气愤:

> 那天我去建大卡的时候(根据后面说法,实际是建小卡的时候),她就"咔"盖了个高危,我说为什么我高危,他说因为你年龄到了,我就"额……"我都没有觉得我年龄大了,你在那边说我的年龄到了,就是那个医生,直接确定为高危,没有查任何指标。(03Z – 35Y – 20160319)

另一名个体经营老板丽芬觉得,有了这个"高危"标记后,自己产检的费用额外增加了很多,而且都不能报销,全部要自己负担。在这种年龄相关的医学分类下,孕妇本身感受到权益和权力受到剥夺。"高危"的污名给孕妇带来了实际的经济利益影响：

> 丽芬：产检主要是自费的这块。自费我花了 4000 多元吧，以前做所有检查下来也就才五六千块钱，生第一个小孩基本上没怎么花钱。第一个是吧，实际上在 35 岁以内，而且那个时候价格也很低啊，以前做一个唐筛也就两三百块钱。现在做一个无创就是 1800 元，加上一个普通的检查就一百多，就 1900 多元，一次检查就将近 2000 块钱，这些都是不报销的范围。三维和四维 B 超检查也是不报销的。
>
> 秋：三维 B 超检查也不报销吗？
>
> 丽芬：关键的大的检查都是不符合医保政策的。所以国家的政策是有问题的。对不对？普通的检查，一百啊，一百多，谁花不起啊。但是像这么一个检查就一两千。再说我从第一个检查开始就做，做 B 超，这个也是不报销的。我一开始做的检查，确定怀孕检查，我的单子在那，一共 1000 多元，加上后面的无创再加上后面的四维 B 超，4000 出头都是不报的。所以说我觉得这个和国家的政策绝对是有关系的。当时都是医生让我做的。直接就说 35 岁以上的孕妇不适合唐氏筛查，唐氏筛查适合年纪比较轻的，概率比较小一点的人群。35 岁以上属于高危人群，做这个无创的话，可以做得更细一点。
>
> （06Z-39Y-20160504）

医院医疗程序的分配、空间的安排和医学分类的污名化都使得孕妇在这一过程中按照"规避"风险的方式完成怀孕与生产。在孕妇受到家庭、社会和医院保护的环境下，医生和孕妇的沟通、孕妇之间信息的分享和传递、网络知识的传播促成了风险理念的推广。孕妇在怀孕与生产的过程中形成自己的风险认知。同时，与"规避风险"为目标的孕产行为相伴而生的则是孕妇对自身和胎儿健康的母职焦虑。

二、孕妇风险认知与母职焦虑

陈家萱使用三个时代的口述史来分析不同时代女性在怀孕与生产上体验的差异性，在她的分析中，20 世纪 50 年代时"阿嬷"认为自己是"傻傻的"；随着产前检查的推广，女性肚皮之下的内容浮出表面，具有很大的不确定性，所以女性体验到越来越多对胎儿健康的焦虑（陈家萱，2007）。在医院产科这种风险治理逻辑下，孕妇会产生何种类型的风险认知？在特定的风险分配规律下，女性对怀孕与生产风险的认知是否也随着怀孕与生产过程不断发生变化？女性在这种风险管理的逻辑中具有何种母职体验？

(一) 程序化和类别化的风险认知

问卷调查中，我们将怀孕与生产过程中的风险分为四个方面：流产、胎儿残疾/基因疾病/畸形、高血压与糖尿病等并发症，以及生产过程的难产与早产等。调查结果如下表4-1所示。担心生产过程中难产与早产的概率最高，其次是高血压与糖尿病等并发症，再次是胎儿基因问题与残疾等，最后则是流产问题。

表4-1 孕妇对怀孕与生产过程中的风险认知描述表(%)(N=705)

风险程度	流产	胎儿残疾/基因疾病/畸形	高血压/糖尿病等	难产/早产等
没有风险	76.6	72.8	70.6	59.5
有些风险	20.6	22.6	24.1	35.1
风险很大	2.8	4.7	5.2	5.4

这是由于本书中所调查的孕妇多为孕晚期即将生产的或者已经生产的孕妇，她们的孕期基本稳定，临近生产则主要担心的难产、早产等问题。除此之外，本研究还针对风险分类询问了孕妇对高龄生育及其风险的认知。我们发现，在医院对年龄的安排分类下，孕妇习得制度的标准，高龄孕妇中了解高龄生育年龄且准确答出标准的比例较高，占比59.7%。相比较而言，适龄孕妇中了解高龄生育年龄标准且准确答出的占比为35.9%（卡方检验通过）。这说明，医疗产科中的孕妇分类标准对孕妇的风险认知造成了特定影响。处于一种风险类别中的人会将自己主动纳入相关类别当中，并且了解划分的科学标准。

孕妇通常按照自己的生活经验和在医院中习得的知识等来综合形成自己对风险的理解并选择特定的应对方法。对于高龄生育的风险，孕妇的认知程度也存在差别，但总体上一半以上的孕妇都认为高龄生育在四个方面都存在风险。比例如下表4-2所示，高龄生育的风险中，孕妇选择胎儿问题的比例最高，次之为生产过程中的难产和早产，之后则是高血压、糖尿病等问题。

结果如表4-3所示，孕妇对于高龄生育风险的认知主要来源于网络查询和医生告知，比例分别为48.9%和44.5%。风险的了解是一种知识传播，网络、医院自身宣传以及电视广播和书籍都成为有效的传播渠道。尤其在网络信息发达的今天，不少孕妇通过网络上的百科知识、论坛和讨论组等了解孕产的专业知识和经验，从而丰富了自己在孕产风险方面的准备。医生和医院的宣传讲解对孕妇的影响明显，占比44.5%。医生和医院的工作人员都是专业的代表，在就诊、孕妇学校中将孕产期间的风险意识传递给孕妇。这种风险知识传播构成一种专业医疗知识的民主化，促成了医疗化的进程，并将医学的治理合理化，同时将人们置于更多的医疗知识差异之中（Peretti - Watel, 2010）。

表4-2 孕妇对高龄生育怀孕与生产过程中的风险认知描述表（%）（N=705）

风险	流产	胎儿残疾/基因疾病/畸形	高血压/糖尿病等	难产/早产等
没有	42.0	29.2	36.9	33.8
有	58.0	70.8	63.1	66.2

风险可以在知识和规范中被放大或缩小，或者简单地从意识中移除（Beck, 1992）。风险的大小来自科学解释的弹性化，科学解释将其放大，人们对其意识也会放大，反之则可能是缩小的。风险意识即使由科学阶层制造出来，人们因自身经验对相关知识进行关注，并将自身置于知识规范之中。

表4-3 孕妇对高龄生育风险了解的途径描述分析表（%）（N=710）

途径	百分比	途径	百分比
医生告知，医院宣传	44.5	电视广播中看到过	30.3
网络宣传	48.9	书中看到过	36.5
朋友聊天提到过	39.2	自己经历过	3.1
家人提到过	15.5		

（二）风险下的母职焦虑与自我治理

孕妇对各种风险的主观感受如何？她们经历着何种的母职体验？26岁的小花服用中药调理了很久才怀上现在的宝宝，这个宝宝来之不易，她辞掉了工作专心在家准备生产。一次B超检查结果突然提示，宝宝脐带绕颈一周，医生表示没有任何方法可以改善这种情况，宝宝可能面临宫内缺氧甚至窒息等风险。小花听说这个消息以后整个人精神崩溃了，开始和丈夫商量到底要怎么办，是否需要去大医院找专家看看。两个人搜索了大量的网络信息后发现很多宝宝都有这种情况，只能期待宝宝自己再从脐带中解出来。幸运的是，这一情况在下次B超检查时没有再出现，小花也因此松了一口气（28Z-26Y-20161028）。小花的这种母职焦虑是在一种技术检测之后风险预测下的"反思性焦虑"（reflexive anxiety）（Beck，1992），这种反思性焦虑伴随着一种母亲和胎儿的联系以及孕妇的求子欲望（desire for kids），成为一种在孕妇群体中非常普遍的孕期母职焦虑。风险意在驯服不确定性，但往往产生一个矛盾的结果：由于强化对风险的注意和顾虑，反而增加了对风险的焦虑（Lupton，1999）。

随着风险知识的传播，不少孕妇也希望提前了解自己身体的状况，主动进行自我身体治理，预防可能发生的风险。遗传筛查过程中，那些认为自己有遗传家族史的未来父母通常会提前进行咨询，由此，遗传筛查预测遗传风险的要求和选择责任就扩展到了每一个考虑生育的人（罗斯，2014）。这种孕妇及其家人的自我监视通常会让他们诉诸医院门诊咨询或者某种医疗检查。2016年8月3日，一名年轻孕妇走进诊室，询问医生自己是否能做无创基因检测。刘主任感觉奇怪，追问她原因，她说因为自己的外公和老公的外公是同一个爷爷，她很担心这种关系会导致近亲遗传，于是她想做一个检查放心一些：

> 孕妇：因为我老公的外公和我的外公是同一个爷爷，那我们会不会有近亲遗传？
>
> 刘主任：（刘主任这时掏出一张纸，开始计算她所描述的关系）近亲婚配是这样，两个没有关系的人都是一半基因过去，然后坏的基因就会稀释掉。之所以有近亲婚配的基因问题是因为相同家室的坏基因组合概率增加，会发生单基因遗传病。而我们通常说的是三代以内稀释不够，所以容易导致这个问题。……你这种情况呢，可以直接先做唐筛，发现高风险以后再考虑做无创。好吧？你按照医疗程序走就可以。到时候再拍B超看看就可以了。（20160803-05 年龄未知的一名年轻孕妇初次怀孕来咨询近亲遗传问题）

大卫-弗洛德(David-Floyd,1994)提出因为我们现在处于一种生物医学话语居主导的社会当中,所以我们周围充满了风险话语。根据他的观点,科技管理的模型是一种统一化的现代统治神话,它成为现代社会控制的有利机制,形塑和规范个人的价值观、信仰和行为。诉诸科技来解决风险下的母职焦虑是一种方法,但是这并不是唯一的,而是对每个孕妇而言有特定的风险阐释机制。当前新兴的生命形式,易感染个体不得不进行责任人的自我管理和自我选择,同时与别人讨论他或她自身选择时为之进行辩护,对风险进行估算,面向未来在当前的情境下采取行动(罗斯,2014)。孕妇自身对已有风险的优先排序和认知以及她所处的情境通常成为她自我治理的核心逻辑,而并非对技术绝对性的全盘接受或者全盘拒绝。

另一名高龄孕妇张璐在被我问及是否做羊水穿刺检查时,她讲到这种检查有风险,指的是对胎儿和大人都不好。而同样的逻辑内则是孕妇担心的主要风险就是自己的身体和胎儿的身体,正如马肯斯等人做的研究显示的,不论是接受医疗检查还是拒绝医疗检查,实际上孕妇都是在避免自己孕期过程中自己所理解的"风险"(Markens, et al, 1999)。

因为孕妇为高龄孕妇,我问及孕妇为何没有做羊水穿刺?

孕妇:没有做,当时说这个好像有风险的。我当时看了一下,确实有风险。所以就直接做的无创。这个有风险,对胎儿对大人都不好。因为我觉得正常的话,没有必要做这一项吧。除了是不是有风险啊,其实听到这个名字我就觉得蛮有风险的,"羊水穿刺"这名字让人听了就挺害怕的!(24A-38Y-20160809)

医疗治理的风险分配具有特定的逻辑,孕妇对风险的理解和接受则更多样化。无论是将自己怀孕与生产的身体纳入科学话语中进行讨论评价,还是将医学中的风险话语纳入对自己和胎儿风险的管理,孕妇都在规避自己所理解的"风险"。医疗风险和孕妇自我编排的风险组合在一起,在孕妇的实际身体经验中形成一种混合状态。在此种混合状态下,每个孕妇对孕产的身体进行风险规避式的自我治理。

三、风险排序与价值商榷

本章的前两节分别从医院的治理机制、孕妇的风险认知和母职焦虑描述了医疗产科对孕妇身体的风险治理的方式和过程。我们仍需探究这种风险观念及其治理从何而来？在中国的社会文化情境下应该对风险治理做何解释？

德波拉·卢普顿（Deborah Lupton）专门综述了风险研究，并将其从理论视角上分为两大类，一种是认知心理学视角，另一种是社会文化视角。认知心理学视角主要侧重分析人们风险观念的形成及其影响因素，但是这种分析常常被指责为忽视了社会文化背景。社会文化视角的研究按照其理论出发点不同可以分为结构主义、后结构主义、现象学和解释学、精神分析以及建构主义（Lupton，1999）。几种不同理论分别侧重讨论风险涉及的结构、个人心理和行动以及差异性等不同方面，所以我们在研究复杂社会问题时常常综合使用几种理论。前两节我们分别从医院的制度设计和孕妇的风险观念来讨论产科医疗风险的治理方式和孕妇主体体验，本节着重分析这一系列问题背后的国家力量和社会文化情境。

在某种意义上，我们在医院中发现的风险治理机制并没有脱离贝克谈论环境问题时分析"风险社会"的理论框架。这种风险治理具有某些共同的特征——未来、知识和技术。风险意识的核心不在于现在，而在于未来。不存在的、想象的和虚拟的东西成为现在经验和行动的"原因"。我们在今天变得积极是为了避免、缓解、预防明天或者后天的问题和危机——或者什么也不干（Beck，1992）。医疗系统中的风险防控、分配和分类也是根据未来可能发生的概率来完成的。同时，这种概率的计算离不开风险相关知识，在产科医疗系统中则是胎儿出生缺陷发生、孕妇健康问题以及家庭遗传等方面知识。风险意识既不是传统的也不是普通人的意识，而主要是为科学所决定并且基于科学所形成的（Beck，1992）。人们依赖特定的科学技术了解并预测可能的风险，同时在风险的预防上呈现出社会阶层差异。因此，对未来胎儿和孕产过程的焦虑推动孕妇适应医院的医疗制度，完成特定的检查，同时医疗风险的技术和知识基础也将进一步拉大孕妇之间的差异。

道格拉斯和维尔德斯基（Douglas & Wildavsky，1983）在分析"风险与文化"时提到，我们通常在关于风险的争论中强调客观的风险和主观的风险感知，忽略了争论所建立的政治文化意识形态以及风险观念所处的文化。他们认为，风险是从一系列潜在威胁中"选择"出来的，这些选择支撑着一种特定的政治意识形态。罗斯（2014）认为自由主义的政治理性就是试图发现那些风险较高的个体、群体和地区，通常使用概率或者流行病学知识发现特定的不健康形式及高风险相关因素，然后将个体划归到不同的风险群。产科医学中的风险防控和分类是治理方式的一种，与国家政治意识形态的选择有特定关系。同时，中国社会中孕产风险的特征在孕妇群体中表现为现代化和传统并存的特点，风险包括现代医疗技术和孕产科学中的风险，还包括传统生育文化、中医等方面的观念。风险的预防方式既包括选择使用或者拒绝医疗化的技术，也包括传统中国文化背后的"命运"观念。从这个层面来讲，现代性科学和传统文化在中国女性的孕产行为中融为一体，从风险及其预防的角度呈现出中国社会复杂的发展面向，以及国家治理和自我治理的多层组合。

（一）医疗风险控制指标中的国家现代性

中国的妇婴健康问题一直是卫生工作的重点，其中孕婴死亡率、剖宫产率、住院分娩率等问题是历年人口卫生统计的核心指标。国家的现代化医疗指标便是在这样的情境下和医院医疗风险的控制联系起来的。风险控制这种医疗行为离不开国家的行政要求和意识形态文化，这一点同样离不开西医产科学从近代引进中国以来便带有现代性的色彩（赵婧，2008）。然而这种"现代性"所对应的内容则经常随着话语功能的变化而不断变化。

剖宫产引入后受到医院和孕妇的推崇，医疗、市场和孕妇选择等各种原因导致很长时间内我国的剖宫产率居高不下。我国在控制剖宫产上采用严格的医疗指征，着力推广自然分娩。在孕妇学校介绍分娩方式的课程中，医生强调自然分娩的多种优势，其中包括有利于胎儿心肺功能发育、促进孕妇宫缩，宫缩产生的缩宫素对产后恢复依然有效等等。医生也会介绍自然分娩的缺点——疼痛。但是相比于剖宫产，医生介绍自然分娩是自古以来的生产方式，是"最科学的"方式。因此，在医生的这套宣讲中，传统、科学、低风险一并成为自然分娩的特点。

对剖宫产的介绍，医生强调其是一种手术抢救手段，而不是一种选择，同时与日本女性剖宫产使用较少这一"进步"相比，中国女性的剖宫产使用是"落后"和"低级"的。生产方式的使用和科学话语下的风险等一并成为国家的现代化问题，中国孕妇的生产方式及其风险选择由此与国家的现代化水准联系起来：

> 自然分娩有很多很多的好处，这些好处实际上都是不

（需）要讲的。因为我们从那么古老的时候进化到现在，这是进化的最科学的一种方式。是今天才对这种方式进行了质疑，以前从来没有人质疑过这种分娩方式。……但是就目前来讲，中国的剖宫产率非常的高。可能国家也意识到了这个问题，也一直在抓这个问题。但是即便是这样还是非常高。到2010年剖宫产率达到46%甚至更高。我觉得这个数值太保守了。可能在大部分的医院，控制的不是很好的医院，已经达到百分之七八十以上，甚至百分之九十以上。中国人其实和日本人的体质实际上是差不多的，你看日本人的剖宫产率是多少？是10%[1]。（20160923 孕妇大学——分娩方式介绍）

孕妇课程中对剖宫产这一生产方式的介绍和中国的现代化进程联系在一起。日本在剖宫产率上的控制超过中国似乎使得每个孕妇作为一个中国公民有义务认识剖宫产的坏处，并应该坚持顺产。以日本为比较对象的"民族主义"在这一问题上凸显出来。女性选择自然生产并坚持完成分娩不仅是科学的，而且成为"现代化"的特征。孕妇的健康水准及相关数值成为国家现代化在国际进行比较的重要指标。

母婴保健建议孕妇在孕前三个月便开始服用叶酸，以提早预防出生缺陷的发生。按照医生的说法，国家和卫健委希望针对遗传学的检查在28周之前进行干预。刘医生在和一名30岁的二胎孕妇介绍唐筛高风险的时候说明，国家并不会干预每一个家庭，而是需要医院特定工作人员来控制好相应时间段内的比率，比如他们的排畸干预就是在28周以前，28周以后大数据上不再有所改变，实际上他们的干预性小很多。家庭和孕妇自身对孕期风险的评估将决定孕妇的选择：

> 国家规定无创基因检测最好能在26周之前完成，这是为

---

[1] 有趣的是，陶艳兰的《产科医生遇上"怕疼"产妇？中国女性生产经历的身体政治》一文在结尾处也曾经提到一名妇产科医生说过："像日本，它的剖宫产率是很低的。他们在围产期控制得很好。（随后她还介绍了日本如何在围产期时严格控制孕妇体重导致一名中国女性难以忍受回国分娩，以及当前中国产科控制女性围产期营养以达到顺利分娩的难度）"。在产科医疗话语当中，医生反复使用日本的剖宫产率进行对比，并且不同的医生将这种差别归结于不同的原因，或者是医疗制度对孕妇的控制，或者是孕妇自身的"进步"。这都体现出，不少国内医院都会对剖宫产率进行国际比较，并将其视为一个"国家现代性"的代表指标。这更可能是医生专业医疗话语和知识体系的内容，其背后深意仍有待进一步探索。

什么呢？因为无创如果不过关，还得抽脐血去验证。验证不好的孩子还得去引产。那么卫健委做唐筛、做B超检查，都是希望什么呢？都是希望能在28周之前对孩子进行干预。我们前面的检查是什么呢？就是28周以前的致畸率、死亡率。过了28周之后，已经不能在大数据上有所改善了。但是对于每个家庭来说，只要孩子没有出生，我及时发现了，我就还可以干预，所以看你自己的心态。（20160822-27-30Y二胎唐筛高风险1/100-田野笔记）

风险管理当中国家的指标、医院的指标和孕妇的自我控制多有重合，但并非统一绝对化的风险管理逻辑。国家的现代化指标与医院的风险控制手段具有紧密联系，医生在这一过程中似乎成为国家具体医疗指标的"质控员"，同时也是风险治理的具体"执行者"。而实际沟通过程中，医生也会从家庭和孕妇的角度出发对可能的风险进行说明。所以，医生的角色中既有国家的制度色彩，又有其经验中留存的孕妇和家庭的选择逻辑。作为"中间调和人"和关键信息掌握者，医生的风险表述呈现出国家、医院和孕妇在风险制度中的不同诉求：国家的现代化建设、参与国际竞争与比较所需的一系列健康指标；医院需要完成这些指标作为质量控制的具体标准，而孕妇及其家属则以自己的生活经验和医疗检查为根据做出现实考量。

（二）历史特殊性和文化传承中的"风险"治理

"风险"这一概念由此具有一种现代社会的历史特殊性，同时也具有文化传承性。它本身包含了现代医疗知识的科学性和国家现代性，同时也涉及孕产所在社会文化中的传统性和经验性。社会急剧变迁背景下人们孕产知识的改变，国家医疗政策的调整变化使得"风险"既承载了现代生物医学知识以人口基数为计算标准的概率性，还包含了中国社会传统生育文化中的诸多因素。中医和传统的未知预测方法都可能成为孕妇自身面对和解决风险的手段。科学与技术将持续存在的风险"显性化"，孕妇从孕产技术中获得医学上具体的风险内容。传统中国文化和医学中对怀孕与生产结果和过程的担心，以孕妇自身的身体实践为基础，以多样化的方式与现代医学技术融合在一起。

随着产科技术的完善和孕产知识的普及，孕妇群体内部则对医疗风险形成"置之不理"和"平民专家"的谱系性分布。日常生活的"经验逻辑"被颠倒了过来。人们不再仅仅从个人经验上升到普遍判断，而是缺乏主体经验的普遍知识成为个人经验的主要决定性力量。在这种意义上，我们在风险意识中不是在处理"二手经验"，而是在处理"二手的非经验"（second-hand non-experience）。进而，只要知晓还意味着有意识的经验，最终就没有人能够知晓风险（Beck，1992）。与此同时，一些女性内化了中国传统文化中对怀孕与生产的保护，采用传统应对措施对风险进行解释和应对。这意味着，孕妇自我治理的多种手段在中国不只是医疗化的西医技术，还包括"非精准化"的中医治疗，甚至传统文化领域的"算命"、生肖时辰和命运解释。

与前文的市场化和消费性趋势结合来看，格林豪尔强调中国社会当前正在极力生产和再生产一种"世界公民"（Greenhalgh，2010），在本书看来，这种表述应该更精确的是——这一"世界公民"的标准并不容易达到。我国在医学方面并未达到对各个人的身体进行精确治理的程度，在医疗保障方面也难以保证每个人的身体"质量"最佳；中国的每个公民尚未达到完全了解医学知识可以开展自我治理的状态，他们获致现代医学或者传统手段的资本都不尽相同。就在2016年底，产科医生分享给研究者这样一个新闻，一名农村孕妇因为没有参加产前检查产下无脑儿，后期给家庭带来很大的经济负担。她自己在省内专科妇产医院工作，对当前出生缺陷发生的社会差异感知非常明显。风险控制和治理的过程和医疗技术水平和个人认知有关，在程序化风险控制过程中仍然发现，出生缺陷的家庭往往是农村地区或者流动人口群体：

> 河南某村孕妇王某因产前检查意识薄弱，孕期只在乡镇卫生院做过一次黑白B超，到了预产期也不知道到医院咨询医生，因突发大出血晕倒，最终危及生命。河北省河间市农村的一名孕妇因没进行产前检查而产下了无脑儿，当她因临产到医院时，没有任何产前检查的资料。"要是早些发现，可能有更多的补救措施。"在京打工的徐某看着重症监护室里保温箱内的女儿满面愁容，患有严重先天性心脏畸形的她随时可能离开这个世界，而家里为她治病已花去了近十万。……农村是盲区，数万家庭因病返贫。"由于忽视产前检查，死胎、畸胎以及由于大出血、羊水栓塞、不知血型等原因导致孕妇死亡的事件每年都会出现，而80%~90%的上述患者来自农村和流动人

口。"河北省沧州市某妇幼保健院妇产科主任说。贵阳市某妇幼保健院新生儿疾病筛查中心主任介绍,新生儿缺陷患者95%以上不属于遗传性,但很多家长特别是农村的年轻父母,缺少主动产前筛查的意识,更别说为新生儿做产后筛查。产前检查缺失,农村和流动人口成为"重灾区"。尤其在中西部地区,基层医疗设备简陋,缺乏优生遗传技术服务人员,加之一些省市没有将免费孕前优生健康检查等工作经费纳入各级财政预算或预算较少,导致出生缺陷干预水平偏低,有些省份农村地区孕前检查率不足25%。"许多乡镇卫生院没有彩超机器,孕妇做一次产检往往要到县城,非常不方便,于是其中许多人就放弃了定期孕检。"安徽省立儿童医院专家刘医生说……①

  风险在此时成为另一种分化指标,良好的防控能力以及对风险及其手段的了解和使用能力成为在"风险分配"战争中获胜的关键。在风险防控范围之外的人则往往通过确认诊断的方式了解自己身体的病症所在,并在直面风险以后等待着医疗、市场和疾病的多重审判。而正如这个新闻中所言,流动人口或者农村地区常常成为疾病发生的"重灾区"。由此可见,当前产科医疗制度中,医生和孕妇对风险的排序和价值商榷可能存在差别,而除了医疗资源的分配和风险本身的安排以外,孕妇自身的知识获得、家庭对孕产的了解程度等都构成她们孕产安全的基本条件。因此,孕产本身的医学化伴随的是科学化和技术化,处于其中的女性需要学习新兴的孕产知识并重新塑造自己关于母亲的想象。

---

① 这是一篇产科医生分享给研究者的文章,文章强调了产前检查的重要性。网址为:http://finance.china.com.cn/roll/20160909/3898532.shtml

第五章 孕产科学：
知识融合与母职再造

风险分配的背后是孕产科学知识体系。怀孕与生产这一自然生理过程，在现代医疗体制框架下成为孕妇需要提前习得的一种知识体系，其中既包括一系列产前检查和相关疾病筛查，还包括孕期如何保证营养和科学的饮食，以及生产过程的风险防治和产后护理等。这一系列知识要求孕妇在产科按医疗流程完成产检，在特定阶段符合相应的医学指标。为了让孕妇提前了解相关医学知识并更好地适应这一医疗体制，大部分医院都设置了孕妇学校，将孕产"科学"通过课程的方式传授给孕妇，让她们在医生课程的指导下完成孕产这一阶段的特殊"社会化"。

虽然这种孕产知识的"社会化"过程并非新事物，但与此社会化相伴随的一系列孕产知识及其传播方式则具有当代社会的新特征。朱剑锋分析当前中国女性的母职特点不再和母辈群体一样注重"生产"，而是以消费为特征，同时具有了更多"知识"和"科学"的色彩（Zhu，2010）。当前社会中的孕妇群体在孕期习惯上发生了很大变化。以孕期保健品的消费和使用为例，大部分孕妇都会服用叶酸或者钙片，还有孕妇会额外服用多维片或DHA等产品，也有为数不少的孕妇购买海外进口产品。

在我们研究的调查数据中，如表5-1所示，六所医院的717名孕妇回答了孕产保健品服用的问题。在所有孕妇保健品当中，717名被调查的孕妇服用叶酸的比例最高。增补叶酸是我国预防出生缺陷的三级预防中第一级，孕妇需要在怀孕前三个月开始服用叶酸。钙片的服用比例也较高，达到了66.7%；多维片或DHA的服用比例不高，占近1/3左右；进口保健品服用超过1/3。这一系列数据回应了朱剑锋对代际差异中新时代孕妇"消费"母职的论述，当代孕妇对保健食品的消费是其孕产期间行为的一大特点。同时不同类型保健品的服用和陈南希（Nancy

Chen)论述的中国城市药品消费的情况相当——对药品的消费成为健康中国城市居民之间新的分层标准(Chen, 2001)。布迪厄所论述的区隔也在这一意义上产生：怀孕期间保健品的使用反映了女性对自己孕期身体和女性身体的想象，并在世界资本市场上进行消费。

表 5-1 孕妇服用保健品行为描述分析表(N=717)

保健品使用率	百分比
叶酸使用率	84.1%
多维片使用率	38.7%
钙片使用率	66.7%
DHA 使用率	25.0%
进口保健品使用率	36.1%

在关乎孕产行为的知识上，当代中国的孕妇在知识获得方式和具体内容上也同时发生了变革。现代知识获得方式更加多样化，除了人们之间的口口相传、孕妇与医生的直接沟通以外，孕妇可以通过医院的制度性宣传手段了解孕产知识。网络信息的发达也给女性了解孕产知识提供了更多新的可能。孕妇之间的同类关系网由于新媒体的发展范围变得更大；新媒体形式和手机应用程序的运用将孕妇对怀孕与生产的自我治理转移到线上，形成一种自我随时随地可以监测的管理形式。

"科学"孕产知识在强调与传统孕产知识存在差别的同时，也利用传统中的元素，摒弃与当前科学孕产保健观念不相符的方面，再造一套与现有医疗制度的目标相融合的全新"科学"孕产知识。本章先介绍这一孕产科学在医疗体制内制度性宣传的具体内容与策略，随后介绍制度以外孕妇在日常生活中自我治理的新型手段，并分析当前中国社会中孕妇所面临的多元知识体系以何种方式交织、融合、冲突，形成一种以个人主体经验为基础的孕产知识复合体。

现代孕产医学知识从专业产科的"权威知识"中走出制度化领域，完成知识的平民化，以更开放多元化的方式为孕妇提前了解并适应孕产制度安排提供知识库。孕妇将知识库与具身主体经验和外化的技术检查结果联系在一起，以自身经验对知识标准进行验证，凸显出孕产知识边界的不确定性，同时也以个体化制度规则的方式再生产了这种以制度目标为核心的孕产知识。

一、医院制度中的孕产知识

孕产"科学"的系统性、制度性社会化是在医院中完成的。医院的医生给孕妇提供咨询，孕妇学校则专门向孕妇教授整个孕产过程相关的知识。医疗系统的制度性宣传既加强了孕妇对自我身份——"孕妇"的认同，又将这些怀孕的女性纳入医疗知识体系中便于统一化管理。

（一）问题导向：医患关系中的孕产知识

医院产科的医患关系通常是孕妇和医生一对一，时而有的孕妇带家属陪同。医患关系中的孕产知识主要是指两者之间有互动的一种知识沟通。在产科门诊中，孕妇通常会提出自己的问题，医生和孕妇沟通的过程既有"问答式"，也有"解说式"。问答式即孕妇提出自己的问题，医生对孕妇的问题解答并对其与孕产"科学"不相符合之处进行纠正，从而改变孕妇的孕产认知。另一种"解说式"，即医生对孕产"科学"相关的知识和技术全面讲解，孕妇更主要的角色是聆听或者在医生讲解结束后针对具体问题提问。

普通产科门诊中的程序相对简单，涉及孕产习惯和相关知识解说的沟通过程并不多。孕妇完成规定的几项常规检查并登记在册，约好下次产检时间便离开门诊，与医生的沟通十分有限。偶尔有些孕妇的情况相对特殊，医生会给孕妇讲解孕产中的注意事项。一名身材偏胖的孕妇刚刚做完糖耐检查发现自己的检查结果数值有一些高，非常担心地来咨询产科的吴医生。

> 孕妇：难过死了，我看着都可怕。今天做那个糖耐，好像有点高……麻烦您给看看。
>
> 吴医生：不管哪个地方不好嘞，糖耐嘛，有点不好对你来说正常的。你饮食现在不变，要控制一些糖。
>
> 孕妇：我每天吃半个西瓜。
>
> 吴医生：哎呀，那你肯定不对呀，怎么能吃半个西瓜呢？每天吃半个苹果或半个香蕉，西红柿、黄瓜之类的。西瓜也就吃一片。好吧？真的不能那么吃。今天多少周啦？
>
> 孕妇：20周加5天吧。
>
> 吴医生：家里面钙片和维生素都有吗？
>
> 孕妇：好像有的，好像上次开了大半年的，都要过期了。

吴医生：你原来的吃饭习惯要变，我给你增加一种。和酸奶或者牛奶一起吃，口感不是很好，但是要坚持。像糠一样的，就是糠。等到所有的报告出来了再给你建卡哦。

（20160824-血糖高的一名孕妇问诊记录）

针对孕妇血糖偏高的情况，医生主张孕妇应该控制饮食，在现有的基础上还要保证钙片和维生素的摄入。医疗检查结果显示与正常数据的偏离通常会引起孕妇的注意，这时医生对孕妇相应行为的修正和建议就成为孕妇习得医疗知识的主要途径之一。而产前门诊的患者数量较多，很多程序内容相似，医生也通常会较为依赖孕妇学校所教授的内容。如果孕妇没有完成相应学习，不了解相应检查和操作，医生可能会简单介绍或让孕妇再去听课。

吴医生：多少周啦现在？

孕妇：34还是33周。上周查的是脐带绕颈两周，然后羊水呢，一直都是正常偏少。有时候正常一点，有时候偏少一点。一般30几周是足月啊？

吴医生：37周。

孕妇：脐带绕颈两周会不会比较危险啊？

吴医生：脐带绕颈两周当然风险较高啊。你注意数好胎动。

孕妇：这个胎动怎么数呢？

吴医生：没来上课吗？

孕妇：没有。

吴医生：建卡不是要你来上课的吗？

孕妇：没有，我就感觉（没事）……就没过来。

吴医生：你每天要多监测了，再学一下那个胎动怎么数吧。

（20160824-05-年龄未记录-脐带绕颈）。

一般情况下，产科门诊的人流量较大，而且每周的上午、下午均有门诊，常规检测医生交流的内容较为程序化。相对而言在产前诊断（也有医院称之为遗传咨询门诊），由于涉及的问题相对较为复杂，所以医生讲解的内容也较为详细，其中包括孕妇和医生的问答式，还有医生根据患者孕产史的详细讲解。这时的沟通过程是以医生主导的孕妇问题式沟通。

医生在沟通过程中除了印证卫生部门的文件和要求、数据论证以及形象类比以外，还会提及诊断过程的文献支撑。"有确定文献报道"的现象属于已知医学界可以解释的现象，而如果尚无文献报道，医生会推荐更进一步的检查或者认定无意义。以上这一系列手段都是医生佐证自己"科学"推断的基础，她们也正是通过这一系列的介绍让孕妇了解这一孕产知识及其基础之上的产前检查技术。一名来自上海的26岁孕妇因为在上海发现腹腔积液但挂号太难，所以来南京问诊，医生给她讲解腹腔积液的原因及其可能解决的办法：

刘医生：这样子哦，宝宝呢，他就是一个腹腔积液，其他的还没看出什么问题来。那么宝宝腹腔积液的一个原因呢。第一个反应就是会不会是由于胎儿贫血，第二个呢，就是考虑一个胎儿宫内的感染。那么出现腹腔积液的问题，大部分胎儿宫内感染都是自限性的解决。他有可能把他吸收掉，就没事了。但是也有可能会不吸收，往前进展。或者就是说，如果是因为其他原因，贫血引起来的腹腔积液，这个时候就要看，宝宝宫内会不会出现缺氧啊，这种状态，就会影响孩子的发育。所以出现腹腔积液，下面最关键的就是要动态随访，继续观察胎儿宫内进展情况。

那么有的文献报道，如果这个孩子染色体有问题，他是容易表现出一个腹腔积液的，你无创做出来没问题，基因有问题的可能性不太大。当然啦，这个也就是常见的21-三体、18-三体这个小染色体数目异常可能排除掉了。但是有一些微缺失，微重合综合征他是除排不掉的。因为我们的遗传基因很多，3万多对。但是我们的染色体只有23对。所以我们的每一个染色体上含有大量的遗传基因，当这个染色体异常出现了能看到的片段出问题，那么这个孩子就会有非常严重的染色体异常综合征。也有可能孩子染色体的片段出问题的只是很小的片段，那我们常规的染色体检查可能查不出来，无创也是查不出来的。只有通过特殊的手段把宝宝的标本取出来之后，去做基因的芯片才能发现。（20160804-10-26Y腹腔积液后续问诊检查）

孕产知识是从医生与孕妇沟通的过程中获得其"科学"性的。这种"科学"性建立在以医学研究为核心的专业知识和医生经验判断的基础之上。医生针对孕妇个人孕期所出现的问题进行标准性的纠偏与循证式的原因分析，从而使孕妇了解相应的问题、解决策略及其科学依据。因此医患关系中的孕产科学更多的是一种问题导向式的。而这一问题导向式的孕产知识习得方式还有一项制度与其相辅相成，便是下面将要介绍的教学关系中的孕产知识，其不再是问题导向，而更多的是针对孕期中所有程序和注意事项进行综合性的介绍，是一种常识性的孕产知识。

（二）常识积累：教学关系中的孕产知识

教学关系中的孕产知识具有一些制度化的形式，主要体现为医院产科所设立的孕妇学校，或者叫"孕妇大学""胎儿大学"。已有国外研究表明，女性在孕妇课程中所接受的课程十分有效。奈尔森（Nelson Margaret K，1982）认为这一课程之所以有效，在于其让人提升各方面的意识并分享个人的经验。在国内孕妇课程中并没有分享个人经验的环节，更多的是医生逐一讲解各项内容并分享经验中的案例说明。孕妇课程带来了孕产过程中责任的转移：经过孕妇课程，医疗机构把孕产过程中的责任从机构转移给个人，同时医疗工作人员对女性在怀孕与生产过程中的医疗经验有所期望。

在孕妇学校中，对孕妇的教育过程表现为孕妇课程的演讲人讲述孕产程序和相关知识，同时分享自己所积累的案例辅助讲解内容。在课程结束之后，有的演讲人还会留下来继续回答孕妇的疑问。孕妇课程中，我们除了会看到处于不同阶段的孕妇以外，还会看到少数孕妇的老公和年长一些的女性（一般为婆婆或者妈妈）。在这一课堂上，我们可以看到，孕产似乎成为整个家庭都需要学习了解的全新"科学领域"。

孕妇课程讲台上的"医生"成为"医生"和"老师"双重角色的集合体，医院的妇产科也成为孕妇及其家属了解怀孕与生产之身体的"学校"。这一孕妇学校中扮演"老师"角色的医生主要讲解医院的孕产程序与知识，这种孕产知识通常是"科学的"和标准的：

> 分娩方式的选择有两种，一个是生理产，就是我们说的顺产。顺产呢，是最自然的一种方式，也是最科学的一种方式。我们经常说顺产完了的孕妇在病房里，和正常人是一样的。可以按正常人的方式是完全可以生活的。病理产呢就是剖宫产，

剖宫产是一种手术,是一个不得已而为之的,没有办法去采取的一种治疗难产的方式。(20160923 孕妇课程分娩方式介绍)

所以说并不是像家里人讲的那样,你怀孕了要多吃多吃,孕期的饮食是要科学饮食的。不是要你一味地不停地增加体重。实际上我们即便是正常饮食,营养上已经够了。没有必要一天我要吃多少多少。经常讲,你这个孩子长这么大,你吃什么了?我也没吃什么好的呀!大鱼大肉我也没吃。那你吃什么了?我就一天吃三斤葡萄。你一天吃三斤葡萄孩子能不大吗?还有的人,一天吃一个西瓜,羊水狂多,糖尿病。这样的孩子就生活在糖水里面,他就像泡在糖水里面一样。他的胰岛功能是不正常的,它会不停地催大催大催大,产生巨大儿。所以说,一边说控制饮食不止是说控制米饭啊,大鱼大肉的量,还有控制水果的用量。如果你想自己顺产的话,就尽量避免巨大儿的发生。(20160923 孕妇学校-分娩方式,医生讲解孕妇需要注意饮食预防巨大儿发生)

在孕妇学校中,"科学"并没有明确的定义,而更多是围绕当前孕产医学中比较提倡的观念和行为方式展开的。比如第一种对分娩方式的介绍强调自然分娩的益处。在这套话语中,传统的自然分娩方式与科学结为一体——顺产是最自然的,同时也是最科学的。在生产方式上倡导自然分娩①的语境下,科学与自然传统融为一体。在医生讲到孕妇需要控制体重、防止巨大儿以进行剖宫产时,医生强调科学饮食等于控制饮食,传统的孕期增补饮食观念被当前科学健康饮食所摒弃。

医生在扩大"科学"孕产的内涵并纳入传统行为的同时,还将其和一些特定的传统行为方式划清界限。科学成为可供医生利用的一种论证途径。现代孕妇需要遵从这种"科学"孕产知识的指导。传统的孕产知识或者已经过时被现有知识体系淘汰,或者仍得到提倡与现有知识体系融合在一起,形成一种全新的孕产科学知识,从而符合当前医疗产科体制中的制度要求和目标。控制剖宫产率成为医疗制度的需要,转而在孕

---

① 据孕妇和研究者说,虽然现在不少医院都在推广自然分娩,限制剖宫产,但是她发现地方之间存在差异。她在的一所医院曾经非常推崇剖宫产,以避免发生胎儿缺氧、孕妇乏力等情况。这一具体研究需要进行不同医院的对比,本书仅在田野所在医院的话语情境下讨论。

妇身上则成为一种"科学的""现代的"的孕产标准，而这需要每个孕妇为了自身的"益处"和胎儿健康选择自然分娩。

医生除了介绍这种"科学"话语下的医疗知识和孕产习惯，还会详细说明本院的诊疗流程和项目。这种说明能使孕妇集中了解产前检查的具体流程并按照医院流程完成相应检查，这种流程性的检查也具有特定的权威性，医生强调这种必要性不容忽视：

> 关于产前检查的相关内容，我们在怀孕以后啊，在 28 周之前我们应该产检的时间是四周产检一次。28～36 周应该是两周产检一次。36 周以后呢，是一周产检一次。那我们经历了第一次产检、第二次产检，现在应该是算是第三次以后的产检了，对吧？第一次的时候是抽血是不是啊？后面就编号，再后面就常规检查。……这些检查对我们来说都是必须的！……所以要注意关注，这些什么尿常规啊，也可能有尿糖的情况啊，尿蛋白的情况啊，白带啊，都有可能会影响到宝宝。

（20160518 - 产前检查主要内容、孕期管理）

已有的研究从结构功能主义的角度出发提出，孕妇学校在一定程度上反映出了制度需求和个人需求的差异，它在更大程度上满足的是制度的程序化要求，同时通过将孕妇社会化纳入制度体系中，降低两者需求之间的差异。因此，孕妇学校表面上是在丰富孕妇的知识，实际上也是扩大个人对自我身体的责任范围（Armstrong，2000）。医院通过医生的教学，将医学专业知识的了解和使用转交给孕妇，女性没有参与学习往往会被认为是对自己健康不负责任。这种健康和科学话语与道德的捆绑也将健康变为一种孕产过程中的伦理要求，让女性成为健康管理的道德主体。

孕妇学校对医院管理来讲也有预防医患冲突的作用。在当前中国医患矛盾冲突多发的情况下，各家医院都在极力避免这一问题。由于当前的孕妇数量多，等候时间长，医生在孕妇学校就要求孕妈保持好的心态，不要因为等待时间和医生发生冲突。医院的制度性需要成为一种"有益于健康的需要"（Goffman，1968）。以影响宝宝的情商为原因，医生强调在现有医疗环境中妈妈应该抱有阳光心态，以避免医院制度中可能发生的医疗纠纷：

> 有的时候大家在门诊时会觉得科里比较忙啊，或者比较拥

挤啊，都要体谅一下这个问题。听明白啦？今天听完张老师的课，都要变得很阳光，很健康，懂不懂啊？不要在我们门诊发生吵架的事情，吵架受伤害的都是我们的孕妈妈和宝宝。其实我们的目标都是一致的，所以希望我们的心态要随和，缓和一些，淡定一些。因为我们要培养高情商的宝宝，所以爸爸妈妈首先就要抱着阳光的心态是不是？（20160518－产前检查主要内容、孕期管理）

由此可见，孕妇学校的制度性功能不可忽视，在当前这种医疗体制对孕妇的身体治理环境中，孕妇学校起到了特定的制度性社会化作用。无论从孕产过程中的医疗规则、专业术语，还是从医疗过程中的冲突和制度适应，孕妇学校都给孕妇提供了一个教育性的环境。孕妇在这一教学关系中习得孕产过程中现代医疗管理的规则和营养科学甚至孕期情绪管理。医疗制度所设置出来的孕妇学校本身为制度服务，并成为制度所必须的一部分，辅助解决医患关系中的一系列问题，为孕妇做好制度所需的知识和能力储备。

（三）知识生产与权力渗透

孕产科学在医疗体制的医患关系和教学关系中体现出不同层面：一种是以孕妇个人身体经验和医疗检查结果为基础的问题导向，依照个人情况由医生进行解读；另一种则是以孕产过程中的常见问题和流程介绍为主，侧重制度性规则和孕产知识的说明。在医患关系的孕产知识沟通过程中，孕妇通常带有自身主观身体体验、已有知识储备和医疗技术检查结果询问医生问题。这种专业孕产知识常常以孕妇本身的状况为基础，医生结合工作经验、研究数据、法律规定等多方面要求，将孕妇已有主体经验和检查结果赋予医学释义或应对方法，直接影响着孕妇孕产中的经验和行为。

孕妇学校中的教学关系和这种"一对一"沟通有所差别，孕妇虽仍是有行动力和主观知识积累的主体，但一进入孕妇学校的空间环境中，这种行动的主体性便不再展现。孕妇成为学习孕产规范和知识的"学生"，讲座医生则相当于"老师"来介绍孕产知识。孕产知识的定义和科学界限皆是由医生单方面完成的，孕妇本身的主体经验和知识积累从话语层面上受到压抑，孕妇的主体话语权力在这一关系中弱于医患关系。基于此，医学知识不仅建立着自己在整个孕产过程中的权威性，还有一些内容实则发挥着制度性维护等功能。

而无论是医生和孕妇的直接沟通还是医生给孕妇授课,医疗体系都希望孕妇接受一套科学的孕产知识和流程化的孕产规范,将她们怀孕与生产的身体纳入医疗体系的安排和科学话语之下,并按照医院要求完成所有检查。这种科学的孕产知识传递沟通和医院产科的制度设计安排相辅相成。戈夫曼的"医疗服务模型"在本研究的孕产知识传播中也同样得到了体现,具有专业益处的行为对孕妇本人也有益处,两者在这一制度中融为一体(Goffman,1968)。孕妇进入产科就需要习得这一医疗体制内的"制度性常识",并学会按照医生的建议选择使用制度内的方法解决问题。知识成为进入制度行动的必需条件,科学成为增强论证的话语形式,权力关系则在知识传播的过程中形成。

医患关系中孕产知识的咨询以及教学关系中一对多的知识传播都构成了医生和孕妇之间权力关系的不均衡局面,医疗制度当中知识的传播和生产也将医疗化的权力渗透到孕妇群体当中。之所以是渗透,而并不是绝对的医疗霸权(medical hegemony),是因为医疗体制中仍然保留着孕妇的"自主选择权",孕妇依然可以在自我承担责任的情况下拒绝特定医疗选择或者不参与孕妇学校,或者虽参与两者但实际孕产过程中秉持与医生不同的医疗和风险理念。

现实生活中,孕妇并不止通过医疗制度这一种途径习得孕产知识。医生是制度化医疗知识传播的主体,而孕妇还会接触到一些非制度化的知识内容传播。她们自身也会参与到平民化知识的传播中,如分享自己的孕产经历、产检教训等,成为非系统化、非制度化知识传播的关键主体。知识的民主化过程体现为多样化的消费产品、网络群组中女性主动的经验分享、网络上的孕产知识等,这些都成为女性孕产知识的多样化来源。这种知识在医疗体制之外,通过特定方式作用于在医疗体制中行动的孕妇,并通过孕妇这一混合知识的承载者与正式医疗制度之内的妇产科学知识互动。由此,知识的差异化内在影响着权力的分配。孕妇不仅在医疗制度中得到医院的孕产知识,还在日常生活情境中根据多样化的知识和经验对怀孕与生产的身体进行自我治理。

二、非制度化的孕产经验与知识传播

怀孕与生产这一自然生殖行为本身在传统文化和日常习俗中多有体

现，人们的口口相传和经验相授往往将怀孕与生产的各种常识纳入日常生活当中。生殖科学和产科医学的出现从制度层面上改变了这种现状，怀孕与生产行为的医学性将其从传统自然行为拉入科学知识的专业领域。

当前网络信息社会和知识传播途径多样化带来了知识民主化的新时代，人们可以使用更开放化的方式获得知识，同时也可以采用更多样化的方式理解自己的怀孕与生产。这些知识内容通常是孕妇"平民知识"的一部分，纳入孕妇的知识体系，并使得孕妇能够与医疗专业知识体系之间保持有一定的"批判性距离"（Williams & Calnan, 1996）。本部分主要围绕最常见的孕产知识传播方式分析医疗体制之外可能的知识形式，呈现非制度化的孕产知识图景。

（一）具身孕产经验及其分享

"具身"的概念是从"embodiment"翻译而来，实际上可以认为是主体经验和社会秩序在身体中的融合。主体具身性概念提供了一种将个人和社会秩序之关系借助身体进行分析的工具。在很多网络论坛中，我们可以看到孕妇记录自己的"怀孕日记"，从日常的身体经验、产检过程中的体会以及在医疗制度中的检查策略都成为她们分享的内容：

> 胎动这个东西很难描述啊，因为除了孕妇本人以外，别人都无从感知。大约从18周多一点的时候，感觉肚子里咕叽咕叽的，但是你分不清那到底是肠在蠕动还是所谓的胎动。大概过了1个星期以后，就能明显地感觉到胎动了。感觉有个小东西在里面翻来翻去，顶着肚皮，呼啦一下划过去，呼啦一下又划过来。不知道他会在哪一刻动一下，感觉还挺奇妙的。平均动的时间，大约是每2个小时会频繁地动一会儿。医生说现在胎儿的睡眠很短，会睡一两个小时起来动动，不会像大人一样一觉8小时。可能大人在走路，他在睡，而大人在休息，他却在前滚翻。（摘自豆瓣一篇孕妇网络日记①）

医院在介绍胎动的时候侧重胎动的特征和识别，在孕晚期如何计算胎动。而女性的具身孕产经验与之不同，她们更为详细地谈及自己的身

---

① https：//www.douban.com/note/517195243/ 文章题目：【孕妇日记】20W，作者睿思达。

体经验和体会，她们的主观身体感受在这一过程中被放大，也更容易在孕妇群体中引起共鸣。主体经验随着孕产行为涉及的范围扩大，网络论坛和媒体中，女性不仅会分享自己主观的身体感受，还将医疗流程的体验和具体检查内容做成实用的攻略分享给其他孕妇。有的孕妇会将自己曾经误会的概念和确定推荐的检查项目分享出来，给其他孕妇提供参考；有的孕妇则会详细介绍自己产检遇到的问题和解决办法，成为在网络群体中的"平民专家"（邱济芳，2017）。

这种主体具身经验的分享给孕妇提供了主体认同的基础，另一方面也作为经验传递给其他孕妇以提供医疗制度中不同检查的应对策略，形成了孕妇在制度之外的知识库。产前诊断咨询过程中，一个孕妇参考网友的类似经历，并将这种经验来源分享给医生：

  孕妇：到时候如果羊水穿刺也不要太在意是吧？因为我加了个群，她们的宝宝到后期基因没什么问题后期宝宝吸收了。所以我现在放心一点。就是一个什么妈妈群。

  魏主任：给我看一眼。好可爱！

  孕妇：我是在宝宝树上面找到的，什么胎儿妈妈群，其他的群满了，然后她们……

  魏医生：有多少人？

  孕妇：她们好多人，然后有的满了就到其他群。有的都是新发现的。

  魏医生：都是全国的？

  孕妇：对对。

  魏医生：都是相互的……

  孕妇：对对，有一个女孩跟我一样的，然后她也做羊水穿刺没问题，然后20多周的时候就没了。宝宝就吸收了，她说也不用太天天担心。

  魏医生：其实你在怀孕过程中就慢慢发现好多事情都是一个概率事件，对吧？我们只是说，医生就会把那些注意力放在不好的概率上。

  孕妇：她们说就是一定要放松好心情。

  魏医生：二胎群哈？

  孕妇：她们还有好多微信群，就是给我讲的这个。

(20160830-15-28Y-IVF做NT，孕妇甲减检查结果有些高)

网络信息媒体给孕妇提供了更多可供沟通互动的平台。这名孕妇遇到过和她有类似经历的孕妇，于是自己在医疗系统中的选择也参照了"网友"的经验。她将这种经验陈实在医生面前，与医生的专业医疗建议进行对话。以前孕妇可利用的更多是自己周身的亲人朋友，现在孕妇可资利用的还有很多与自己经验相关但是价值无涉、真实生活没有交集的网友。在这种情况下，以相同经历聚集在一起的孕妇给她们在医疗就诊过程中提供更可靠和中立的参考信息。亲人中母亲或者朋友经验的不可复制性在网络社会的群组中被打破，孕妇可以寻找到更多网络同类群体支持。

网络群组的使用在当前孕妇中越来越普遍，她们倾向于选择加入相似类型群组讨论怀孕、就医等相关问题。这种沟通方式将面对面交流的范围扩大，孕妇在特定区域、特定类型等方面均可以找到相应群组，在相似具身性体验(embodied experience)的基础上进行沟通，形成一种基于具身体验分享基础上的主体孕产经验。传统途径下口口相传的孕产经验并未消失，辅之以更多样化的信息分享途径。这些内容扩大了孕妇个人主体经验的分享范围，从而构成网络所及范围之内的体验分享。这种体验分享既包括女性自身的孕产体验，还包括医疗检查经验。这些经验都给参与讨论的孕妇提供了参考，构成了孕妇这一群体的新型孕产知识。洛特(Root Robin)和布朗纳(Browner Carole)的研究表明，女性的主体感受和医学知识往往难以划分出绝对的界限，因为女性自我感觉的内容可能也正是从朋友亲戚那里听来的专业医学内容转述版本(Rott & Browner, 2001)。所以在这一知识体系的权力关系中也并不能简单将医学知识定义为权威的、霸权的，而孕妇的平民知识就是非专业的、日常化的，而更表现为一种两者互相融合和开放的状态。

(二)即时孕产知识的网络传播

当下，孕妇可以习得孕产知识的途径除了图书、广播电视以外，还有手机App或微信等即时通讯工具。这种随处可见、随时可以搜索了解的方式给孕妇提供了更多接触孕产知识的可能，也产生出这一新媒体层面更加通俗化和即时性的孕产知识传播模式。

孕产知识在当前社会的一个全新传播途径是手机应用程序。一系列全新的应用程序给孕妇提供多样化的选择，使用程序记录自己的孕期状态，及时提醒自己具体的孕周。这些应用程序中还涉及孕妇的饮食营养调整、身体锻炼甚至胎教音乐等各个方面。另一个新兴的内容则是各种订阅推送的公众号。在这些公众号当中，有很多医生和医院等经营的公众号，这些公众号会提醒孕妇产检和孕妇学校的时间及具体内容，帮助孕妇较好地融入本医院的诊疗体制；还会介绍日常孕产知识、产检项目等。比如，上海市妇幼保健院的段涛是一名妇产科医生，他开放的公众号包括针对孕妇的孕期问题和产科的情况介绍等，还会就一些疑难问题撰文解释。权威机构或者医生的科普等各种随手可得的知识传播方式给孕妇提供了更开放的孕产知识形式。

孕妇保健知识来源的多样性也将这种孕产保健的生物医学知识和孕妇保健的生活常识融合在了一起。"孕期伴侣"就是强调在怀孕的整个过程中陪伴孕妇，"宝宝树孕育"则是将怀孕待产的过程比喻成"树"的培育。选择使用特定的手机应用程序或者关注特定的公众号，孕妇会了解相应的孕产知识、相关医院的医疗程序和教学安排。怀孕的阶段性和医院制度中的产检项目联系在一起。这一系列内容从属于医院的制度化程序，孕妇对其进行自主选择，以更好地融入产检制度。孕妇对自己怀孕与生产的身体不仅有了按照医疗要求和标准监督的责任，还有了越来越多可以主动了解和学习相应孕产知识的可能。这种灵活性的自我选择是自我治理的一个方面，另一方面是，手机程序或者公众号中传达的内容也是一种既囊括孕妇个人体验，又嵌入医疗流程检查的实用孕产知识。

以上两种自我治理方式并不是所有孕妇都采纳，也不是所有采纳的孕妇都会接受全部体验的分享和通俗化孕产知识的传播，但对知识来源和内容的关注给我们提供了孕妇知识获得的视角。在这一视角下，孕妇的知识获得方式是更多样的，知识内容包括专业的医疗知识，还包括同类女性的孕产经验。孕妇对这些知识不同程度的理解接收和拒绝都形成了一种多元知识体系差异化并存的局面。医疗体制中的专业孕产知识嵌入孕妇的主体经验和日常生活当中，以通俗化和即时化的形式与孕妇的主体经验融为一体，使孕妇以自主化的手段对怀孕与生产的身体进行自我治理。

（三）知识冲突、融合与自我治理

孕妇在以上途径中获得的孕产知识是否能得到医生的认同？医生对

这种网络上的经验分享或者信息持何种态度？不少孕妇在看到自己检查结果不正常时会在网上寻找相关信息，但是这种信息的来源和权威往往会受到医生的质疑。这时就会出现孕妇所使用的知识和医生的专业知识体系发生冲突：

魏主任：今天来什么情况？

孕妇：B超上次做了是后颅窝增宽，这次刚做完了B超发现还是有一些增宽。

魏主任：后颅窝增宽它是有两个情况，一个是小宝的脑部结构上的问题，虽然是有一些增宽，但是只要平稳一点就可以。就跟核桃是一个道理的，比如说，这个核桃仁就相当于我们小宝的脑组织，如果说小宝的大脑这一块少长了一块，那么空隙不就大了么，但是你现在的问题呢，是你这个后颅窝跟小脑是有一定关系的，我们医生看到的后颅窝如果增宽的话就是小脑的发育可能会受到影响。但是如果想最后再完善看一下，可以再做一次磁共振。

孕妇：磁共振一定要做么？我担心这个对小孩有影响？

魏主任：有影响？你就把那篇文献下载下来给我看看。或者你查到了到时候再来找我。那你拍照片给我，你自己做决定。磁共振就是拿到脑科去。我说这个的目的，就是你看一下这个确认一下是不是还是这个宽度。

孕妇：网上说，33周之后都会变大或变小，但是33周之后都是只会增大？

魏主任：这个我也没有鉴别，那你到时候把这个说法给我看看。

孕妇：网上的，现在天天网上搜，看一看。就是确定一下是吧？

魏主任：我们换一个方法测试小孩的尺寸就是大概合适的。反正我们就是盯着这件事。（20160816-21-34Y-B超后颅窝增宽）

孕妇：能不能给我开一个子宫动脉的B超的单子？

刘医生：为什么？

孕妇：嗯……因为我有那个流产史，有那个胎停史，不是我主动流产的。他们说最好要监测一下。

刘医生：可以说80%的胎停是因为这个胚胎本身的质量问题。知道吧？那么真正不好的孩子肯定优胜劣汰啊。这样不好的孩子，蒙混过关的肯定也能查出来。

孕妇：我就怕我子宫动脉高。

刘医生：所以你呢，不是不相干，绝对不是这个引起来的哦！因为我们是这样子的哦，月份大了。

孕妇：因为我是从网上看的。

刘医生：上网不要乱看一些信息。什么时候监测呢？月份大了，之后如果这个孩子出现了这个宫内迟缓的问题，我要找原因的。有一部分是因为胎盘的血流灌注不好，导致这个孩子营养供不上了，小了。那么这样的孩子，那个血流可能不正常，懂了吗？但是我也无计可施。查出来不正常又怎么样内？只能静观其变。这个孩子只能熬一天是一天，熬到最后，尽量大一些。

孕妇：那这个脐血流大概什么时候能做？

刘医生：30周过后再说！（医生有些着急了）先别想那么多！我们，不同的阶段有不同的检查，你们这些不学医的人不要把一些不相关的检查都放到一起。如果说一开始来了之后，我就给你查，就把所有的都查完了，就保证孩子是健康的，医生也好做了。为什么要怀10个月才生下来啊？不同的孕周有不同的情况，需要不同的检测。（20160822-18-29Y-想约NT及子宫动脉B超）

医学知识和其他所有知识一样，都离不开社会关系和社会经验；它自来就不是均衡分配的，其与权力和控制密切相关（Lazarus，1994）。孕产知识在不同的传播情境中表现为不同的内容，而不同内容之间既可能有冲突也可能有融合。各种不同来源的孕产知识以特定的个人化方式融合，并呈现为具身性知识（embodied knowledge）的新形式（Lippman，1999）。医疗的专业知识和平民身体经验并无封闭的边界，两者是开放的。为了满足自己的制度性目标和需要，很多医疗专业知识将传统孕产习惯纳入自己的医疗科学范畴，同时也摒弃那些影响制度目标实现的特定习俗。在个人身体经验上则没有绝对与社会脱离的个体,其怀孕与生产的身体经验也离不开现有医疗制度的印记,更多地呈现为一种混合的知识样态(assembled knowledges),其可能来源于差异极大的知识体系,但在实际应用过程中混为一体(Qiu,2024)。生物医学建议给女性提供了一种解读自己日常生活中新出现身体经验的知识框架(Browner & Press,1996)。

无论是制度中孕产知识的习得,还是日常生活中孕产经验的积累,医疗产科的孕产专业知识和流程都占据着核心位置。而且如上述情况知识体系发生冲突时,产科医生的权威话语往往更胜一筹。女性以多样化的途径丰富自己孕产知识,适应自己孕妇角色的同时,也日益学会了如何在这种知识框架之下进行自我身体治理。制度内孕产知识传播和制度外孕产知识的弥散都试图生产和再生产出一个合乎制度目标与规范的主体。这种主体在进一步获得相应孕产知识的同时也承担起了更多治理自己身体的责任。个体化指向了一种对自己时间、生活空间、财富和身体的要求(Beck,1992)。孕妇的个人选择权力在制度范围内完成,孕产知识的多少则取决于不同孕妇对各种孕产知识体系和来源途径的态度。如何将自己的身体经验和医疗孕产知识融合为一体,并纳入实践范畴也是每个孕妇的个体化行为。

在当前提倡尊重"知情选择"的环境下,这种个体化的知识体系似乎伴随着孕妇选择权力的增加,但同时也是将选择及其放弃的风险交于孕妇个人承担。在这个生物谨慎化(biological prudence)的时代,个体,尤其是女性要为自己、家人和孩子的医疗未来承担责任,这一伦理原则在当前的知识情境下转换为一种信息管理和围观的技术,它们模糊了同意和强迫的界限,改变了她们的主体性,并且提供给她们新的标准和语言,让她们了解新的可能性和风险(Zhu,2008;罗斯,2014)。在怀孕与生产中的女性成为这种知识领域中的道德先锋(moral pioneer)(Rapp,1998),她们根据自己的知识体系在医疗体制内做出决定。医疗孕产知识下的孕妇不止是顺从的单一形象,还根据知识体系差异对医疗知识做出不同程度的反应和行动。怀孕期间对女性的母职想象不仅是健康的、消费性的,还需要是讲究科学的、负责任的。

三、网络时代下的知识/权力边界与母职再造

权力基于一套创造和维持它的知识产生相应的社会关系,并建立一

种真理体系容纳和接受特定的知识（Armstrong，1983）。伴随着孕产过程医化，孕产知识相关的权力集中于医疗体制。医疗专业知识通过课程和面对面沟通等方式传递给孕妇，结合孕妇的个人身体状况形成孕妇"再技能化"以后的孕产身体经验。由此，医疗的权威性知识和具身性的主体孕产经验在孕妇身上融为一体。随着网络媒体技术的发展，孕产知识相关的权力逐渐分散，以医院的制度结构为中心，形成了多元化的制度内外相呼应的孕产知识体系，孕妇也承担越来越多自我治理的责任。在不同情境之下，孕产知识在医疗制度中划定自己的界限，吸纳或者排除以往的传统孕产知识以及孕妇经验，同时孕妇结合个人身体经验、检查结果形成具有个人经验和选择偏好的多元孕产知识体系。

（一）知识与经验的主体阐释

首先，孕产知识/权力与孕妇主体经验之间的界限是不确定的。它作用在孕妇身上，被孕妇接受或者拒绝，都与孕妇流动性的主观身体经验密切相关。知识/权力的弥散性给孕妇带来调试知识与自身经验之间矛盾的可能。与布朗纳等人的研究结论一样，中国女性对于专业孕产医学建议也具有主动的阐释能力，她们接受一项专业知识权威通常是以自己的身体体验为标准（Browner & Press，1996）。怀孕与生产的医疗化将一套与之相关的制度体系置于孕产知识范畴之内，所以孕妇需要按照制度规范适应医疗系统，并将其纳入自己怀孕与生产的身体经验，使孕产知识在身体的层面上具体化。

比如，在服用叶酸方面，医院规定孕妇最好服用叶酸，可以预防出生缺陷，但并不是所有孕妇都接受并遵从这种规范，也并不是所有医生都严格按照标准要求孕妇服用孕产保健品。孕妇具有一定的自我决定空间，孕产知识/权力本身与孕妇的身体经验相适应。一名36岁的高校教师丽丽谈及自己怀孕时服用叶酸的情况和她的"个人阐释"：

> 叶酸的话，主要是北方人比较缺乏，他们蔬菜吃的比较少。因为我觉得平时饮食结构当中蔬菜啊什么的都吃的挺多的，所以我就没有刻意去补。包括我生头胎的时候，那个时候我买了一瓶叶酸，但是买回来一瓶之后，我吃了一两次我就没有吃。当时我发现我怀孕之后，我老公就买了个什么海外代购的，不知道什么牌子，里面含有叶酸、钙啊什么的，但是那个药片有点大，我特别害怕吞药片，经常吞不下去，就是一个长

长的椭圆形的。每次要不叫我吃我就不吃的。我觉得平时只要饮食各方面均衡一点，应该没有多大问题。其实我对这些东西，我还不盲目的相信。为什么呢？我觉得这些东西还是你人体吸收的问题，你补了太多身体吸收不了，如果你吸收得好的话，那你平时的一些膳食营养当中就已经吸收了。你吃那么多钙，你身体吸收不了，那也是一样的，对吧？

秋：那产科医生之类的有没有给你推荐呢？

丽丽：我上次做那个检验血液的时候，建小卡的时候，医生说我有点缺钙，但是后来做骨密度的时候，那个做骨密度的医生说还好，确实有点缺，但是缺的不是很厉害。然后医生问我有没有吃钙片什么的，我告诉她家里面有，我吃的有一顿没一顿的，这样的。她也没有强烈地叫我吃。我估计我可能也不是（缺的很严重），如果说真的缺的很严重的话，那她一定会说一定要吃啊，不吃不行啊什么的。（04G-36Y-20160415，一名36岁高校老师丽丽谈及自己服用叶酸情况）

在日常生活情境中，孕妇根据个体化的身体经验理解标准的孕产知识/权力及其规范。孕妇自身与孕产知识/权力之间互动时"边界"调整和解读的经验再次纳入孕产知识当中，成为一种制度适应手段或问题处理经验。这一互相调试的过程将身体经验层面的结果视为判定标准。肯定或者否定制度标准和边界的同时，也强化或质疑了这一制度知识体系。孕妇身体经验成为一种与医疗知识相支持与抗衡、冲突与重合的流动性存在。

传统、文化、自然等领域的内容与知识/权力之间的关系界限也具有一种不确定性。在中国的社会文化情境下，孕产知识的发展是伴随着医疗体制的建立与完善形成的。这种孕产知识本身带有社会变迁色彩，既包括传统社会中的孕产文化，还包括当前医疗体制中的孕产"科学"知识。传统和现代的界限在孕产科学知识中不甚明确，它是根据现代医疗体制的需要来界定的。自然或者传统文化在与当前医疗制度体系目标相同之时则被纳入知识体系成为支持、佐证知识/权力系统的内容，在某些不相符合的方面则被视为"不科学"的或者"落后"的观念。知识/权力与传统文化之间并非截然二分，而是互为利用和借鉴的对象，既有冲突也有共生。古德昌（Gottschang，2001）分析中国女性产后母乳喂养中现代化边界具有一种模糊性，国家在生产健康公民主体的强制性政策和跨国经济资本赋予女性的消费能力上具有一种界限不清。本研究认为这种界限不清的中层机制是在实际孕产知识的传播过程中体现出来的。医生对孕产知识界限的操作是根据国家政策和市场需求发生变化的，同时将其纳入现有的孕产知识传播体系，转而逐渐通过专业化和世俗化发展成为当代社会中流行的"科学"孕产知识。

知识/权力具有一种不确定性的宿命。已有孕产医学技术与当前的科学技术一样，都属于吉登斯等人所言的一种知识的不确定性状态。孕产知识中的检查结果及其解读都是在有限概率范围内的说明，人为或者数据的判断都可能出现假的阴性或阳性。技术领域的发展尚未能够将胎儿的整体身体状况展示于外，许多内容的未知决定这一领域中的知识/权力没有明确的外围边界，以探究身体状况和生命为目的的技术仍在不断发展中。这种技术和诊断的不确定性会影响孕妇对于医院孕产知识的信任，也有可能成为孕妇医生冲突的源泉。在这一过程的不确定性中，只有一个最终结果可以结束这一知识/权力过程的不确定性，那就是健康孩子的顺利出生。

（二）科学母职与负责任的母亲

与这一知识/权力边界不确定性相伴而生的是母职在不同时代的内容也出现了差异。怀孕与生产期间的母职规范在当前的医疗体制下出现新的知识形态。如果按照朱剑锋的分析，计划经济时期怀孕与生产期间的母职以"生产"为特征，现代女性母职以"消费"为特征的话，那么这一时代的女性的孕产期间母职还以"知识获取"和"医疗制度化"的科学性为特征。

医疗制度将孕妇纳入体制当中，在这一系列的知识生产和再生产的情境中，女性的身体被纳入医疗制度，这一过程是以知识获取为特征的。这种知识获取不仅与消费有关，还支持着医院的制度化环境正常运转。"坚持产前检查"是所有文化层面上可以说服孕妇和他人相信孕妇正在履行"好孕"职责的方法（Browner & Press，1996）。新时代下的母职将这种坚持产前检查和保健品服用等内容都纳入母职之下，将母职附上了一层科学化和制度化的色彩。同时，女性需要具备特定的孕产科学知识，她们在被纳入医疗制度的过程中也成为对自己身体进行监测的主体：

向孕妇灌输"硬道理"和采用"软手段",向孕妇说明其在胎动自我监测中所承担的义务和责任是无人能够代替的。要经常采用"哄"的手段,多给予表扬和鼓励,动员丈夫及家属对孕妇的"成绩"给予肯定,以调动孕妇的积极性,使其能在较长的孕期坚持执行这项较枯燥的工作。(何燕嫦,2006)

从这一方面来看,孕妇需要对自己的身体和自己体内的胎儿负责,医院护理强调将这项工作的责任和义务都转移给孕妇自身,同时强调家人的鼓励。从另一方面而言,部分孕妇也会受到母亲或者朋友亲戚母职经验的影响,形成某种经验传递,构成自己的知识体系。不同的孕妇对这种母职经验分享的吸收程度存在差别。有的孕妇接受自己的身体和母亲的身体状况相同,愿意接纳长辈的母职经验给自身参考。但是也有孕妇认为自己母亲的经验已经过时,更愿意采用网络上的或者是同辈群体的实际经验。

从这个意义上讲,中国当前社会情境下的孕期母职更加复杂。它不仅具有以往的养生保胎等色彩,也囊括了适应现代医疗体制的医学知识学习和医疗技术使用。通过医院制度和知识/权力传播,母职与医疗制度、传统文化均联系在了一起,发生互动、沟通甚至冲突。医疗制度也通过孕产经验和孕产文化纳入母职所处的社会文化背景,形塑了中国社会中的一种新型的母职文化——科学母职下需要对自己和胎儿负责任的母亲。

(三)网络时代的"新知识"何以可能?

然而,女性自身的切身体会如何?她们是否同样受益于诸多强调母婴安全的检查项目和知识传播?女性在哪里可以言说自己的身体经验?网络空间似乎给女性群体提供了一种可能性。不管是分享自己的怀孕经验还是向其他孕妇询问相关检查的具体内容,网络和新媒体(微信、QQ、手机 App 甚至网页搜索引擎等)都构成了怀孕与生产过程中必不可少的一部分。当然,这并不是怀孕与生产所独有的特征,而是当前社会医学知识传播的重要特征。网络信息的无边界性似乎与当前社会知识/权力的无边界性不谋而合,这一新媒体形式的发展能否从"世俗化""去魅化"的过程中形成中国社会的新兴知识领域?国外的社会运动以倡导女性权益或者维护传统自然生产方式等为目的,推行了更多样化的孕产知识及怀孕与生产方式。中国的网络社会是否能够形成一个全新的知识领域，提供一种与权威知识/权力不同声音的可能？

  网络从制度层面上提供了一种新型的再社会化手段，给孕妇提供了一个经验分享平台。网络的这种性质为孕妇和医院同时使用，构成一种知识/权力的网络社会。在医疗体系中的行动选择越来越取决于孕妇自身的学习和对制度的遵从，而女性的选择行为又往往取决于她流动性的、情境化的具身性知识（Lippman，1999）。讨论孕妇的具身知识和生物医学知识/权力之间的关系，有学者从福柯的理论出发分析孕妇的"抵抗"或者"顺从"；李普曼在研究高龄孕妇根据自己具身经验解读羊水穿刺使用时发现，这种专业的生物医学知识不仅是作为孕妇抵抗的对象存在，还可能成为孕妇抵抗时使用的工具。而且即使孕妇已经使用了某一项技术，这种对医疗权力的抵抗性依然可能存在（Lippman，1999）。在福柯所使用的概念中，他曾权衡过应该使用何种概念分析这种被治理主体的对应行为，反抗并不是唯一的形式已经成为学术界普遍的共识。孕妇的多样性回应无疑给这一问题提供了答案，具体的讨论将在下面两章详细展开。

  当前中国社会的网络空间给女性提供了一种可能，将女性群体的主观具身经验记录下来作为一种与医疗专业知识/权力抗衡的基础，在分散化和地方化的基础上构成一种和制度性专业知识的抗衡、对话和冲突的可能性，也给孕妇提供了更多知识/权力上的支持。在更大范围内建立人际联系的基础上，孕妇可以形成超越社区空间的网络社会支持团体，形塑一种全新的与医疗体制相适应并相互调整的新策略。但是从另一方面看，当前网络群体较为分散，知识零散且片面化也可能构成其系统知识体系形成的阻碍。这种网络时代的"新型知识传播"在何种程度上能够保证权威性和真实性仍然需要进一步的探索，而它们的内容如何融合了女性的主观经验和科学知识或许能给专业妇产科学知识体系提供一些新的思路。

  下文我们将通过产前筛查和分娩两个特定事件来呈现女性何以与医疗产科制度及其规范互动。在诸多知识体系和经验分享下，她们是如何理解孕产风险的？她们的消费和选择又是如何做出的？

第六章 "花钱买心安"：
多元治理下的基因检测消费

一个零边际成本社会，一个共享经济时代，一个精准医疗趋势，共同改变了和改变着医疗服务市场的不确定性和信息不完备的状况，冲击着既得利益集团的收益分配，为我们重新定义医疗服务市场，甚至重新定义公民，提供了必要的前提。

——（王文娟，2017）

一系列的检查，我的、先生的、孩子的。结果是我和先生都正常，孩子却不正常。我还是无法接受这个事实，一遍一遍问医生又去咨询专家：既然大人都正常怎么会生出不正常的孩子呢？专家告诉说，胎内病毒感染、污染、大龄等各种因素都可能导致不正常。专家还奇怪的问我："你早干嘛去了？你当时怎么没查染色体呀？年龄这么大生育不是闹着玩的。"我哭的捶胸顿足，要当初知道不就好了，当初大夫让做一次 B 超，记得我一个亲戚还提醒过，说这么超来超去会不会对胎儿有影响？我问了不止一次，大夫说没事。可就缺这么一句话：查染色体！但凡提醒我这么一句，也不至于走到今天呀！（吕铁力[①]，2000，彦彦访谈记录）

"不正常"孩子的出生让彦彦不知道自己哪里出了差错，回想起来是因为当时没有医生提醒自己查染色体。"染色体检查"技术主要通过特定医疗技术排除孕妇体内胎儿出现染色体异常的可能性。通常而言，

---

① 此内容节选自：吕铁力，2000，《产床》，北京：中国华侨出版社。此例中彦彦所遇到的情况在产前诊断门诊中并不罕见，但是相对而言已经较少了，孕妇产检过程的常规化和孕妇之间医学知识的传递将各种产前检查中可能遇到的风险都转变为日常生活可以理解的语言。

医院将染色体筛查项目统一安排在遗传科或产前诊断科室。孕妇在产检过程中被医生建议或者自主咨询进行产前诊断或筛查。

前述几章分析了国家、市场和医疗制度中的风险和知识如何对母职提出要求并参与到孕妇的身体治理过程当中，本章和后一章着重从孕妇的角度出发，分析她们面对医疗治理采用的行动策略。本章通过无创基因检测这一新兴技术的使用状况，分析孕妇在当前这种消费性和健康化身体的话语下，如何利用经济资本的力量参与到一项新型技术的推广，同时治理自己和胎儿的身体。首先本章主要介绍这一基因检测技术，随后分析这一基因检测技术相关的话语是如何在沟通过程中建构出来的，最后从孕妇的角度出发分析她们对这一技术检查的"责任"和"顺从"，形成一种大多数"花钱买心安"的行动逻辑。

一、无创基因检测在中国

无创基因检测是一项新型技术，它在中国的发展经历了从无序到有序，从无法可依到有章可循。对这一技术使用的讨论离不开中国特殊的社会文化背景。中国对无创基因检测技术的使用和推广要置于国家政策对孩子"质量"重视的背景下进行考量。国外对无创基因技术的讨论集中于其伦理争议，在中国则更多地表现为社会保险及推广后的行业规范问题。

（一）国家优生政策与出生缺陷筛查

随着我国计划生育政策的推行，1979年《计划生育法》修改稿中提出了计划生育的基本要求——晚育、少生和优生。1980年陈慕华在全国计划生育科研专业会议上提出："只生一个就要求质量要高……我们要注意生下来的孩子身体健壮，聪明可爱。如果羊水培养测定胎儿畸形可以推广的话，我们就要定一个制度，使有关医疗单位都可以掌握这项技术（史成礼，1990）。"1980年《计划生育法》正式提出了优生就是生育身心健康的子女。1981年全国优生科普讨论向全国发出了《全国优生学科普讨论会倡议书》①，其中提到优生对于个人、家庭，乃至民族、国家、现代化的重要意义，强调其是保证人口质量的重大措施，是计划生

---

① 这份倡议书全文后来刊载在《优生与遗传》1982年第一期上。

育工作的重要组成部分,一定要引起社会各个方面的关注、重视和实践①。1986年,我国开始起草了优生保护条例。卫生部建立全国出生缺陷医院监测网(中华人民共和国卫生部,2012)。1988年,甘肃省人大常委会通过了一项关于《禁止痴呆傻人生育的规定》②,这种规定直接禁止智力不同水平的人从轻度智力低下到重度和极度智力低下的人生育。当时还有人将这种规定称之为"中国第一部优生法"(史成礼,1990)。我国生育政策逐渐强调"优生优育",孩子质量和母亲的身体状态密切相关。从早期的婚前检查、孕前检查再到产前检查,每个程序都是为了了解胎儿的健康状况,避免缺陷儿出生。1994年《母婴保健法》出台,出生缺陷三级预防流程正式纳入法制化③。随后在1999年,国家人口计生委开始启动"出生缺陷干预工程"。

出生缺陷预防是我国旨在提高出生人口素质的人口与计划生育工作之一。我国提高人口素质的战略逐渐从产前—围产保健过渡到孕前—围孕保健(郑晓瑛、宋新明、陈功,2005)。产前诊断一直是出生缺陷预防工作的重点。2001年以来,我国从《中华人民共和国国民经济和社会发展第十个五年规划纲要》(简称"十五纲要")开始便强调降低出生缺陷发生率。操作的流程和规范在每个五年纲要中逐渐细化。《十一五纲要》中强调鼓励婚前和孕前医学检查,预防和控制先天性感染、遗传性因素对出生人口健康的影响。"《十二五纲要》中规定做好健康教育、优生咨询、高危人群指导、孕前筛查、营养素补充等服务工作,降低出生缺陷发生率和农村5岁以下儿童生长迟缓率。"《十三五纲要》则进一步提出"健康中国建设",在其中出生缺陷预防包括"加强出生缺陷综合防治,建立覆盖城乡居民,涵盖孕前、孕期、新生儿各阶段的出生缺陷防治免费服务制度。全面提高妇幼保健服务能力,加大妇女、儿童重点疾病防治力度,提高妇女常见病筛查率和早诊早治率,加强儿童疾病防治和预防伤害。全面实施贫困地区儿童营养改善和新生儿疾病筛查项

---

① 具体内容可参见第二章第一节"节育优生"部分的引述。
② http://www.chinacourt.org/law/detail/1988/11/id/74591.shtml。
③ 世界卫生组织提出预防出生缺陷的"三级预防"。一级预防是防止出生缺陷儿发生。一级预防是指防止出生缺陷儿的发生,包括婚前检查、遗传咨询、选择最佳的生育年龄、孕早期保健等。二级预防是指减少出生缺陷儿的出生,主要是在孕期通过早发现、早诊断和早采取措施,以预防出生缺陷儿的出生。三级预防是指对出生缺陷的治疗。产前诊断技术是出生缺陷预防的关键环节。

目。"在出生缺陷预防的过程中,产前诊断成为核心的内容,各种各样的产前诊断技术也成为孕妇在怀孕与生产过程中需要面临的选择。

2002年卫生部(现更名为卫健委)讨论通过《产前诊断技术管理办法》。产前诊断的条件包括:羊水过多或者过少者;胎儿发育异常或者胎儿有可疑畸形的;孕早期时接触过可能导致胎儿先天缺陷的物质的;有遗传病家族史或者曾经分娩过先天性严重缺陷婴儿的;年龄超过35周岁的。同时规定第二十条明确提出:"开展产前检查、助产技术的医疗保健机构在为孕妇进行早孕检查或产前检查时,遇到本办法第十七条所列情形的孕妇,应当进行有关知识的普及,提供咨询服务,并以书面形式如实告知孕妇或其家属,建议孕妇进行产前诊断。"因此,所有以上情形的孕妇都会得到医生进行产前诊断的建议。通常情况下,我们在产科门诊听到最多的产前诊断方法便是羊水穿刺,而无创基因检测技术则常被当作另外一种可供选择的新技术。

(二)无创基因检测及其合法化

无创基因检测(简称无创①)实际上是一种非介入性的产前检查。其检查方式是抽取女性血液获得母体血浆,通过其中游离的胎儿血分析胎儿的基因异常情况。和介入性产前检查羊水穿刺、脐带血穿刺等相比,这个检查是一种精度较高的产前筛查,且没有流产等风险。在1997年,卢煜明在柳叶刀(*The Lancet*)发表了《母亲血浆中胎儿核酸的探索与应用》。此研究发现给无创基因检测的技术应用提供了理论依据。从2010年开始,香港和中国大陆逐渐开始将这一项技术应用于产前诊断等领域。随后,这项技术在全球范围内迅速以商业化形式发展(Allyse, et al, 2015)。在中国,这项检查也逐渐在各家医院流行起来。

这项医疗检查新技术在推广过程中经历了一系列变化。技术的发展进步十分迅速,卫健委、药监局等机构均针对自己的管辖领域出台了一系列公文规定这一问题。医院负责进行产前诊断的魏主任给我介绍这一检查所牵涉的不同组织:

> 所有参与到这里面的人,你看——药品监督管理局、卫健委、卫健委下面办公厅、医政局它也管。然后呢,医政医管局下面妇幼司,妇幼司下面的,妇幼司不管所有的高通量测序的

---

① "无创"是我在田野观察过程中最常听到的一种称呼。

技术，它只管用在我产前筛查和诊断的技术。因为你所有的高通量测序技术，它用在四大点：我们院是有这个资质的。因为当时做这个试点工作的时候，我们是审材料的嘛，拿到资质了，我们医院可以做肿瘤，可以做植入前遗传学诊断（PGD），可以做遗传性疾病，可以做产前筛查诊断。但你一旦到 PGD 和产前筛查诊断的时候。医政医管局的那个东西，也只能到你的那个层面为止，再往下，必须要妇幼司的参与一起来，才能做这件事。关键是它技术应用的对象。然后在这个医政医管这一块，他们就把这个测序的单位申报情况说明了。在这个位置，工作方案，这个是 2012 年，2013 年，这可能就是大家说叫停的那件事。然后大家就开始通过验收来申报。叫停了之后然后申报，申报了以后就按照医政医管要求的来下发。公司、街道都能做，好像武汉好多都能做，北京好几家我们不认识的也在做。后来找我们我们还不知道。

遗传专业、产前筛查专业，那博奥、爱普益、安诺，但是这个，对不起，当他真正到了产前筛查这一块的时候，妇幼司给这些所有的检验机构加了一个定义，他们只是一个检测机构，他们不能发报告。通过这个方法来那个（限制）……就是你只能出一个纯检验意义上的数据，这个数据的临床意义，因为它的临床意义就是意味着给这个孩子下判决书，这个就要再到妇幼司给的那批所谓的产前诊断试点单位再去搞。当时这个是很乱的，但是再乱，不管怎么样也是开始有序了。已经好多了。这个是湖南的，这个是他们的遗传病诊断。所有的中间，它有个啥呢，只有它叫专科医院，协和医院是可以的。其他的都没有一个资质。然后再往那边就是一个检验所。协和医院而且只是检测遗传病的，对吧？具体的产前筛查诊断这一块，就只有家辉是一家医院。（20160909 - DW 医生访谈）

魏主任除了介绍立法过程中涉及的不同主体，还分析了不同政府部门所管辖的范畴以及与她们日常工作直接相关的部门——妇幼司。在如何具体将基因检测应用于产前诊断的问题上，国家卫生计生委妇幼司也出台了一系列文件。2014 年 5 月，国家卫生计生委医政医管局公布了"开展高通量基因测序技术应用试点单位申报工作"的通知，开始接受医疗机构试点的申请。截止到2014年12月，国家卫生计生委妇幼司公布了产前诊断的108家机构，同时规定没有纳入试点的机构不能擅自开展产前筛查服务。2015年1月，国家卫生计生委正式公布这108家机构成为试点机构。随后在2015年6月，国家卫生计生委取消对第三类医疗技术临床应用的审批工作，这也就意味着后来的基因检测技术不再需要卫生计生委审批。2016年，发改委提出"各地在工作中要注重推进具有自主知识产权的基因检测仪器设备及试剂的产业化应用，有条件的省、市要积极参加国际竞争，提升我国的医疗服务国际影响力和产业的国际竞争力。"随后，卫计委允许所有具有相当资质的医院开展这一检查，并鼓励各地在工作中推动具有自主知识产权的基因检测仪器设备及试剂的产业化应用。

中国产前检测基因市场的诊断机构参差不齐，规模水平不一。基因检测仪器在全国使用范围越来越广泛以后，国家开始出台一系列条例法规来规范这一行业。2014年1月，国家食品药品监督总局规定基因分析仪属于医疗器械管理的第三类产品。随后，国家食品药品监管总局和国家卫计委联合发布声明要求临时叫停所有产前检测技术。2014年3月7日，国务院发布《中华人民共和国国务院令（第650号）》规定第三类医疗产品需要进行产品注册管理。2014年7月，第二代基因测序产品批准上市，此次批文中涉及的测序仪属于华大基因。

在魏医生看来，政府对这一技术的反应迅速，而且已经逐步规范化。但是，她认为这一技术的发展在各个省份之间还存在差异性。这种差异更多地取决于当地政府对NIPT的态度。在对魏医生进行访谈的过程中，她和我解释了这种地方差异主要在于各地政府对这一技术的重视和执行程度不同：

> 怎么做，这一百多家医院，怎么去和第三方合作。然后政策出来是1月15号，到江苏省的时候是2月25号，每个省转发这个东西的文号的级别都不一样。他们讲过的，这叫便函。这个执行力度要到什么程度。江苏有江苏特色，河南有河南特色。所有的原因都基于它首先推出的是一个便函，不是一个文件嘛。但我回头觉得，我觉得这个整个的工作，你不要看当时挺乱的，但是整个还算反应及时了。（20160909 - DW医生访谈）

当时，广东的孕妇使用基因检测只需要在医保报销后支付800元左右，而在江苏省孕妇需要全额自费2000元左右。各个省份之间医保政策和支持政策上差别很大，具体操作的内容需要参考各个市里所采用的文件形式和具体文件规定。但是无论各个省市的规定如何，中国巨大的人口资源使得无创基因检测市场在合法化的背景下发展更加迅速。除了前述的两家机构以外，还有贝瑞和康、博奥、安诺优达、达瑞生物等多家机构都在与妇幼保健院、社区医院、综合型医院等展开合作，进行基因检测。据华大基因的市场份额统计分析，2015年全年市场份额为80.1万，在2016年第一个季度全国的市场份额就达到了32万左右，无疑其在基因检测界占据领先地位。

（三）无创基因检测的社会伦理争议与中国情境

无创基因检测技术出现以后，国内外学者纷纷探讨这一技术可能带来的医学和社会影响。在医学领域，众多研究表明，这一技术因简单操作和低风险而吸引越来越多的孕妇（李芳秋等，2004；Chetty et al，2013；Lewis，et al，2014；Akaishi et al，2015；Poon et al，2015）。无创基因检测技术能够检测胎儿性别，主要能够检测21-三体、18-三体和13-三体三种基因疾病。目前，不少机构还可以通过基因芯片检测拓展到更多的基因类型。国外不少学者认为这会引发伦理政策方面的新问题。这种检测方法的出现会对生育家庭的胎儿性别选择、残疾人权益、孕妇的知情选择权等造成影响（Silcock et al，2015；Vanstone et al，2014；Minear et al，2015；Li，Allyse，2016；Thomas，Rothman，2016）。这种从父母出发了解胎儿信息的方法在一定程度上可能会侵犯胎儿的权利（Deans et al，2015）。孕妇提前了解胎儿身体情况及信息可能会提升社会整体的堕胎率（Zeng et al，2016）。而且，这一技术在各个国家都和市场有一定关系，不少学者担心这一技术的出现会造成新的医疗资源分配不均问题（Vanstone et al，2014；Zeng et al，2016）。

在我国，无创基因检测使用所面临的社会情境和国外略有差别。首先，中国社会法律对无创基因检测的规定和B超等检查一样，禁止用于性别鉴定。这一点与国外的争议有所不同。中国并不是因为有胎儿生命还是女性堕胎权益的争论，或者社会堕胎率多少的争议，而是因为中国社会1995年世界妇女大会以后对妇女生殖健康问题的强调和因计划生育实施过程中的出生性别比等问题。其次，从最初的市场自由发展到政府相关部门管理，再到国家提倡鼓励发展一种可以与世界生物经济相竞争的基因行业，无创 DNA 在中国的发展备受瞩目。最后，从 2014 到 2016 年，中国的生育政策调整为全面二孩政策。孕妇数量的急剧增加给医疗领域新兴技术的推广带来了更大的市场；中国优生政策对胎儿出生缺陷预防的诊断标准较为严格。因此，中国生育政策和出生缺陷预防政策对胎儿质与量的控制和国外有差别。中国各个省份、各家医院对无创基因检测的管理规范和支持程度不同，且无创的具体价格也不同。正如前文医生所说，广东省部分地区对无创基因检测进行报销，江苏省则尚未推行。这就导致在部分省市孕妇使用无创基因检测的一个关键影响因素是她们家庭的经济基础。所以，当前中国社会孕妇对无创基因的使用与现有医疗保障系统对无创基因检测的支持和女性所在家庭的经济实力有很大关系(Han, et al, 2015)。

中国的特定社会文化环境如何影响到无创基因检测的推广？无创基因检测技术又是如何嵌入产前诊断的过程并且逐渐常规化？社会秩序如何建立特定认知以及个人认知如何依赖于社会制度是研究其合法性的关键问题(道格拉斯，2013)。那么，这种基因检测技术是如何影响孕妇对怀孕和风险的认知？她们对这一技术的使用[①]造成了何种后果？这是本书在中国社会情境下出发关注的主要问题。首先，我们回到无创出现的产前诊断门诊。因为正是在这个医生和孕妇互动的环境下，孕妇通过医生的说明了解到不同类型的产前检查和诊断方法并做出选择。随后我们分析接受这一检查的孕妇如何解释自己在制度程序中的选择，并且从更宏观意义上促成了这一技术的使用和推广。

二、遗传咨询的身体治理过程及机制

遗传咨询(genetic counseling)是指咨询医生应用医学遗传学与临床

---

① 本书仅关注无创的使用情况，唐氏筛查和羊水穿刺等产前筛查和诊断使用情况可以参见其他相关文章：Thomas M. Gareth (2014). Prenatal Screening for Down's Syndrome: Parent and Healthcare Practitioner Experience. *Sociology Compass*, 8/6, 837 – 850; Crambag M. Neeltje, Bensing M. Jozien, Ledema – Kuiper Rita, Schielen, Peter, C, and Visser H Gerard (2013). Determinants Affecting Pregnant Women's Utilization of Prenatal Screening for Down Syndrome: A Review of the Litterature. *The Journal of Maternal – Fetal & Neonatal Medicine.* 26(17), 1476 – 4954. 等；羊水穿刺技术使用及其社会文化影响可以参考：Rapp, R. (2000). *Testing women, testing the fetus: The social impact of amniocentesis in America.* Routledge 等。

医学的基本原理与技术解答遗传病患者及亲属或者有关人员提出的有关病因、遗传方式、诊断、治疗、预防、预后等问题，估计患者亲属特别是子女中某病的再发风险率，并对婚姻、生育及遗传监护等予以指导的全过程（贺颖，2015），其中包括婚前咨询、生育咨询、产前咨询和一般咨询等。本研究所关注的主要是遗传咨询中的产前诊断和产前筛查。产前筛查（prenatal screening）指的是估计某些基因疾病的患病概率（贺颖，2015）。产前诊断（prenatal test）指的是出生前对胚胎或胎儿的发育状态、是否患有疾病等方面进行检测判断（贺颖，2015）。

本研究所观察的产科将其称之为产前诊断区，也有医院将其称之为"遗传咨询门诊[①]"。产科的产前诊断部门分为三个区，分别是实验室、手术区和门诊区。实验室在产科门诊，主要是产前诊断部门的医生和护士进行实验的场所；手术区在产科病房[②]，给孕妇行羊水穿刺、脐带血穿刺的孕妇做手术。门诊区在一楼急诊通道旁边，包括两个房间，一个房间是门诊咨询室，另一个是抽血处和无创基因检测说明处。产前诊断门诊中做无创的基本程序是，孕妇因唐筛结果高风险、高龄（即年龄超过35岁的孕妇）、B超检查中出现异常、家族不良遗传史等原因来咨询产前诊断；孕妇选择做无创之后，医生和孕妇及家属说明费用的报销和发票等问题；基因检测机构工作人员给选择做无创的孕妇讲解检测说明和注意事项并签订合同；随后，由医院的护师给孕妇抽血，并将血液样本交给基因检测机构的工作人员；在一到两周左右，孕妇先会在短信上收到结果通知，随后可以在医院领取检测结果。在整个过程中对孕妇做无创基因检测起关键作用的就是医生和孕妇的互动过程，即产前诊断的咨询过程。

医患互动过程中，持有专业咨询师证明的医生和伦理会成员按照国家的法律和政策条款对女性的生育决策进行干预，形成一种新的治理形式——通过话语的治理（Memmi，2003；2006）。传统医疗互动流程为：主诉病情→当前病情→过去病史→家庭病史→社会史→系统回顾→医疗

[①] 实际上按照上文的严格区分，文中的大部分流程都属于遗传咨询。但是在日常医生和孕妇沟通过程中，这一过程均被统称为产前诊断，所以本研究保留医院采用的产前诊断部门以及后文中对产前诊断的使用。

[②] 具体位置可以参见前一章产科病房空间分配图示，这一病房与医生助产士的休息区在一起，属于边缘位置。

检查→其他检查→诊断→医疗计划(Waitzkin,1989)。在产前诊断过程中这一互动流程不可能在每一个孕妇身上完全展开,但是其在中国的产前诊断门诊中仍然有适用意义。威兹金(Howard Waitzkin,1989)强调在医生和患者互动的话语当中内涵了一种社会情境和意识形态。通过医生和患者的互动,我们可以获得社会对个人的制度性要求,医生成为这一制度性要求推行的关键中间人。

在本研究中,笔者总结了中国情境下遗传咨询话语治理过程中的特定过程:咨询过程中医生会了解孕妇的基本情况,通过已有的医学指标将孕妇划分为不同的风险类型——高风险、中风险(临界风险)、低风险。"高风险"或者"临界风险"的孕妇群体需要面临产前诊断的抉择——羊水穿刺或者无创基因检测;由此,孕妇也在这一沟通过程中习得了不同程度的怀孕风险,具体化了模糊的"风险"观念。同时,医生的话语受到国家优生政策和妇幼健康政策的影响。优生政策下医院对孩子质量的控制使得"傻孩子"成为一个绝对化的生产禁忌。产前诊断过程中,医生进行产前诊断的话语方式体现了其在诊断过程中的不同角色:具有传递医学知识和体谅孕妇情感的双重面向。这种多元化的产前诊断医生角色使他们并不只是持有专业知识的权威人士,还需要在互动过程中了解孕妇及其家庭具体的问题,与之进行情感沟通。她们的这种角色特征一方面缓和了紧张的医患关系,另一方面则使得孕妇更相信医生的建议,做出产前诊断的"选择"。

(一)"风险"的话语建构和筛查机制

遗传咨询过程中最常听到的一个词语就是"风险"。风险包括孕妇自身的风险、胎儿的健康风险、筛查结果的风险还有检查可能带来的风险。在这一系列风险话语当中,"高危风险""临界风险""流产风险"层出不穷,孕妇对怀孕和风险的认知在这一互动过程中发生改变。

1. 程序化的"高危"风险

"高危"风险包括孕妇年龄超过35岁、人工辅助生殖技术怀孕、有过不良孕产史等多个方面。本部分以高龄孕妇为例分析医院这种高危群体划分及其群体分类中孕妇对这一身份的认同过程。孕妇怀孕后需要去户口所在地的社区医院"建小卡"。这时孕妇户口所在地的社区医院会给孕妇发一个《孕产保健手册》,其中包括了她的年龄、工作情况、家庭住址、电话、孕产史的基本情况等。所有的高龄孕妇都被社区医院的医生盖上"高危"的红色字体标记。35岁生育二胎的高校老师甜甜妈在建卡时刚刚说完自己的基本信息，社区医院的医生就在她的孕产保健手册封皮盖上了"高危"的章。

怀孕初期，有些高龄孕妇并不接受自己这一"高危"状态，但是当她们开始进行产前检查，尤其是做完产前诊断后则逐渐开始接受自己的"高危"孕产。产前筛查中，唐氏筛查是孕妇产检过程中通过抽取血液，计算孕妇患有唐氏儿的几率。但是对于处于高龄的"高危"孕妇，医生常常会建议其放弃唐氏筛查，直接选择羊水穿刺或无创基因检测。

在医生对女性生殖问题的描述过程中，女性的年龄和她们的排卵质量联系在一起。随着女性年龄的增加，卵子质量会逐渐下降，生育的风险也会随之增加。所以，医学上规定，在35岁以后分娩的孕妇就是高危孕妇，而且都要进行产前诊断。在我进行田野观察的医院，年龄超过35岁的孕妇去建大卡时如果没有产前诊断、无创DNA检查的结果，都会被建卡医生要求来产前诊断咨询①。常规的产前诊断过程中，医生会这样告诉高龄孕妇：

> 高龄，年龄大的妈妈卵巢功能开始衰退，排卵不好的概率比其他孕妇要高，所以这样的妈妈呢，我们也建议你做产前诊断。在合适的时间来做产前诊断，什么时候来做呢？高龄孕妇一般来说，建议是考虑在合适的时间来做羊水穿刺。就是用一根针进入妈妈的肚子里把宝宝的羊水抽出来。那么这个羊水穿刺的检查有一定的风险，有可能会导致宫腔内感染、出血流产等情况，发生意外的概率是千分之一。如果你觉得千分之一这个风险值得冒，15周把小卡的化验做好了之后，15周到我这约时间做羊水穿刺。如果你不想冒穿刺的风险，那我们就查孩子的DNA，查DNA也可以，就是做无创基因检测。所以我为什么让你建小卡呢？小卡建好了没事了，你来告诉我是抽胳膊上的血还是做羊水穿刺。抽胳膊上的血呢，价钱贵一些，是2100块钱。所以这个要考虑一下。（20160804-17-36Y，医生L在给一名36岁二胎孕妇讲解高龄孕妇之所以是高危产妇的原因，并介绍了无创基因检测和羊水穿刺的区别）

---

① 这一点在前文的产前诊断管理办法中明确规定。

在2014年生育政策调整以后，很多超过35岁的孕妇再次怀孕，成为"高龄孕妇"。于是，她们都带有"高危"标签。产科门诊的各个部门都会第一时间看到孕妇孕产保健手册上的"高危"标记。也正是这种医疗专业分类将所有高龄孕妇纳入同一个医疗类别群体中，接受和适龄孕妇有所差别的检查和医疗建议。如果这些孕妇没有基因检测的结果，她们通常会被社区早孕检查医生、建卡医生或产前检查医生建议进行产前诊断咨询。由此，医疗体制中针对"高危"群体形成一套特殊的风险管理方法。

罗斯认为当前社会的生命技术不仅试图展现人类不可见的病症，而且还要对这些病征采用介入措施优化个人生命（罗斯，2014）。进行产前诊断时，医生通常会强调每个人排卵的随机性和女性排卵不可逆的衰落趋势，并将这一自然生命历程和医疗检查的必要性联系起来。女性孕产保健手册上"高危"字样逐渐在之后的医疗流程和医疗检查中转化为具体的医疗检查选择，给高龄女性提供了一种新型的身份特征。除了上述从年龄上直接被划为高危的人群以外，还有其他需要进行产前诊断的人群则是"唐筛结果高风险或者中风险的孕妇""采用人工辅助生殖技术怀孕的孕妇""B超检查中出现异常结果"等，她们在产前检查过程中都经历着类似的程序化风险认同过程。

2. 不确定的唐筛风险

唐氏筛查是通过化验孕妇空腹状态下的血液，检测母体血清中甲胎蛋白、绒毛促性腺激素和游离雌三醇的浓度，并结合孕妇的年龄、体重、孕周等方面信息来判断胎儿患先天愚型、神经管缺陷的危险系数①。医生通过结合孕妇的预产期、体重、年龄和孕周，计算出风险系数，可以检查出60%到70%的唐氏综合征患儿。孕早期唐氏筛查时间为10～14周，中期筛查时间为16～21周（谢幸、苟文丽，2014）。唐氏筛查的结果中出现"高风险"的孕妇需要进行产前诊断，出现"中风险"的孕妇需要进行咨询后决定是否诊断，而"低风险"的孕妇虽然不需要进行诊断咨询，但并不是100%没有问题。在实际产前诊断过程中，"高风险"和"中风险"的孕妇通常会接到产前诊断中心的电话通知，这个电话让不知情的孕妇开始焦虑自己和胎儿的状况。一名孕妇和医生谈

---

① http://www.yaolan.com/zhishi/tangshishaicha/。

到自己接到电话通知以后的感受:

孕妇:不打电话给我们的,我们也不会紧张,打电话给我们的,心理也有点不舒服。

魏主任:但是没办法,就是要当面给你解释,因为这个问题不是简简单单的。(20160816-13-33Y,一名33岁的二胎孕妇唐氏风险数值为1/812,为中度风险)

医院通过电话通知检查结果让孕妇预约产前诊断咨询,通过和遗传咨询师当面沟通来了解这一结果的含义。孕妇接到医院的电话最直观的感受是自己的情况并不乐观,并开始对胎儿和自己的身体状况焦虑:有的孕妇会通过网络搜索唐氏筛查检查结果的适用性和解释力,提前了解一些医疗专业知识;有的孕妇会询问自己已经怀孕的朋友,询问她们做唐氏筛查的经历;还有的孕妇在咨询之前依然一无所知,极其担心孩子的健康问题。

不论面对哪种孕妇,医生都会和孕妇继续解释这一"风险"结果。"高风险"或者"中风险"并不等于生唐氏儿的实际概率,而是一种人为计算的概率。没有一种完全没有"风险"的情况,每个人生育的孩子都可能有问题。由此,每个孕妇都具有特定的风险等级,而这种风险的可能后果就是生育一个"傻孩子"。

唐氏筛查,抽你的血,看你的宝宝生成这三个病的风险。那么这个检查,重点就是检查唐氏综合征的。这是一个什么疾病呢?这个就是引起我们孩子智商低下最常见的遗传性疾病。遗传性疾病不是你理解的我们夫妻双方传过来的疾病,只要是孩子的遗传物质出问题了,通通把它划在DNA的范畴。这个病的发生是个非常随机的过程,我们正常人把我们的遗传基因分一半给子代,爸爸给一半,妈妈给一半,有一个人多给了一点点,多给了一个21号染色体,那就是21-三体。所有的排卵都面临这个风险。

所以,我们通过唐筛是为了把高危人群筛选出来,然后去做产前诊断。那么通过这个筛查呢,是我们国家卫生部给我们定下来的,每一个医院做唐筛,必须是5%的人是高危,如果做下来比5%还高,不行,再低了呢,也不行。这是人为定下来的。但是这个所有的5%的患者都去做了诊断,不是个个都有问题的。99%的高危人群都是没有问题的，都没有关系。但是根据这个报告单，医生不敢给你下结论说你就是那个1%还是就是那个99%，下面要考虑做充分的诊断来排除一下。查出来没问题，就过关了。(20160808 - 17 - 33Y，医生L向一名33岁的孕妇解释其唐氏风险数据的内涵)

医生给出三种风险比例，中国人群、孕妇所在年龄段患唐氏综合征的比率以及高风险的界限。处于1/1000和高风险1/270的概率是临界风险，临界风险发生唐氏综合征的概率将近70%。这样的一系列比例将所有唐氏筛查结果处于1/1000的孕妇都纳入产前诊断的范畴之中，使所有孕妇既是这一概率的分母，也有可能成为概率的分子。在这样的情况下，孕妇避免自己成为"分子1"的方法只有通过一个确定性的检查得到孩子确切的基因类型。如果不进一步做任何检查，孕妇就是面对这一风险"赌"一把。

3. 介入性手术的风险

在产前诊断的过程中，最常听到的两种诊断方法就是羊水穿刺和无创基因检测。按照人卫版《妇产科学》对经腹壁羊膜腔穿刺术过程的介绍，羊水穿刺是在妊娠中晚期用穿刺针经腹壁、子宫壁进入羊膜腔抽取羊水供临床分析诊断(谢幸、苟文丽，2014)。羊水穿刺一般在16～21周进行，在超声引导下的羊水穿刺并发症很少见，约有1%～2%的孕妇会发生阴道见红或羊水泄漏，绒毛膜羊膜炎发生率在0.1%以下，导致流产的风险在0.5%左右(谢幸、苟文丽主编，2014)。医生对羊水穿刺和无创基因检测的介绍，通常是将两种检查方式的优势和劣势进行比较分析。遗传咨询医生通常将羊水穿刺作为第一种推荐的方法，并提醒孕妇这一方法是最准确的方法。她们一般会先简单介绍羊水穿刺的过程，再提到具体羊水穿刺过程中可能造成的问题是增加孩子的流产或者宫内缺氧等风险。然后她们会给出具体的风险数值，并让孕妇及其家属决定是否采用这一检查。其主要原则便是孕妇是否能承受流产、早产、感染等各种可能的风险。一名高龄二胎孕妇前来咨询，刘主任和她讲解了这一操作过程的风险：

羊水穿刺呢，是把孩子的细胞拿出来做化验，这个是最直观的诊断。但他的缺陷就在于，这个介入性的操作会增加一些孩子的风险。那么如果妈妈身体状况不太好的话，这个介入过程的难度会增大一些。但是根据我们的经验，穿刺一般的风险概率是千分之一。所以穿刺呢，就看一个人承受的能力。不想冒险的患者做无创 DNA。(20160804 - 36Y，一名 36 岁的高龄二胎妈妈咨询，第一胎有不良孕产史)

实际上也有一部分孕妇选择行羊水穿刺来"一步到位"。这种观念更多地将无创视为一个羊水穿刺的前测，但是最准确的依然是羊水穿刺。而对于选择无创基因检测的女性来说，在名称上，羊水穿刺的"穿刺"和"无创"基因检测的"无创"便形成了鲜明的对比。有的孕妇在还没有进行咨询之前就觉得"穿刺"是一个手术，情绪非常紧张。37 岁的高龄孕妇米妈在决定选择羊水穿刺还是无创基因检测之前，对羊水穿刺可能扎到胎儿感到害怕，对决定做哪项检查感到惴惴不安：

> 疼不疼啊？你也不知道是吧？要不我明天去一下医院吧。因为我看说羊膜穿刺①之前，好像说要先做个检查。什么这个检查那个检查的。……羊膜穿刺这件事情。我最近总是考虑啊，反复的犹豫。……后来我就想到一个事情，万一那个针戳进去，会不会戳到胎儿哦！(01T - 37Y - 20150416)

羊水穿刺作为一种手术介入程序，给不少孕妇带来了恐怖的印象，同时大部分孕妇并不愿意将自己置于这种手术风险当中。36 岁的莉莉觉得抽血太简单了，而"穿刺"听上去就比较恐怖：

> 因为那个医生跟我讲说做无创也行，我就直接做无创了。我就不考虑羊水穿刺，因为我觉得那个好像蛮恐怖的，有点害怕，我觉得那个抽血比较简单嘛。(03G - 36Y - 20160415)

和无创相对应的羊水穿刺检查因为具有一定的介入性，所以可能带来流产、感染等风险。这种技术本身的风险也通常使不少孕妇将其视为最后的选择②。于是，这种无创基因检测原本作为一种可以选择的筛查技术，却成为不少孕妇青睐的"抽血"检查。除了价格更贵一些，可能有较低的失误率，这个检查似乎接近完美。大部分孕妇愿意使用一种风

---

① 羊水穿刺又称之为羊膜腔穿刺术，访谈对象说的羊胎膜穿刺实际上就是上文所分析的羊水穿刺。

② 在孕妇群体当中，也有孕妇认为应该"一步到位"，但是相对于使用无创基因检测的孕妇是少数。因为本书着重分析无创基因技术的推广流行和孕妇对这一技术的接受，所以对羊水穿刺的接受使用问题暂不做讨论。

险小的技术检测胎儿健康,避免介入性手术可能给胎儿和自身带来的风险。

所以,风险的概念通过不同形式出现在产前诊断的咨询过程中。不同类型的孕妇在这一过程中了解到自己可能遭遇的"风险"并更新自己的怀孕风险认知。孕妇怀孕过程中卵子出问题的风险、唐氏筛查的高风险、羊水穿刺的风险都主要集中在一个问题上——孕妇肚子中的胎儿是否健康。

4. 生养"傻孩子"的风险

"傻孩子"这一说法是我在田野中听一名医生介绍21-三体综合征时的用语。在生育质量决策上,国家的优生政策和个人的生育选择交织在一起。在产前诊断的咨询对话中,是否会生育一个"不好的孩子"或者"傻孩子"成为孕妇最为担心的问题。"孩子"这一主体也在孕妇的检查结果可视化和医生的解读中变得清晰。在医生的话语当中,一个"傻孩子"不仅是一个"不好的"孩子,智力低下,而且会给家庭和社会带来各种各样的经济负担。因此国家优生政策在这种思维方式之下极力干涉个体所做出的生育决定以期待改良现在的民族,不让它在未来为疾病和退化所带来的经济和社会负担拖累(罗斯,2014)。医生解释基因问题时着重强调产前筛查和诊断主要针对的是唐氏综合征,即智商有问题的"傻孩子":

> 就是说我们的一号、二号、三号、四号染色体,它都有可能出问题,就是出问题就形成不了。但是那样的孩子我不担心他,他就出问题,这孩子就形成不了,他就流产了。能四个月过关的孩子,一般来说,我最担心的就是21-三体这一个疾病。为什么?我18-三体啊,13-三体啊,那孩子可能也能过关。但那样过关的孩子是一个严重的结构异常的孩子,B超不会漏的,只要B超没问题,一般不考虑那些问题。所以我们最怕的就是21-三体。因为21-三体的孩子可能没有任何超声异常,但是它是一个智商有问题的"傻孩子",生下来麻烦了。所以说这就是我们为什么习惯性地把产前筛查称之为唐氏筛查的原因。因为重点就查唐氏综合征,其他我们都顺带查的。(20160804-08-38Y,高龄二胎孕妇B超显示右心室强回声)

医生在解释的过程中说明，唐氏儿的出生可能会给家庭和社会带来负担，家庭可能需要对孩子负责一辈子。医生将优生优育的规则和孕妇自身家庭的实际责任联系在一起，将孕妇置身于真正拥有"唐氏儿"的母职想象当中：

> 虽然99%的人没问题，但我不是怕那99%，我是怕那1%，漏了就麻烦了。因为我们以前不做唐氏筛查的，我们顺其自然生的话，我们中国人唐氏儿的概率是1/1000。有1000个妈妈就生一个"傻孩子"出来。那么这样的病呢生下来没法治疗你知道吧？所以生下来呢，对于家庭，对于社会都是一个大的负担。所以我们就希望呢，通过我们的能力，尽量降低这样的孩子的出生率。但是我们能否把所有的孩子检测出来。通过唐筛，通过诊断呢，最多是只能查到70%的患儿。但是现在好处就是，有了无创之后呢，就可以大范围地把更多的病查出来，但是，一个问题就是，代价比较大。所以这个无创在我这边抽血，我是外送的，发票不是我们医院的发票，全额自费，2100元钱。（20170822-01-年龄未知，唐筛1/50选择做无创）

> 因为这个唐氏儿的可怕之处它不在于有心脏异常啊、有胸腔积水啊或者有发育迟缓这些表现，我最怕的是，一切正常的孩子在智力方面有问题，我们查的是这一方面的疾病。唐氏综合征，它有50%的孩子可能发育异常，但是另外的50%没有发育异常，这种孩子是最可怕的，生下来活得好好的，你却要伺候他一辈子。那个心脏不好的，我不查，活不长，反而不严重。所以呢，不能依赖B超，做B超还有一个水平呢，万一做B超的医生不行，他漏了呢！我们这个产前诊断是一个最直观的诊断，肯定要选择一个最准的对不对？（20160808-20-X，8月8日产前诊断门诊中产前诊断的医生给编号20号的孕妇讲解唐氏儿的情况）

为了对生育质量进行选择和控制，优生优育的产前检查包括了预防、筛查、诊断等程序，概率性的风险计算更是让每个孕妇都对自己成为众多分母上的可能分子感到焦虑。对孩子身体健康和智力发育的担忧成为母职焦虑的核心。国家的优生政策则将提升人口素质质量的民族任务扩展到每个具体的家庭当中,并让这一任务成为每个家庭自我监督的基本要求。生育"傻孩子"的风险成为妇女和医生都希望避免的,因为在当前的社会支持体系中特定疾病的孩子和家庭并没有完善的社会福利保障。在这一过程中,医生发挥了极为重要的作用,他们通过多层次的角色参与到孕妇产前检查和诊断的决策当中,影响和左右着女性的知情选择。他们的角色包括哪些层次?同时这些不同的角色层次对孕妇的决策产生了何种影响呢?

(二)专业权威与情感沟通的医生

西方的研究中,由于宗教曾经在社会中的影响力,学者经常将医生和牧师联系在一起进行比较。罗斯和梅米都将这种咨询形式与宗教当中和牧师的忏悔进行对比。他们认为,两种交往方式都需要回忆个人身体和心理的特定经历。产前诊断和医疗沟通过程中医生需要孕妇回忆自己的怀孕与生产过程,并且坦陈自己的身体状况从而让医生帮助其做出相适应的决策(Memmi,2003;罗斯,2014)。梅米还将这种咨询和面谈的形式比喻为世俗社会的"忏悔"。她认为,这种世俗社会的忏悔形式和宗教中的忏悔形式都在不同时期的社会发挥了治理人的生命和道德的作用。两种形式都通过特定的话语来影响人的私人生活决定(Memmi,2003)。

在本研究过程中,产前诊断的医生并非通过一种单一的权威角色和孕妇进行沟通,而是从不同层面参与孕妇的产前诊断决定。一种是科学层面的专业知识持有者,对孕妇进行遗传学知识的宣传(Rapp,1999;Fletcher,2006);另一种是母职层面的,出于一种社会层面关心孕妇的情感理解者(Taylor,2002;Thomas,2015)。本书按照医生是否将自身纳入话语的价值当中分为价值无涉的知识宣讲和价值相关的情感理解。正是在这两种角色的变化综合过程当中,产前诊断医生将国家的优生政策和医疗技术规范融入孕妇个人决定的考虑范围当中。

1. 价值中立的知识传播者

由于医疗知识的专业性,产前诊断咨询师会采用不同的方法介绍产前诊断及其相关知识。本研究将田野观察中医生使用的讲解方法分为科学性的数据化方法和平民化的形象化方法,同时医生还会引用国家的政策法规来说明自己说法的权威性,即权威性的政策引用法。数据化方法多用于介绍不同检查的风险、准确程度等；形象化的方法主要包括类比和图示；权威化方法则主要用于法律法规对程序的合法化说明。

（1）数据化方法：概率比较。

医生在介绍产前诊断相关的数据内容时，包括几种不同问题的概率比较：不同年龄孕妇生育唐氏儿的概率、不同年龄排卵质量出现问题的概率、羊水穿刺介入过程出问题概率和检测准确性概率、无创基因检测的准确性概率：

> 你的结果做下来是466，按照我们实验室的参考范围，他们算的是1/270，以1/270为临界，把人群中的分两类，5%的患者是高风险，95%的患者呢，是过关的。那么你这个范畴呢，是暂时过关的。那么过关的还咨询来干什么呢？那是因为就算是我们把5%的所有高风险的患者都去做了诊断，我也只能查出70%的患儿，就是还有30%的患儿它是蒙混过关的。这个筛查不是特别准确。懂吧？那么，为了减少漏检的风险，对于你这样风险的患者，我们会叫你过来咨询。为什么叫你过来咨询呢？就是说这个病不去做任何的干预，顺其自然的话，唐氏儿的自然发生概率是1/1000，你和1/1000比这样的发生比就大了一些。所以这样的风险我们把它称之为"临界风险"。那么我们的经验告诉我们呢，那30%漏检的患儿，绝大部分集中在临界风险这个范畴之内。所以你对临界风险的孕妇，我们喊你过来，告诉你这些问题，让你决定要不要做进一步的化验。因为卫生部给我们定下的任务是什么？你把高风险的孩子查出来之后去做诊断，把70%的患儿查出来去做诊断，我的医生的任务就完成了。但是对于每一个妈妈来讲，她肯定不愿意冒着漏检的风险。你如果充分了解了这些之后，你说我想做进一步的检查，我们就尽量把漏检的可能性降到最低。但是也有的妈妈讲，我就不查，我赌一把行不行，可以，这是你个人的选择。（20160808-08-年龄未知，一名唐筛风险1/466的孕妇）

医生对产前诊断和产前筛查的知识宣讲对每个孕妇都大致相同，且她们对这些内容较为熟悉。所以，医生在讲述这些内容的过程中语速较快，而且一般很少有停顿或者与孕妇互动。而对于孕妇而言，这种数值介绍或者专业术语则相对较为陌生。有一次，在产前诊断医生迅速介绍两项检查时，一名孕妇的孩子就在旁边说道："她讲得好快啊！什么意思啊！"这道出了不少没有做知识准备来到产前诊断室的孕妇的心声。因此，孕妇们在门诊咨询前所掌握的医疗知识水平不一——有的孕妇对基因遗传的内容并不了解，即使听完了咨询内容，她们依然不知道两种检查的具体差别是什么；还有的孕妇已经了解了部分信息，能够理解医生介绍的内容并且根据这些信息做出决定，因此，她们做出决策的方式也并不相同。

医生使用概率和数据介绍羊水穿刺和无创的选择时，大概的模式为：卵子质量的发展特点、羊水穿刺的权威性和可能风险、无创的优势和价格、两种检查操作时间差别。同样的内容，在每天产前诊断门诊的30个孕妇当中，医生可能要讲20多遍。也有时，医生的工作量太大，在中午12点之前尚未完成上午的咨询，会将所有孕妇叫进来统一讲解并让孕妇做出选择。这一知识宣讲过程中，医生使用专业术语、特定的比例分析和风险比较使孕妇将自己的身体纳入专业概率比较话语体系，并在这一医疗数据比较中做出决定。怀孕的身体由此成为一种使用风险话语体系进行抽样、想象和技术检测的主体（Weir，2006）。孕妇自身的身体状况通过数值的风险匹配分析与整体人口的风险比例联系在一起。

（2）形象化方法：类比和图示。

除了进行专业知识宣讲以外，有的医生还会采用比喻或举例的方式将专业医学知识讲的更加生动易于理解。胎儿的生长常被医生比喻为植物的发育：

> 年龄大的妈妈呢，我们最担心的就是你的卵巢功能衰退了。排卵的时候卵子的质量出现问题。那么种子不好，苗肯定就不好。所以我们下面做产检把这个最坏的后果给它排除一下。那么一个坏的种子生出来的孩子，它的缺陷可能是多方面的，有可能是发育畸形，但是更严重的是智力低下。这样的孩子我们是不能要的。（20160808 - 04 - 42Y，医生L给一位42岁的高龄孕妇讲解卵子质量下降的生理原因，将受精卵比喻成种子，将胎儿发育比喻成植物的成长过程）。

> 因为孩子好不好，首先种子一定要好；其次，这个种子在

发芽的时候，芽一定要正啊！做 B 超就是为了看它的芽正不正，懂不懂？（20160804-19，医生解释 B 超的作用在于看孩子的结构问题，做 B 超就相当于看种子发出来的"芽"）

女性的卵子通常被比喻为"种子"，女性的子宫则被比喻为"种子"生长的环境。孩子的身体生长情况比喻为发芽，而基因的问题则被比喻为种子的质量。这种类比的方法让孕妇更直观的认识到基因问题和新生儿畸形问题，尤其在没有遗传知识和产前诊断知识的女性中使用。产前诊断咨询医生也会通过其他比喻来说明孩子的问题，比如前文中魏主任喜欢用核桃来比喻孩子的脑部发育。

在解释脑部结构问题时，医生会在孕妇的挂号单背面简单勾勒出大脑的造型。除了在此问题上，医生还会在基因分配法则上进行图示说明。虽然很多内容对受过教育的人可能是常识，但是对于医生而言，她们还是会对一些不了解这一过程的人进行简单讲解。这一讲解过程一方面强化了基因的医学科学观念，另一方面也再次确立了自己的科学权威地位。

（3）权威化方法：权力的捆绑与分离

艾托尔分析四个国家的产前诊断医生与孕妇的沟通过程发现，他们会刻意将自己的科学立场和政治立场分离，以表明自己的"科学性"（Ettorre，1999）。朱剑锋在研究血清学筛查时也分析医生会将自己的国家权力区别开来，以将自己表现为一种独立的主体（Zhu，2013）。而在我们的参与观察中发现，产前诊断咨询医生通常会将自己的论断和国家的法规政策、文献报道和国家权威机构结合起来，将自己作为非主观化的法律执行者，以降低孕妇对这一诊断安排的质疑：

> 我们国家母婴保健法规定了，凡是预产期年龄在 35 岁以上的妈妈，就把她划到高危人群的范畴。但是呢，国外人认为，单纯看年龄这一个因素，就说我是高危的，是不是操之过简了。但是因为我们法律规定的高危孕妇要做诊断，我们只能依法办事。所以我们对于所有的高龄孕妇，我们的建议就是，首先考虑做产前诊断。（20160804-18-35Y，一名 35 岁孕妇前来咨询）

> 因为卫生部认为，临界风险的患者最佳选择是做无创，既避免了穿刺的风险，又进行了进一步检测。但是它忽略了一个

问题是什么,它虽然推荐你做,但是又不帮你付钱,所以就有的患者不愿意做,所以还是你自己看。(20160818-31Y,唐氏筛查结果1/200孕妇咨询)

医生通过国家权威机构或者法律规定再次巩固自己的专业地位,同时将这种医疗选择纳入国家政策的合理安排设计之中,自己的主观态度则从这一系列话语中隐去。这种价值无涉的说明降低了市场化医疗背景下孕妇对医生个人利益相关的质疑,也再度确认了这一程序的正规性。

从这一点来看,这种和国家权威和市场的主观陈述距离取决于医生本身。如果医生认为孕妇对国家权威的信任度大于对医院的信任度时,她们会将自己更多和国家权威联系起来;反之她们则更愿意远离国家法律权威。在产前诊断咨询过程中,医生并不只有价值无涉的表达方式。她们的专业身份也只是"角色集"的一部分。如果孕妇在咨询过程中谈及与孕产身体相关的社会心理问题,她们还往往会对孕妇的情感做出反应,成为孕妇的倾听者和安慰者。

2. 价值相关的情感理解者

产前诊断的一个重要过程就是询问孕妇的孕产史。怀孕与生产的具体过程对许多孕妇而言都是私密性的、难以言说的。而当她们敞开心扉向医生陈述自己的怀孕与生产经历时,往往难以避免地带有自己孕产经历中的感情体验。初获母职的谨慎、难得珍贵儿的紧张、高风险的恐惧都能通过女性的行为和言语展示出来。而医生在此时往往不止是一个客观的医疗专业旁观者,还会从女性或者母亲的身份体谅孕妇情感,并安慰孕妇。

孕妇:月经规则,之前女儿是正常的,前面还有一个20W死胎了,但是当时医生说是没有原因的。就说是死胎,不知道什么原因。(孕妇此时有些难受)

刘主任:每次妊娠都有一个准备的过程,包括它的生长积累都需要时间。现在的环境污染这么严重,一方面是怀孕的质量保证,另一方面是怀孕过程中……(此时医生没有说完,孕妇开始哭)当时是什么原因呢?

孕妇:(孕妇此时有些哽咽,眼里含着泪水)当时医生就说不需要查。

刘主任:那是外界的原因吗?

孕妇：不知道，医生就说很正常。（孕妇此时已经哽咽地说不出话，开始哭了起来，她的丈夫在安慰她）

刘主任：你没有不良家族史吧？你要这样想，你之前有第一个健康宝宝，这就是一个很大的安慰，从我的角度上讲，我不希望所有的孩子有问题。好，你和你老公是做什么工作的？

孕妇：（孕妇此时不再哭泣，逐渐冷静下来，开始回答医生的问题）我是口腔医生的技师，我老公是工程师。（20160804-03-年龄未知，三维彩超后发现胃泡偏大前来咨询）

可见，医生和孕妇沟通的过程中，不仅体谅她们的情感，还会将孕妇引导回医疗决策的轨道，使孕妇从医学理性的角度考虑身体和产前检查问题。这样的沟通方式将医生转换成为一个倾诉对象，同时医生在这种话语情境下也成为理解孕妇情感可以信任的"朋友"。这种角色特征拉近了孕妇和医生之间的心理距离，促进了孕妇对医生的信任。在实际情况下，每个医生根据孕妇的特点不同，采用不同的方法。但是她们的沟通目的都是促进医患信任，降低医患冲突发生，同时尽量实践医学规定中的"知情同意权"。

"风险"的话语建构过程和医生的沟通方法共同形成了孕妇所在的产前诊断情境。孕妇在这种情境下将医疗专业建议纳入自己的技术选择决策当中。还有一些孕妇并没有经过产前诊断咨询，但是在社区医生、建大卡医生或者朋友亲戚的建议下选择了无创基因检测。在实际访谈过程中，问及孕妇选择使用无创基因检测的原因时，"花钱买心安"引起了研究者的注意。这种说法不仅为大部分孕妇也为医生所接受和传播，所以本研究中继续以这一说法为切入点，深入分析孕妇是如何在当前医疗体制环境下选择这种新技术的？这一医疗技术的选择与女性怀孕、风险和母职的观念发生了何种互动关系？

三、"花钱买心安"：无创基因检测使用的内在逻辑及其影响

无创基因检测这一新技术的出现快速得到推广并且为孕妇所接受，成为产前诊断流程中的必需步骤，离不开孕妇对这一技术的"知情选择"。孕妇在风险的具体化、医生专业知识的介绍下面临专业医疗技术的选择，同时她们根据医生的建议和自身的经历决定如何规避风险。

"花钱买心安"成为不少孕妇、孕妇家属以及医生的共识,即无创虽然花费较羊水穿刺高,但是将近99%的准确性足以让孕妇买个心安。在这一决策过程中,孕妇不仅采用医疗技术了解到宫内胎儿的"质量",同时还从另一方面促进了特定产前诊断新技术的发展。在产前检查常规化的过程中,孕妇既是相关技术消费者,也成为让这一技术常规化的主体(Taylor,1998)。

一项生殖技术的推广远不止是医生使用新的设备和新的技术职业技能。对于患者和专家而言,一项技术都会产生某种特定的思维方式、某种新的惯例和规矩,一种新的检测技术和可视化的做法,以及一种提供意见的新方式等(Franklin,1997;Rapp,1999;Strathern,1992)。无创基因检测技术的出现和基因测序的使用都从医疗技术的层面对母职和胎儿的认知造成特定影响。这种检测技术给孕妇和家庭提供了更多了解胎儿的可能,即通过消费来获得更多基因信息,以发现基因缺失等方面的问题。

产前诊断的交流过程中,首先提及的是各种量化的医学风险标准及其相关的医学检测。在这一过程中,孕妇不仅了解了医学视角下自己的身体,而且将自己的身体纳入不同风险的比例中进行权衡,选择一种特定的产前诊断方法。梅米认为这种女性的选择实际上是一种医疗机构、国家法律在特定情境下制造出来的"一个可以选择的主体"(Memmi,2003)。她们实际上仍然是在医疗机构所给出的框架中进行选择,衡量不同的医疗统计风险。在产前诊断技术中做出选择的孕妇需要考虑胎儿出现基因问题的风险、羊水穿刺介入的手术风险、无创基因检测不准确的风险;价钱由低到高的排序为唐氏筛查、羊水穿刺、无创基因检测。无创基因检测价格最高,而且在江苏尚未实行医疗保险报销[①]。因此,在医疗诊断的流程中,无创基因检测纳入产前诊断项目,部分孕妇为了规避以上所提到的医疗风险选择"花钱买心安",采用了这种更简单非介入性的检查技术。这一行为逻辑不仅局限在解释孕妇的医疗选择,而是扩展到女性在孕产过程中对风险的直接体验、女性的母职认同及其带来的市场效应。对于医疗体制而言,新技术在医疗程序中的融入也成为它们平衡技术创新和市场力量的关键过程。

---

① 如今南京市部分医院的无创基因检测技术价格较之2016年左右有所降低,但仍然在1800元左右,较之羊水穿刺价格较高。

(一)风险话语下的母亲责任

在风险话语的建构过程中,女性对自己怀孕及其身体风险的认知明确化、具体化,愿意在医疗体制中寻求特定的办法解除自己的"高风险"状态。产前诊断的咨询过程中,医生会先给孕妇解释她的具体风险、原因及可能带来的后果。孕妇从本来的担忧转变为立普曼和拉普所言的医学知识下的"病理学焦虑"(Iatrogenic anxiety)(Lippman,1991;Rapp,1999)。这种焦虑具有了明确的风险内容,而且这种风险与孕妇自身和胎儿健康密切相关——或是与年龄相关的唐氏儿比例,或是与唐筛风险相关的漏检比例等等。

产前诊断和产前检查的不断推进扩展了女性的母职责任范围。母职责任的想象从最开始对孩子未来教育等各方面的规划,经过医疗检查的程序化干预后,扩展到与孩子身体健康密切相关的具体医疗技术检查内容。孩子的视力、听力、智力、身体状况等都成为孕妇母职想象的对象。在医疗风险话语的影响下,母职的责任包括通过特定医疗技术保证宫内胎儿的健康。秋叶分享自己在怀孕期间对现在孩子健康情况的担心:

> 我觉得做妈妈都会这样子的,一开始怀孕的时候,都是觉得孩子多聪明,多有出息,但是真到了怀孕的时候就是希望他能健康!我生第一个孩子的时候我记得,一开始抱出来,医生说很好我就很开心。到第三天,他能跟着声音转,那我就放心,听力没有问题;到了第七天的时候,发现他的眼睛跟着光线在转,我就放心了。然后一切都好了,才会说之后的事情。没孩子的时候想的很多,天花乱坠的,真正有了之后只要他健康就可以了。(13F – 42Y – 20160804)

秋叶在怀孕之后逐渐将孩子的健康问题作为最主要的关注点,母职的责任中包括了保证胎儿健康。直到孩子出生后各方面身体功能正常,这种母亲对胎儿身体健康的担忧才告一段落。那么在医疗制度中,她们如何缓解这种担忧或者承担自己的母职责任呢?医生提出的特定针对性方法可以让孕妇了解胎儿的不同方面。孕妇如果不想采用任何检查,便成为一种"赌"。即使这种赌赢的概率很大,但是不选择做任何检查的孕妇仍然是极少数,尤其是在她们已知自己存在的可能风险以后。在刘主任门诊的过程中,有孕妇直接来产前诊断咨询室要求做无创基因检测,刘主任讲解当前的不少孕妇选择做无创基因检测就是因为花钱做个检查,求个放心,检查结果正常之后便不再担心孩子这方面的健康问题:

> 她呢,这个唐氏风险的概率是 1/840。1/840 呢,风险是不高,但是没有一个典型的状态。但是我们跟他讲呢,我们就是普通唐筛有病的孩子,做出来表现出高风险的可能性只有 70%。还有 30% 的孩子呢,它会表现出一个低风险过关的状态。为什么呢?因为这个病在我们中国人群的概率是 1/1000。那么在这个风险之内的呢,我们就称之为临界风险。临界风险,就是说呢,蒙混过关的有病的孩子,绝大多数在这个范畴之内。你也可以考虑做这个检查。
>
> 那么如果你说我就不查,行不行呢?根据你这个报告单来看,你这个年龄比较大。年龄大的妈妈有可能就是把这个风险拉上去了,所以就导致这个做出来风险偏高。所以你就是做出来这个年龄的情况来看的话,你的孩子好的可能性是比较大。所以你们自己想。我只能说是好的可能性是比较大的,不能说是 100% 是好的你知道吧?你如果要讲,我就要排除一下,那就做检查吧。如果说不查了就算了,也就赌一把,赌赢的概率相当大。如果你想做羊水穿刺就和我约时间,如果是做无创的话,今天就可以做了。好多孕妇选择这个就是你花钱买心安。要不然反正就是纠结。有的妈妈讲,那我就不查反正我就是赌一把行不行呢?我们的经验是,临界风险阳性率 1/200。我们的经验上来讲,1/200 的概率是一个非常高的概率,但是每一个具体的人来说……(还是不一样的)。(20160818 - 27 - 37Y,要求直接做无创的高龄孕妇)

在孕产医疗化的情境下,医疗检查的选择成为孕妇孕产期承担母职责任的关键内容。如果孕妇选择不做任何检查,"赌"一把,那么出现的问题则是孕妇个人和自己的家庭承担所有责任。按照产前诊断医生的说法,这种责任可能是需要照顾"有问题的孩子"一辈子。而在当下的社会福利状况下,这一责任可能会由家庭来独自承担:

> 刘主任:当然咯,你也可以讲,现在哪个我都不查,我赌。那也可以,我讲的是,未做唐筛,但是又担心唐氏综合征

这个病的，才要考虑做进一步化验。那就算了好吧？

孕妇：那不是，那我也不懂，那这个，一个医生让我过来说是……

刘主任：那个医生让你过来就是让我和你交代一下，因为我们每一次、每一个人排卵的时候都面临着风险。那么你如果说没有去做唐筛，没有做这些检查，我也不敢保证你的孩子没有问题，虽然很多有问题的孩子会自然淘汰。但是，唐氏综合征它是一个特殊的疾病，这个孩子可能一切都很好，生下来智商不够，这就是一辈子的事儿。那个有问题的孩子，B超也发现不了，漏不掉。对不对？

孕妇：好紧张……

刘主任：（医生依然很淡定地讲着）所以！那我们怀孕的话，唐氏儿的自然风险是1/1000，所以看你的心态，如果你觉得1/1000的风险我冒险的话，那就算了。给你信心的是，你目前所有的检查都没有异常，那就是你的孩子有问题的可能性也许不太大。但是因为说你没有做更精准的检查，你如果说让我保证你的孩子肯定没有问题，那我不能保证。

孕妇：那就做第二种的吧。

刘主任：做无创简单啊，抽血就可以了！抽血就是花钱，花钱就是2100元钱。所以你自己看吧。想做的话，今天我就帮你抽血，你在我这边抽血，我是外送的，全额自费的项目。那么对于唐氏的高风险的妈妈，有的患者做羊水穿刺，更多的患者选择做无创。（20160822-17-年龄未知，唐筛没做，直接选择无创基因检测）

医学风险话语之下，孕妇成为承担风险的主要责任人。胎儿的健康似乎完全寄托在孕妇选择的产前检查项目上，她们经历着前所未有的焦虑。而医生在这一过程中成为信息和技术的提供者，同时通过不同的沟通方式传递给孕妇产前检查决策的逻辑。大部分孕妇最后都愿意通过花费更多的钱来解决这种对胎儿健康的担忧，"花钱买心安"使用无创基因检测成为风险话语下女性承担母职责任的方式之一。

(二) 制度程序中的母职顺从

除了医疗检查方面的母职责任以外，孕妇还会受到来自制度程序产检的常规性压力。这种压力通常来自接触到的医生（社区医生、门诊医生或者认识的医生朋友）或者亲戚朋友，以及同样处在孕期的其他女性。孕妇与这些人的沟通逐渐使得她们将无创基因检测当成一种新型的产前检查项目，属于程序化的内容。38岁的张璐讲到自己做了一个无创基因检测，因为年龄大的朋友做了，年龄小的没做。同时社区医院的医生也让她做，所以她最终做了无创。她并没有进行产前诊断咨询，只是将其视为正常的产前检查流程之一：

邱：您现在怀这个二胎的话和怀老大的时候有什么不一样的么？

张璐：没有什么不一样的。可能就是年龄大多了个无创检查啊，那个1800元，在市妇幼做的。当时社区医生叫我去做的，说年龄大了，做个无创吧，唐筛做起来不准了，她说你不要做唐筛，没用的，然后就做了无创，低风险，什么都没有问题。我就听医生的吧，医生让你做你就做呗。（24A-38Y-20160809）

无创基因检测从一个可以选择的项目逐渐成为高危孕妇在制度程序中产前筛查必须要做的项目。尤其是对于年龄超过35岁的孕妇而言，不仅医院程序中要求其进行诊断咨询或者直接进行诊断，周围的朋友和亲属也认为年龄超过35岁不应该什么检查都不做，而应该根据医疗流程的建议完成特定的检查。吴卿和丈夫在听说无创基因检测的时候十分犹豫，但是周围的朋友都做了，医院的医生也推荐，加之自己和丈夫在网上查询到的信息，都使她觉得即使这个项目给人盈利的感觉，但她最终还是决定要做一下：

邱：那你当时为什么做无创的呢？

吴卿：无创就是朋友做过啊，我了解了一下。就是一个老师他太太做了然后她了解了一下。再加上在医院的、社区医院里面的人都极力推荐，因为这个是你自费的，价格也不低，所以我就觉得他和医院这个机构是有联系的。我就觉得为什么每个人都推荐你，所以我觉得这是(有联系的)。

假如说你这个技术真的好，对产妇和宝宝比较负责的话，那你就需要有国家的负担和监管。是不是需要那么高的费用？是不是需要医院来推荐？是不是减轻大家的负担？假如你真的需要做的，但是哪种需要做，我就觉得有的项目就是考虑盈利来设置的。

邱：当时您有没有犹豫呢？

吴卿：有啊，我老公当时也说，这个有必要么？当时也查了一些，因为我们第一胎的时候总共就做了一次B超，所有其他的检查都没有做，从头到尾只做了一次B超，都是大夫凭经验摸你的胎位、胎心的，还有做了一个糖耐检查。听的时候现在就觉得为什么还有这些东西。后来周围，大家就说，你高龄产妇诶，不能这也不做那也不做诶，那好吧，那就做一个比较简单的，抽个血就行了……

邱：当时他们社区医院的人员有没有说羊水穿刺和无创的？

吴卿：提过一下，但是很多人羊水穿刺都不愿意去做的，因为他存在一定的风险，所以人家也不会说强迫你，因为现在资讯都很发达，网上就有大把大把的信息。（22W - 高龄孕妇 - 20160907）

医疗制度中特定程序的规范、专业群体的指导和同类群体的选择与建议都对孕妇形成了某种母职要求，大部分孕妇在这种情境下会顺从制度程序要求，将医疗检查视为一种必要程序。即使一些孕妇在这一过程中批判医疗检查的商业性，但是仍然会选择"买个心安"。这种行为使用虽然是选择使用医疗技术，但是实际上是一种选择和拒绝谱系之间的"批判性选择"（Root & Browner, 2001）。在这一过程中，孕妇本身对无创基因检测市场利益的质疑等被悬置，购买医疗服务的行为促进这一技术完全融入在孕妇的正常产检流程当中。"花钱买心安"融合了孕妇在这一过程中复杂的风险平衡、市场消费过程，同时在这一实践行为的背后也再次生产着另一种新的技术使用和分布不平等。

（三）外部竞争和内部不平等

孕妇在面对一系列风险问题时需要对不同的风险进行平衡，最终大部分孕妇会倾向于采用市场消费的手段选择更简单的先进技术完成自己孕期的母职。在这样的医疗制度中，经济购买能力成为减少焦虑、"保持健康"的关键筹码。既是消费者又是患者的孕妇群体通过自己购买医疗技术的行为，促进了新兴无创基因市场的迅速发展。这一市场发展带来两种结果：一种是在孕妇群体内部的风险预防和技术使用差异与经济基础的联系越来越紧密；另一种则是中国的无创基因检测技术发展在国际医疗技术领域竞争的新兴地位。

1. 国内孕妇之消费不平等

以"花钱买心安"的逻辑为基础的无创基因检测技术使用，反映的是当前医疗体制中医疗保险之外项目的运作情况。这种基本医疗保障范围之外的医疗技术往往与地区的经济发展水平有密切的关系，技术的分布也往往从大城市大医院开始推广。由此，这种新技术的推广和使用实际上会造成孕妇群体内部的消费不平等。

问卷分析结果发现，不同地区对无创的知晓程度存在差别。在我们调查的724名孕妇中，有57.9%的孕妇知道无创，其中有22%的孕妇都做了无创。无创的知晓程度按照地区排序自高至低为：特大城市、特大城市郊区、大中城市、郊县，使用率的情况排列和知晓度情况一致，且卡方检验通过。特大城市的郊区和大中城市基本相当，省会特大城市的普及程度最高，县区的知晓程度最低。医疗知识的传播也是从大型中心城市的大医院开始传播，而处于地理优势的大城市或中等城市居民就会成为新型医疗技术的首要"消费者"。从知晓、了解到付费选择，无创基因技术在这一意义上成为消费性医疗技术，经济资本通过这种技术购买形式转化为另一种为胎儿基因不出现异常而保驾护航的选择。

表6-1 无创DNA知晓度和使用率的地方差异

城市/地区	知晓度	使用率
特大城市	68.3%（N=249）	26.1%（N=249）
特大城市郊区	57.1%（N=112）	16.1%（N=112）
大中城市	55.8%（N=224）	25.5%（N=220）
郊县	43.2%（N=139）	14.0%（N=136）
卡方值	23.797***	11.364*

注：$*P<0.05$；$***P<0.001$。

在现实的技术推广上，不同地区对技术推广的支持力度也存在差别。在江苏省其价格标准定为2210元，且尚不属于医保范围。在本书调研的医院中价格基本在1800~2100元，额外的基因检测（包括增加一些特定基因片段的检测等）要到2600元。2016年1月，深圳市卫计委率先建议将无创产前基因检测技术纳入医保；2017年1月，在广东省政协十一届五次会议上，省政协委员许四虎建议将无创产前基因检测纳入广东省公共卫生项目中。因此，这种地区政策上的差别直接转换为孕妇及其家庭需要承载的经济负担。因为经济原因放弃采用任何产前筛查和诊断方法的孕妇，从技术能够控制预计风险的角度来看，实际上成为最可能遭遇风险的群体。

2. 全球化背景中的无创基因检测

当前中国医院产科的设置和各种指标的使用都受到了西方产科科学的影响。同时，中国在科技和经济实力上的发展也使得中国的医疗技术逐渐走向世界前沿。基因技术在某种意义上将重新定义整个医疗服务市场（王文娟，2017）。从宏观全球化医疗技术的角度来看，无创基因检测在中国的推广使用及中国庞大的人口基数都使得这一技术成为全球化背景下中国的新型科技竞争项目。根据魏主任的解释，以前中国的唐氏筛查标准和技术都是从国外引进的，他们开始得比国内早，所以国内的标准都是根据国外的经验建立的。而在NIPT这一新兴行业，中国由于大的人口基数，与国外的同步发展，给了国内NIPT行业更大的发展潜力。

> 我回头想，唐筛是从国外引进的，我们这个是和国外同步开展的，国外引进的时候已经是很成熟的技术了。当时硬件、软件全部都按规范的来。我们国内的某个机构公司觉得想把这整套照搬就行。但是像NIPT这件事情上，华大、贝瑞发的文章还占那么大的份额。大家整个是和国外一起在摸索。所以这个就不能说去怪谁不给它有序化怎么样的。（20160909-DW，2016年9月9日对魏主任的访谈）

对有利可图的生物医学开发来说，国家人口已经成为一种资源（罗斯，2014）。中国的人口基数足以让基因检测等公司企业从数量上与大部分国外的基因检测机构竞争合作。中国的基因检测公司具有其他国家所不具备的人口基数优势，这样一方面可以增加自己的准确率和预测能力，另一方面也会增加自身对国际基因预测领域的影响力。中国无创基因检测还有两个和国外不同的情境，中国的无创基因检测不允许检测性别，而且中国并没有国外对堕胎的争议那么激烈（Zeng et al, 2016）。基因疾病的胎儿的污名和对残疾的低接受度促成了人们对基因检测技术的接受（Li G, Chandrasekharan S, Allyse M, 2017; Qiu, 2019）。

根据华大基因自己公布的《无创产前技术报告的发展历程与趋势》[①]介绍，华大基因在2011年就和23家医院合作完成了11105例产前基因检测。2015年，中国进行产前基因检测的孕妇有80万，孕妇覆盖率尚不足5%，当时全球的市场规模为10亿美元。截止到2016年，华大基因全球首个突破了100万例无创产前检测，他们计算的投入产出比例为1∶4.2。深圳的医疗保险报销[②]以后，无创的价格大概是孕妇本人支付880元左右，华大的调查结果显示会有62%的孕妇选择直接进行无创检测。

华大基因的医疗目标是一种贯彻个体化、预测、干预和参与的"4P医学"理念，这种理念实际上是大部分医药仪器行业的主要目标。也正是在这种目标的驱使之下，有更多的医疗机构以市场占有的方式逐渐拓展自己的医院合作网络，在全国造成更广泛的影响。全面二孩政策以后，高龄孕妇数量的急剧增加和孕妇总体数量的上升都使得需要进行产前诊断的孕妇数量较之以往更多，而且孕妇医疗知识的积累和传播也使得这项技术成为一种产前检查的前沿"消费商品"。医院在这种意义上成为向孕妇销售这一产品的"经销商"。这一技术的广泛使用使得无创基因检测的市场得到了蓬勃发展，中国经济也从医疗消费中得到了更多的动力刺激。比较而言，魏主任认为当前的无创基因检测利润很大，但是国内的机构现状参差不齐，有的机构则侧重于检测、诊断以及服务于临床。

> 这个技术肯定第一个，我觉得它经济上的诱惑还是非常大的，否则不会有那么多人积极去做。就像当年我们唐筛刚刚开始做的时候，当时那么多家机构一股脑扎进去抢唐筛的份额。有人去抢羊水的份额么，没有的。（20160909 - DW，对医生W的访谈）

> 有的基因库我不看好，他们对真正的出生缺陷预防并不关心。无创结局的随访，是最体现真性情的地方，他们不关心。部分NIPT项目是让医药行业公司做代理的，代理商负责收集

---

① http：//blog.sina.com.cn/s/blog_ be62e9a90102wf8z.html。
② 2015年12月，无创基因检测纳入深圳产前检查手册。深圳的孕妇自费880元，政府支付额外费用。

样本，评价代理商的标准是"样本谁送的多"。我觉得应该的标准是检测后的随访，谁做的规范到位。如果胎儿假阴性或假阳性，或自然流产，都应该有个遗传学的诊断和分析。检测效果的准和不准，通过这样的循证总结，我们做临床的才觉得可靠。（微信上和魏主任关于华大基因和其他检测项目的讨论）

当前中国潜力的无创基因市场已经吸引了越来越多的商业项目加入其中。这一医疗市场领域从最初的暗箱操作、远程邮寄到在国内使用被明令禁止，再到后来逐渐的合法化，实际上展现出国家和市场医疗之间的博弈。医生作为医疗知识的宣传者和孕妇沟通，在风险话语和优生质量控制的框架下，实现了产前诊断的风险知识传递和给孕妇有限的知情选择。而孕妇则在最终环节起到了重要作用——"花钱买心安"，消费着这一孕产技术，并在朋辈群体和网络上推广。正是这一系列机制推动了这一技术的发展，同时促成了医疗技术的市场化和国际竞争，使中国将这一技术纳入国际竞争的先进行业范畴之中。

第七章 "风险"的生产：
分娩的多重阐释及情境选择

2018年9月22日，北京大学第一医院一名44岁经产妇想要采用剖宫产，因不符合指征未得到医生同意，其家属与医生发生肢体冲突，受到处罚。在当前我国控制持续升高的剖宫产率背景下，如何平衡医院产科的分娩风险和产妇多样化的分娩需求成为各家医院的难题。社会舆论上，人们就剖宫产指征、无痛分娩推广等问题展开讨论，同时有人呼吁回归对个体的尊重，形成一种"产房里的共识"（桂从路，2017）。医生和产妇分别如何理解分娩？女性在生产过程中面对诸多生物医学风险时，到底如何选择分娩方式？她们分娩方式的选择到底是"真实的"还是"虚幻的"？（范燕燕、林晓珊，2014；刘畅，2017）

2016年，研究者在江苏省一家妇幼保健院的产房进行参与式观察，一名胎儿臀位的孕妇坚持阴道试产。因为臀位顺产的人极少，这一臀位分娩成为产房的"大新闻"。不少年轻的助产士和医生都纷纷赶来围观学习产程。助产士老师看我总在产房里"打下手"，让我来一起参与这次"惊心动魄"的臀位顺产。助产士老师经验丰富，已经工作了将近三十年。她先叫我堵住阴道口以使宫口充分扩张，随后她对着产妇说"用力挣①！""宝宝就要出来了！""哇哇哇……"这名产妇顺利生出了一个"小毛头"②，是个男孩。后来，我们都很好奇她坚持顺产的原因，找她聊起了分娩经历。原来她第一胎的时候也是臀位，曾顺利分娩过，这次她也觉得"没有问题"，愿意再尝试

---

① 在这个产房里，医生和助产士们喊产妇用力的时候，都会用"挣"这个动词。
② 在研究者所待的这个产房里，医生和助产士们都将刚刚出生的宝宝叫做"毛头"。

臀位顺产。

放到当下的生物医学专业话语中，臀位分娩通常是剖宫产的指征之一（杨雪峰、杨玲竹，1998）①。然而这名女性基于自身的分娩经验坚持选择了阴道分娩试产，直面臀位分娩可能出现的胎膜早破、难产、胎儿窒息等风险，给年轻的医生和助产士们上了一堂当今在产房里罕见的实践教学课，也引起了研究者对女性分娩选择与生物医学风险之间关系的思考。道格拉斯很早便针对"规避风险"（risk aversion）的理性人经济学假设提出了质疑，她发现人们在日常生活中并不总是以"规避风险"为首要原则，而可能在社会文化生活的影响下有更为复杂的考量。本章便是以此为出发点考察女性在分娩中的具身经验与生物医学风险的关系，呈现女性在分娩这一事件上所面对的"风险"情境和她们分娩过程中的身体体验和行动策略。

一、分娩的具身经验与生物医学风险

（一）分娩医学化与产妇的具身经验

20世纪30年代以来，医学化分娩在西方社会得到大力推广。1933年，里德（Grantly Dick Read）开始推动自然分娩运动，反对医学化产科分娩实践过程操作对女性行为的干预。自然分娩运动的主要目的就是重塑女性自信心，反抗怀孕与生产的医学化（汉森，2010）。1970年，波士顿女性健康图书集团出版了《我们的身体，我们自己》（Our Bodies, Ourselves）一书，通过女性阐述自身的经验来展示她们的平民经验和专业医疗知识的差异，提出关注女性在生殖行为中的控制感和自主性。在第二次女性运动浪潮的影响下，选择\自然分娩运动（alternative \ natural birth movement）呼吁女性可以自行选择分娩地点，尤其是居家分娩和助产士的服务。随后，在第三次女性运动浪潮时，女权主义者侧重强调女性的主观体验和自主选择性。自然、选择和控制应该由女性自身来界定，而不应由特定的社会阶层和群体主导。在这一历史背景下，"选择"（choice）、"控制"（control）和能动性（agency）成为西方女性分娩的

---

① 引自原文：自1959年Wright提出臀位常规行剖宫产术分娩以来，臀位分娩剖宫产率不断上升。目前国内的臀位剖宫产率也明显提高，不同地区分别达43%~92%，甚至某些医院除产妇就诊较晚来不及剖宫产外，其余均进行剖宫产。（杨雪峰、杨玲竹，1998）

经典议题。

在中国，分娩医学化是体现近代国家建设和医学现代化的重要内容。中国女性生产行为的现代化是和国家参与、性别角色变化、私人生活消费化以及分娩过程的医学化联系在一起的（Johnson，2011）。其中，现代产科医学制度通过开设产科课程、培训助产士等方式发展起来，逐渐推广住院分娩，使其取代传统居家分娩。产科医院的设立、助产士的培养和对产婆的培训共同促成了分娩的医学化（赵婧，2013）。1929年，中国近代妇幼卫生创始人杨崇瑞首创了国立第一助产学校，并且附设了产院，培养了一批妇幼卫生人员。随后，国内开始推行新法接生，进行口头和书面宣传，产科技术、妇女生育观念都受到了一定程度影响（李明慧，2017）。

新中国成立以来，妇幼卫生工作继续以"推广新法接生，改造旧产婆"为主要任务，逐步降低了产妇和婴幼儿死亡率。同时，我国恢复建立妇幼保健所、妇幼保健站，不断增加住院分娩的床位，提升了住院分娩率。在此分娩医学化的过程中，女性不仅面临新的分娩场所，还有与这一医疗空间相应的知识权威和医患关系（赵婧，2014）。传统分娩模式中，接生过程本身的仪式性大于其生理性，产婆的应变能力在处理突发情况时至关重要（杨念群，2013）。而在现代住院分娩模式下，女性的生产过程往往离不开制度化的管理流程，医生和助产士都要随时准备处理可能的突发情况。

与分娩医学化同步发生的，是女性分娩观念和行为的变化。随着住院分娩和剖宫产手术方式的推广，我国女性的自我保健观念和怀孕与生产行为习惯也发生了改变。受政府主导的现代医学观念影响，她们逐渐远离传统民间习俗的行为模式，趋向于国家所认同的，具有科学知识基础的健康行为（赵婧，2013；安姗姗，2020）。而随着剖宫产技术在国内的推广，和其他国家相比，我国出现了剖宫产率居高不下的情况。1985年以来，国际医疗卫生界普遍认为10%～15%的剖宫产率是比较理想的水准[①]。《2009年世界卫生统计》显示，2000年至2008年全世界剖宫产率最高的3个国家是多米尼加、巴西和中国，比率分别是41.9%、41.3%和40.9%。其中，中国在2007年10月至2008年5月

[①] 节选自《世界卫生组织关于剖宫产率的声明》。虽然相关领域医务人员、政策制定者也纷纷提出这一标准需要进行调整，但这一标准仍然在国际社会流行。

间的剖宫产率高达46%，居世界首位。2010年，北京大学公共卫生学院的一项研究从全国、省和区县三个层次描述了2008年到2014年剖宫产率的变化情况，结果显示，2014年，全国的剖宫产率为34.9%，即我国全国剖宫产率有所降低。《中国妇幼健康发展报告（2019）》中数据显示，2018年全国剖宫产率为36.7%。与此同时，我国仍在制定一系列措施继续推动降低剖宫产率。2018年，国家卫生健康委办公厅曾发布了《开展分娩镇痛试点工作的通知》，提出通过实施分娩镇痛来"降低产妇因不能耐受分娩疼痛而行剖宫产的比例，推动剖宫产率不断下降，提高自然分娩率"。然而，实际上无痛分娩的推广是一回事，女性的接受是另一回事。根据2022年国家产科医疗服务与质量安全报告数据，2022年调研医院的麻醉分娩阵痛率为49.46%。女性对无痛分娩技术的接受、麻醉医师和产科分娩环境可能都影响着女性的分娩方式选择。

　　针对剖宫产率高这一现象，有学者提出中国的剖宫产率较高是因为不少女性主动要求剖宫产（Zhang, et al, 2008）。其原因除了常见的"产妇怕疼"说法以外，还往往包括"良辰吉日""担心阴道松弛""试产失败再开刀吃两遍苦"（王炳顺等，2005）等各种原因。"产妇怕疼""良辰吉日"等说法屡见报端，似乎成为女性剖宫产率高的"罪魁祸首"。针对剖宫产率高分析的这种"女性行为论"，社会学界和人类学界的研究者提出了异议。她们认为，现有的医疗制度安排对女性的分娩选择有直接影响。这些学者注重分析产科的医疗环境和权力关系，发现了女性"选择"剖宫产的另类理由。产科不友善的医疗环境和过多的医疗介入加剧了产妇的疼痛和焦虑，从而导致了部分女性的剖宫产诉求（陶艳兰，2012；范燕燕、林晓珊，2014）。不论是"女性行为论"还是"制度结构论"，两方都将女性本身作为一个群体来研究，注重她们在分娩行为上的共性，实际上忽视了女性自身经验内部的复杂性。台湾学者吴嘉苓和官晨怡则深入女性经验内部，分析她们做出分娩方式选择的内在逻辑。两位学者既关注了女性的个人选择行为，又没有脱离医疗环境和产科知识，在分析女性分娩实践逻辑的同时，也强调要打开与之相关的生物医学风险因素这一"黑箱"（吴嘉苓，2000；Kuan，2014）。女性的分娩选择不单单是文化的作用，还糅合了技术理性，如了解剖宫产指征或熟稔分娩的制度化流程后策略性地使用选择性剖宫产（selective cesarean section）（吴嘉苓，2000；官晨怡，2010）。本书便是沿着这些研究的脉络，继续探讨女性在分娩中的具身经验和生物医学风险存在何种错综复杂的关系。

(二)风险理论与具身经验

早在1983年,道格拉斯便提示我们关注风险特定的文化/符号(cultural/symbolic)意涵(Douglas,1983)。风险与之相关的纯净/污染观念往往成为一种区别自我与他人的文化界限。我们需要关注风险的社会文化差异以及如何被政治化,而不仅仅关注风险本身的现实客观性(Douglas,1992)。人们在面对风险做出决策时,不仅是从专家知识的角度出发,还会嵌入文化的逻辑(Douglas,1992)。拉什在前人基础上提出风险文化和反思性判断等概念,并强调反思性判断在风险文化中具有核心地位,其不仅包括精神思想的理解,还包括身体的、惯习的因素(Lash,2000)。人们不再从个体经验上升到普遍判断,而更多具备的是缺乏个人经验的普遍知识。人们在自己的风险意识中处理的是"二手的非经验"(second-hand non-experience)(Beck,1992)。在孕产过程中,人们也越来越关注母婴健康的相关风险。生物医学知识的传播和他人经验的分享都和孕妇的风险认知、体验和行动息息相关。

卢普顿依据前有理论家观点提出了风险连续谱的概念,其中一端是技术-科学(technico-scientific)方法,另一端则是高度相对主义的社会建构主义(highly relativist constructionist)方法(Lupton,1999)。她提醒我们相关领域的专家在塑造风险话语的过程中发挥着关键的作用。与风险相关的一系列专家知识逐渐发展和传播,相伴而生的还有知识的生产、再生产、传播和实践的一系列"社会装置"(Lupton,1999)。随着医学的知识发展,关系到健康的风险感知和决定的重负,逐渐转移到了日常生活当中(卢曼,2020)。此时,治理主要通过相应的机制、制度和行动者发挥作用(Dean,2010)。正态分布下的正常状态和个人与这种状态之间是否契合,是自由治理的关键问题(Lupton,1999)。那些偏离正常数值范围的人往往被认为"有风险"。此类风险通常被称之为流行病学风险,通过定量的方法获得对特定人群的风险估计,并将人群中所有个体纳入治理范畴之下(Dean,2010)。风险的反思性治理(reflexive governmentality of risk)强调了当今社会的治理将风险的责任社会化,这就使得个体逐渐成为承担风险的责任主体。

如今,越来越多社会科学理论家转而关注这些问题背景之下人们的风险认知、体验和行动（Gabe，1995）。已有风险理论多从风险的社会功能、风险的文化意涵、风险的日常建构等角度进行分析，往往忽视了日常的风险建构过程（Lupton，1999）。因此，卢普顿强调分析风险的"生活经验"（lived experience）或者是本地的意义建构过程（Lupton，1999）。"情境化的理性"（situated rationalities）常常被视为一种能够和专家知识经验竞争的平民风险知识（Tulloch & Lupton，2003）。风险立场往往会随着个人经历、知识网络和专家知识的变化发生变化（Lupton，1999）。

二、生产的"风险"：生物医学话语及其传播

20世纪80年代以后，我国的孕产行为集约化快速发展，国家政策干预和介入是推动这一过程的主力（安姗姗，2020）。根据国家统计局、国家卫生健康委员会统计数据，自1991年到2018年，我国的新生儿死亡率从33.1‰下降到3.9‰；自1990年到2018年，我国的孕妇死亡率也从88.8/10万下降到了18.3/10万。与此伴随着的是，产前检查率和住院分娩率的显著提升。产前检查率从1992年的69.7%提升到了2018年的96.6%，住院分娩的比例从1985年的43.7%上升到了2018年的99.9%。

"生孩子如同过鬼门关。"——这是传统中国社会对分娩的描述方式。如今，因医学干预和技术进步，分娩的安全性已大大提高，但依然是牵涉各个家庭母婴生命安全的大事。而且正如一名年资较高的助产士和我说的："现在不光孩子金贵，孕妇也很金贵，都是独生子女啊！"。"产程本身是充满变化的，就算之前监测过了，到产时还是可能随时变化"。我接触过的医生也曾私下里谈及"生得好是她们的，生不好是我们的"，她们都不愿意自己的接生发生"意外"，担心产生医患纠纷。"人家投诉啊，不高兴啊，出事啊，各个领导的管理风格不一样，有时候会抓这个，因为你剖宫产的话产科质量是下降的，好比这个时间抓这个，就会紧一点"。因此，无论从实际的医学风险还是产科医疗秩序维护、产科质量要求等角度，产科分娩过程中对风险的控制和处理是医生和助产士都十分关注的问题。

医学上的分娩及其风险是实证性和系统性的。通常情况下，医院会在孕妇学校中开设特定的课程进行详细介绍，门诊中也会间或提及。传

播风险知识成为特定教育制度的核心任务（Beck，1992）。医院的孕妇学校就发挥着此类教育功能。孕妇学校是医院对孕妇进行知识宣教的制度，涵盖了从怀孕初期的营养保健到后期的分娩和产后修复的各种知识，分别会由负责不同领域的医生或者护士完成讲授。比如讲解分娩课程的便是产房的资深助产士。通过她系统介绍分娩方式的选择以及具体的风险内容，一方面使孕妇了解妇产科中分娩风险的界定和管理，另一方面也是让孕妇了解"剖宫产不是一种选择，而是一种病理产。"医生着重介绍了自然分娩和剖宫产的优势劣势，希望孕妇能够结合自己身体情况在专家指导下完成分娩方式的选择，不要盲目凭想象去选择剖宫产。

在研究者参与的这次分娩方式课上，医生将剖宫产的指征一一进行了介绍，并将其分为了孕妇和胎儿两方面因素。具体内容如表中所示：

表 7-1　孕妇课程中提到的剖宫产适应证

主体	适应证
孕妇	1. 骨盆异常；2. 妊娠合并症；3. 阴道出血、前置胎盘等；4. 二次剖宫产、多次剖宫产
胎儿	1. 头位难产；2. 巨大儿；3. 双胎，多胎；4. 臀位；5. 胎儿宫内缺氧；6. 脐带脱垂；7. 胎儿生长受限

医生所介绍的因素并不是全部的剖宫产指征，但这些说法能使孕妇感觉到、涉及这些生产的"风险"，才有实施剖宫产的必要性。因此，这名助产士强调"剖宫产的实施往往是为了抢救的目的，一个是抢救胎儿，一个是抢救孕妇"，而非其他。

这里的说法实际上认可了一个前文文献中"妇女行为论"假说的产妇主体——她们因为害怕产痛，想去剖宫产。同时，助产士还介绍了剖宫产可能会引发一系列的风险。这些风险不一定会发生，但其带来的后果只要发生就会造成实实在在的影响。除了介绍到麻醉风险、产后出血、羊水栓塞、脏器损伤、切口感染、瘢痕妊娠、前置胎盘、疼痛等产科医学经常提及的问题以外，医生还重点介绍了产后泌乳和孩子发育问题：

> 还有一个就是泌乳的问题，一般情况下顺产 24 小时她就开始下奶了。剖宫产就是三天两天都不下奶。你不下奶没有关系，你就慢一点有什么关系呢？有关系的，孩子吃什么？现在

又提倡母乳喂养，你没有奶还喂什么？如果孩子吃不进去，孩子黄疸就会高，黄疸一高，胆红素又增高。这是一系列的问题。剖宫产的孩子，它上学了以后，它的这个协调能力，它的这种智力能力跟别的孩子是不是不一样的。当然了，这个需要大量长时间的一个随访，这个就目前来讲，很多的观点认为协调能力和情商是有问题的。

在这个表述中，剖宫产充满了风险和不确定性。剖宫产可能会对孕妇本身带来损伤，还可能影响到后续的母乳喂养，甚至孩子的智力能力发育。在当前强调母乳喂养的产后育儿文化中，助产士以上的"三连问"（慢一点没关系么？孩子吃什么？没有奶喂什么？）将泌乳的效果和分娩方式的选择联系在一起，实际上强调的是为了产后孩子"有奶吃""智力能力发展""协调能力"，甚至"情商"，母亲应该坚持顺产。这种"母职迷思"下的母乳喂养要求女性在与之相关的事务上，包括分娩方式的考量，放弃部分的独立性和自主性（周培勤，2019）。

随后，助产士对分娩方式后果的解释还延伸到了孩子的发育和身体机能，这一点我曾经也在一些孕妇口中听到过，可见其具有一定接受度。在如今"孩子中心"的家庭文化下，对孩子先天能力，尤其是智力的强调实际上将孕产过程中的女性分娩选择和母职中对孩子的健康影响捆绑在一起。母亲由此身上肩负了更多的责任，而这种分娩选择也在此助产士的解释中也变成了一种"母亲责任"的选择。这时，怀孕的女性作为"道德先锋"（moral pioneer）（Rapp, 2000），需要在自己的分娩实践中兼顾对胎儿健康和发育的道义责任。孕学校的医生和助产士也正是在这一道德责任的基础上，将分娩方式的介绍和女性的"道德角色"联系在一起，强化了对自然分娩的重视和提倡。

随后医生说明了不适合阴道分娩的身体特征①，以及自然分娩的优缺点。她提到自然分娩是"人类社会进化到现在发展最科学的一种方式，以前从来没有人表示过质疑。"此时，自然发展规律被等同于"最科学"，分娩方式的使用被医学话语包装，住院且顺产成为这名助产士口

---

① 在助产士的介绍中，她将其分为两类因素。一个是产妇层面的因素，包括：骨盆异常；高血压、心脏病等合并症；前置胎盘等原因导致的阴道出血；二次或多次剖宫产。另一个是胎儿层面的因素，包括：胎儿生长受限；肩难产；头位难产；双胎多胎（均为头位除外）；巨大儿；脐带脱垂。

中最科学的方式,而其背后发展的历史性,及其与剖宫产的关系在此处隐身不见。自然分娩的优点和产后身体恢复和胎儿心肺功能等问题联系起来①,而其缺点则更多和母亲的身体直接相关②。这种无论选择顺产还是剖宫产的介绍,都将女性的身体构建成一个风险场所(site of risk)(Wendland,2007),女性需要知晓各种分娩方式可能面临的风险。

在分娩课程即将结束时,这名助产士还将女性的生产从个体的行为及其后果和国家的决策规划联系在一起,甚至将剖宫产率高和民族的荣辱观并置:

> 这么高的剖宫产率不是件好事,这么高的剖宫产率不能说我们一定是进步的。这么高的剖宫产率只能说明我们中国人的产检,中国的孕妇处于一个比较低级的状态,比较低层的状态。这不是一种进步!我们看到这个数值,不应该是值得高兴而是应该觉得耻辱才对。(20160923 孕妇学校——分娩方式介绍)

剖宫产本身是一个现代性的技术手段,也是分娩医学化的主要力量。但另一方面,这一技术在此医生的表述中,却又因为女性"不够进步"变成了一种"不应是高兴,而应是耻辱"的选择。从技术本身和医学科学进步的角度,剖宫产无疑是现代性的代表。而在我们当前对"居高不下的剖宫产率"进行严厉控制的环境中,在课程讲述的话语中,自然分娩的使用成了一个"进步的"指标,一味地坚持选择剖宫产成了"低级的表现"。此时国家的进步和落后投射到个体层面上,国际上的剖宫产率排名似乎与每个孕妇息息相关。身体成为民族国家竞相崛起后"国力"角逐的领域(黄金麟,2006),孕妇个人的身体和分娩由此也带有道德评价和民族荣誉色彩。

面对分娩,女性似乎理所当然地被认为应该"勇敢"地承受产痛,同时女性分娩的事实被外在加上了一层道德和政治意涵。母性伟大的话语让"忍痛能力"成为一种女性品质,而剖宫产的女性则被"污名化"为"怕疼"(范燕燕、林晓珊,2014)。据此可见,医疗系统所界定的生产

---

① 她介绍了三种优势,即催产素的分泌有利于孕妇泌乳和产后修复;恶露顺畅排出;产道挤压促进胎儿的心肺功能发育。

② 她介绍了以下三种顺产的缺点:分娩疼痛;产道损伤,盆底肌损伤;脏器脱垂,如子宫脱垂、尿失禁概率增加等。

的"风险"与母婴健康紧密相关,而且离不开国家分娩政策的指向。在产妇确定分娩状况后,助产士会和产妇和家属在沟通室介绍分娩的风险,并请产妇和家属一并签署知情同意书。其中提及分娩的风险是复杂的、动态的:

> 分娩过程是一个复杂的、动态的变化过程,经常会出现正常与异常的相互转化、交叉。根据产妇产程进展情况,医生在条件允许的情况下将随时与产妇及家属协商更改分娩方式。
> (摘自"阴道分娩知情同意书")

前文提及传统的"鬼门关"比喻性的说法详细化为"风险性""意外""异常",对应着当代住院分娩过程中的动态性和不确定性。知情同意制度在传递产房分娩知识的同时,也将分娩风险的责任直接转移给产妇个人及其家属,从而使得产妇成为对自己和胎儿健康负责的主体。产妇不仅需要对分娩的身体进行风险判断,还要进行负责任的决策来完成最终的分娩。那么,孕妇对分娩的医疗风险又持何种态度?她们自身是如何理解生产的风险呢?

三、"风险"的生产:女性的分娩体验和行动策略分析

"打算怎么生"这个问题不少女性从孕前就开始考虑。怀孕以后,这个想法更是可能持续到分娩那一刻。女性可以通过多种方式,比如阅读、听闻亲戚朋友的经历、观看纪录片、自己切身经验等,了解分娩的风险,这种知识多是经验性的、机遇性的和碎片化的。相较于专家对分娩风险的医学分类,孕妇对分娩风险的解读和释义充满了个人经验色彩和文化意味。

在本书的分析中,女性的分娩经验既包括了现代的生物医学风险,又融合了传统文化、社会关系等成分,呈现出一种杂糅和混合的状态,嵌入了女性自身的逻辑。这些因素在本书中以现代的风险话语为载体,表现出多元化的样态,也就是孕妇经验层面"马赛克式"的"风险"的生产。这种生产的涵意超越了生物医学范畴中对当前分娩行为风险的评估和控制,将分娩行为纳入女性的生命历程和社会生活中考量其当下及未来的意义,从而具有了更复杂的特征。她们的经验和前文的"科学"分娩构成对比,在产房中交汇,形成了互动中的女性分娩经验和实践反应策略。

(一)传统在场:分娩具身经验与社会文化

随着住院分娩的推广,分娩相关的传统医学也逐渐退出主流产科领域。但是传统医学的理念,传统医学和分娩文化相关的内容却经常出现在产妇的口中。"元气""气血"都是经常出现在我的访谈对象口中的词汇,可以看出,即使在当前的分娩过程中已经没有了传统医学的参与,但是女性的身体仍然是一个被置于中国传统养生文化和身体文化中的对象,而不仅仅是一个"怀胎十月,一朝分娩"的产妇。

> (问及生产方式的选择,这个孕妇说道)我不想剖宫产,剖太伤元气了……

在生育的性别上,还有孕妇曾经和我这样说起来,如果想要男孩或者女孩,可以找中医调养,通过服药的方式来提前准备好"身体"备孕。我们可以发现,传统中医虽然退出了现代住院分娩的物理场景,但是却依然从孕前、产后等生活方式上对产妇对分娩身体的想象产生影响。"调理身体"是不少孕妇都在访谈中提到过的,有的服用的是"温经汤",还有服用的是"养生丸",这些中医调理用药都让她们对自己的身体状态更加有信心,包括在产后的"气血恢复"。

另一个传统因素也经常出现在分娩的选择描述中,那就是和新生儿命运息息相关的"良辰吉日"。然而,正如吴嘉苓的研究中显示的一样,即使产妇说明了自己选择时有生辰八字的考虑,但实际上依然主要是有剖宫产指征之后的附加选择(吴嘉苓,2000),生物医学指标仍是她们非常看重的关键因素。在分析女性分娩时,显然不应该把这一因素放到黑箱中视而不见(吴嘉苓,2010)。

一名产妇曾说起自己的分娩经历,实际上她很早就确认自己一定是剖宫产的:

> 我在寺庙里有一个师傅,我认识他有十几年了,他觉得我挺不错的,我也挺信任他的。他跟我说让我在这段时间内生小孩,这段时间虽然不是你们家最好的,但是再等下去也不行了,只能说相对而言也是可以的,怀的时候,告诉了我一段时间。……我和主任讲了这个事情了,回来我就和老公讲,因为说这个时候生,她说我的孩子小,但是主任倒是没有说,所以应该就没有什么问题。邵主任既然没说,那么我觉得还是那一天生吧。(按照预定的良辰吉日生产)(01T-37Y-20150723)

乍看上去，我们似乎觉得她因为良辰吉日选择了剖宫产，而实际上这名产妇有胎位不正的情况，而且剖宫产之后又怀孕二胎。一般情况下，以上两种指标本来就已构成了剖宫产的条件，所以实际上产妇说明的文化传统上的命运想象更多的是她们给予生产风险的附加内容。在这一想象当中，分娩行为连接了生物医学、传统文化和下一代的未来，从而在时间上呈现出比生物医学风险更为绵长的延续性。

还有一名产妇提到自己女儿的预产期实际上是传统中国的"中元节"，也就是农历的七月十五，她希望避开这一天。因为在她爱人的老家，按照习俗来讲，这个时间出生的孩子"怪"，需要通过不叫自己的孩子喊爸妈来改变"命运"。即使医生跟产妇介绍了剖宫产以后会很痛苦，但她觉得这是母亲应该做出的"牺牲"。

> 因为当时我女儿的预产期是8月10号，14年的8月10号正好是我们农历的七月半，中元节。想避开这一天。……安徽农村那边，因为他们家有一个远房的亲戚是七月半的，说是七月半生的孩子不能喊自己的父母爸爸妈妈。说是这样子有什么不好，要是好，必须喊自己的爸爸妈妈叫大爷和大娘。……我不希望我的孩子七月半出生，我女儿跟我姓，到时候讲说，那个女孩子，就是跟她妈姓的，就是七月半生的。……我当时的想法就是，可能就是母爱的作用吧，就是宁愿哪怕他跟我讲，剖宫产比顺产要痛苦一百倍，我觉得用我的痛苦来换我女儿的这一切，应该是值得的。我不好跟医生讲不想在中元节那天生，因为他们西医不可能讲这些呢。我就讲，我血压高，尿蛋白高，加上我羊水少，我也不愿意生，而且我说我很痛苦。……医生后来说，那这样子吧，那我到时候给你选个好日子，8月6号住院吧，他说我给你8月8号剖。8月8号蛮好的，另外农历的话在7月13。然后，因为我一个朋友她信佛的，他说7月13是一个什么菩萨的菩萨诞。他说他的外婆和妈妈都是在这一天生的，7月13生出来的女性特别顺。(03W-37Y-20160428)

除此之外，这名女性在讲述这段经历时还提到了自己顺产的经历和二胎分娩的条件：

> 我的顺产经历可能对我来讲，蛮有阴影的。因为当时顺产

没有打无痛，那个时候医院里面没有。……而且当时我生小孩子的话，按照我外婆的话说是，那个小孩子是，生孩子的时候没有羊水，羊水全钉在上面。……当时我外婆就讲，我这种生法在她们那个时候，就叫干生。就是硬着来的。……那个就是侧切。……然后侧切完了以后，……45 天才好。所以我说顺产对我来讲，真的是蛮阴影的。老大顺完了以后，痔疮相对来说变严重了，因为原来没有的。而且是怀着我女儿的时候呢，好像是孕妇的话，是什么神经啊，会引起痔疮发作。而且我那次是在大概七个多月的时候发作的，蛮痛苦的，所以我就再想，生个老二是不是更痛苦，更严重。（03W－37Y－20160428）

从她讲述的个人经历来看，她的一胎分娩经历对她也影响很大。无痛分娩尚未普及，产妇需要"忍痛"完成整个分娩过程。侧切的伤口难以愈合，加上分娩后的痔疮，都让她不愿意再承受同样的"阴影"遭遇。在医院收住院时，她的情况是高龄二胎，"高血压、尿蛋白两个加，还有轻度的妊娠子痫。"医生和她沟通的时候尝试说服她顺产，但是她按照以上的情况加之前面提到的各种顾虑，坚持说要剖宫产，最后医生也就说"像她这样的话，她宁愿剖，干脆你就给她一刀算了。等她宫缩的时候，你拉到一边，她最后不愿意使劲，你最后还是要来一刀。我就喜欢你这样的，痛快一点，剖了就剖了，免得顺了再剖，受二茬罪。"生物医学衡量一次分娩的风险时往往专注产妇此次孕产的状态，以产妇的产时身体特征和胎儿状态为准绳，而实际上对面的产妇则可能有更复杂的顾虑。传统文化被女性拿来和自己的具身经验放在一起，形成了一种独特的选择可能。

（二）关系在场：分娩具身经验与社会关系

在分娩过程中，如果遇到了"鬼门关"的情况，我们最常听到的一句话就是"保大还是保小？"实际上这预设了一种在分娩过程中产妇和胎儿之间的特殊二元关系。尤其在发生一些紧急情况时，如何能够保证母婴双方的安全，不仅是产科的考虑，还是各个面临生育的家庭关心的问题。

在中国，生育本身就有很强的社会关系性。在分娩过程中，这种关系性还体现在母子之外的其他面向上。正如安姗姗在分析中国分娩集约化发展时提到的，实际上随着国家政策的变化，分娩过程中女性的话语权和行动力也在不断发生改变。"客体唯生"到"主体唯生"的变化彰显了女性在孕产中的主动性提升（安姗姗，2020）。而在当前的分娩环境下，每一个产妇几乎都作为家庭中的"重点保护对象"，降低分娩过程中产妇的风险是每个家庭的共同选择。

26岁的小花在最后几周发现胎儿头围太大，一直难以入盆，到了40周还是没动静。医生建议她可以尝试顺产，但实际上现在的指征已经可以剖宫产了。在这种情况下，产妇犹豫不决，但是最后还是决定剖宫产。

> 头围有点儿大，反正生的话也不太好生。她说顺产的话，因为顺产受到产道的挤压孩子的脑袋会比较聪明。但是根据我的情况，因为他又有点儿脐带绕颈，所以最后选择了剖宫产，怕孩子有什么风险。

> 她说孩子一直没往下走就是孩子头太大了，走不下去，这个意思。我说，要不然我顺产试试，老公说那你可以试试，但是不行的话还得剖。这样受两回罪肯定还不如受一回罪呢，还有两边的妈妈也决定就剖吧，然后我就决定剖了。（28Z-26Y-20161028）

在医学的审视下，人们越来越不愿意相信分娩的身体之可能性，不希望将剖宫产作为一种补充手段，以免经历过长时间阵痛以后依然要进行手术——"二次疼痛"。同时，从衡量孩子的风险和顺产益处来说，前者风险显然是这名产妇更想避免的——孩子的风险。生育这一家庭中的大事，婆婆和妈妈是两个关键性的影响人物。从小花的情况中，两个母亲的考虑都是从别让孩子受太多罪出发，希望减少小花的伤害和痛苦。在面对确定的风险时，人们往往会诉诸周围的支持群体，家人、朋友、同事等等，这些群体在互动过程中表现出来的风险价值取向，都会直接影响到产妇对自己分娩身体的感知和判断，从而影响她对分娩的预期和对不同分娩方式的想象。

即将分娩的产妇都或多或少听说过产痛，这名产妇也不例外。她听朋友说过顺产，还有内检和侧切的痛苦经历。与前人相似的是，这种"受两次罪"的逻辑为许多孕妇共享，她们都担心自己既要经受长时间顺产的疼痛，又可能因为各种原因再被"拉去"剖宫产。官晨怡和陶艳兰通过分析台湾地区和大陆地区的剖宫产现状认为,医院对孕妇身体的过度干预是导致女性选择剖宫产更为根本的原因(Kuan,2010;陶艳兰,2012)。官晨怡提出女性出于对"受两次罪"(suffering twice)的恐惧,或者起初选择顺产最终剖宫产的结果,更愿意理性地选择剖宫产(Kuan,2010)。

除了这种在产妇之间广为流传的"免遭两次罪"的经验逻辑和社会关系混杂在一起,另一种更为我们熟知的便是"熟人关系"。实际上熟人关系文化在各个领域都或多或少存在,在产房里则表现为,一些产妇可以利用自己的熟人关系,实现自己理想的分娩方式。小芳个子不高,骨盆条件还行,但是自己不希望忍受顺产的痛苦,很早就坚定了要剖宫产。最后在本地医院找到熟人之后,顺利采用了剖宫产。

> 我也想过顺产,知道顺产对孩子好,但还是太害怕,怕受不了顺产的疼,也怕内检和侧切。顺产要疼好几个小时甚至一两天,疼起来要命,弄不好还得顺转剖,也得受两次罪。我个子比较小,骨盆条件还行,但从心里就拒绝顺产。生闺女那会在 GA 医院,对剖宫产管理挺严格的,非让我试着自己生,我托人给说了说(实际是熟人),才同意给剖宫产的。生老二的时候是 39 周加一天剖的,两个孩子离得比较近,没有达到医生要求的三年,只差了两年零三个月,担心会子宫破裂,提前几天剖了。(31F-26Y-201605)

同时,最重要的是,在剖宫产指标限制的情况下,中国的人情关系发挥着特定作用。如果以费老的"差序格局"来看的话,实际上在分娩选择的社会支持方面也存在着这种人情关系的色彩。在面对分娩选择和决策时,产妇除了自我的想象和比较、自我的体验和回溯以外,我们还往往能够看到两个母亲的身影、丈夫的身影或者熟人关系的身影,他们都影响和参与着分娩的最终决策。

(三)知识在场:分娩具身经验与自我管理

不同于官晨怡(2010)的分析,大众媒体建构下的自然分娩风险并非让所有孕妇都倾向于选择剖宫产来避免"二次疼痛",仍然有不少孕妇坚持想要采用自然分娩的方式,避免面对剖宫产的风险。这直接影响了她们为实现自己理想分娩方式选择而采取的孕期自我管理行为。

29 岁初产的茜茜很早就决定尽量顺产,她最终是采用水中自然分娩。最后几周孕检的时候医生提示她胎儿个头过大,可能会不好生。她开始控制饮食，并且最后坚持完成了顺产，宝宝生下来时3.9千克，做了阴道侧切：

>自然分娩对孩子呼吸好啊，现在还有人说对孩子的注意力有影响。不是现在世界卫生组织都提倡顺产吗？……剖宫产虽然生的时候不疼，但是要开刀，恢复过程也疼，而且时间也长，还要留下伤疤，但我觉得能不能顺还是看自己的情况，胎位啊、孩子大小啊之类的。我当时后期就开始注意饮食，宝宝体重一直偏大，所以就控制饮食，别的就没有管了。(30W-29Y-20160630)

和茜茜一样，琪琪也是很早就确定一定要坚持顺产。在保证胎位等正常的情况下，琪琪坚持运动，每天步行，而且在饮食上控制热量，避免胎儿过大。最后，孩子出生以后体重确实没有超重，生产的过程虽然有些不顺利，但总体时间比较短：

>我是一直想顺产的，所以到了后期就特别注意，控制饮食，每天锻炼半个小时到一个小时，就是散散步那种。然后吃的上面我也很注意，当时爸爸在身边做饭，伙食很好，但在当时会注意控制饮食的量。……生的时候我是想无痛分娩的，但是当时宫口开的很快，麻醉医生又一直不来。等她来的时候，我都已经快宫口开全了。医生问我还要不要无痛，我坚决说要。可实际上无痛刚进行完皮试，我大便的感觉就已经非常强烈了，孩子就要出来了。后来麻醉医生看到确实快了，马上喊助产士过来推我上产床。反正时间不长吧，我过了一会就生出来了。宝宝个头比较小，当时才2.7公斤，所以比较好生。(31Q-30Y-20200422)

在我的访谈中，不少女性都提到了"顺产对孩子好"的说法，这和上文中助产士在介绍自然分娩和剖宫产时的不少说法相似。而这两名坚持控制体重以期在最后能够自然分娩的产妇，实际上正是符合了刚才助产士宣讲分娩的话语中对大部分孕妇的预期——最好能够适当控制饮食，以防后期胎儿过大成为巨大儿，不得不剖宫产。

在分娩过程中，产妇遇到突发紧急情况也常常能看到医学知识的影子。比如如何控制产痛，出现风险如何应对。她们将生物医学知识内化到自己对风险的理解中，同时以知识体系内的方法去积极应对或者规避可能的风险。38岁头胎的扬帆从进入产房之后，先是忍着疼痛，但是到了真正开指的时候开始"捶旁边的小桌子"，后来她打了无痛，但是打完回来上催产素就影响胎心，医生说应该是宝宝卡在了某个地方，于是建议她剖宫产。

> 然后我就被拉出去剖了。后来有人问说害不害怕，我说我不害怕，我说我不知道为什么好像对医学有一种极端的信任，我觉得大概有对自己身体有一种极端的信任，我觉得我又不是那种很弱的人，然后以现在的医学应该不会让我有什么太大的问题，而且我觉得其实很好玩那种。在全麻，但脑子清醒那个状况下，我说我能感觉到那个就是刀割开皮肤，然后再一层一层的割开。我当时跟我朋友形容，他们说好恐怖，我说没有，很好玩，那种感觉就那种一层一层的割开，然后还有他们在聊天，还有等到小孩出来以后给我看完以后，他们把小孩抱走了，他们开始缝……（202012Y-38Y）

面对一些产程中的突发情况，一些孕妇也会展示出自己所拥有的生物医学知识，比如积极管理自己的情绪等。42岁的大表姐性格豪爽，她的个人生活经历非常丰富，在二胎自然分娩的时候遇到紧急情况，她尽力控制自己的情绪，冷静应对大出血：

> 老二比老大，重很多，有8斤，说实话，我真的是有点儿筋疲力尽了，……好不容易生下来之后，突然就是说，医生说我大出血，当时我还挺冷静的吧，我就觉得，哎呀，怎么大出血给我碰上了，我一定要冷静，因为如果我一激动的话，我的血压会特别高，那就对止血是不利的……就这样子吧，然后还不错，一下子四五个医生就过来吧，帮我打了两针止血针。然后我是一分钟出血量是800毫升。然后是还不错，大概是三四分钟的样子吧，就把血止住了，然后很快就止住了。（2019-2021-1-42W）

而更为吊诡的是，此时的几名产妇虽然看似具有极强的自我控制性，却不约而同地和前文助产士所提倡的自然分娩方式的追求使用和产房中对孕妇的要求相吻合，符合了生物医学中对孕妇群体的理性想象。这种风险规避的主体希望尽量避免"手术"带来的侵入性风险，努力管理自己的身体并实践着"自然分娩"的理念。在分娩过程中，她们也按照生物医学知识积极控制着自己的身体、心理，应对在分娩中出现的问题。这些产妇理性的身体管理策略，一方面展示了女性在获得部分医学知识以后自主选择的行动性，另一方面却也展示出医学已经成为女性理解自己孕产身体的应有之义。女性使用医学知识审视自己的身体，并以此为出发点在意识和行动上获得了有限的能动性。

四、组合知识与情境选择：产房里共识的构建

本书的研究发现，女性在考虑分娩方式时，科学知识在不同女性身上发生了吊诡效应：面对分娩时，有的女性在怀孕期间积极避免自己所关注的生物医学风险，以实现自己的分娩选择；有的女性则无奈面对不得已的风险，却也在"冒险"中嵌入了自己的选择逻辑。在女性对自己分娩选择的阐释中，传统文化、社会关系和生物医学通通在场，它们使得面对医学化分娩的产妇获得了一种矛盾的感觉，既有选择和消费的自由，但是又需要按照制度的要求严格完成。

女性分娩本身就是一件充满风险和不确定的事，这不仅要有技术的支持、准确的生物医学风险评估保驾护航，同时更要积极回应女性分娩过程中的真实需求。对于医生和助产士而言，预防分娩风险的主要目的是保护产妇和胎儿的生命安全，顺利完成整个孕产过程。风险依赖于时间跨度，而人们对时间跨度的理解和社会结构的特征息息相关（Douglas，1992）。从时间角度来说，生物医学上制度层面的风险是际遇性的，而且是阶段性的。而对产妇而言，这种风险具有延展性，可能连带起过去的经历，也可能关涉到孩子以后的未来；可能牵扯到社会关系中亲属群体对风险的差异化定义，也可能衍生出新的群体行动逻辑，如"避免两次疼"等。她们通常会将生物医学风险纳入自己的生命轨迹、传统文化和社会关系当中，这种嵌入性使得个人层面的风险考量更具有情境性和社会性，而这一点往往被客观化的风险管理和评估模型所忽视。女性在面对分娩时表现出来的反思性判断实际上已经超越了生物医学风险的时间和功能维度，嵌入每个个体具体的生活情境中。这就要求我们能够打破学科上临床和非临床这种泾渭分明的分析方式，从每一个女性的具体情况出发理解分娩的意涵（吴嘉苓，2010）。

现代生物医疗制度下医学化的分娩和女性的传统分娩选择往往被视为对立面，女性选择"良辰吉日"等传统行为论的分析似乎和生物医学

风险互相对立。然而，在女性实际的生活世界中，它们往往相安无事地互相交织着。现代性在消解传统的同时，还在不断重建着传统（吉登斯，2001）。与知识精英以国家、社会甚至世界民族为整体考量的方式来对待"现代化"，普通大众，作为承受者，更多是以一种自我为中心，依亲疏远近向外扩散的人际网络，建立起以利益和情感为分殊基础的一种具有区域联防性质的区域世界观（叶启政，1996）。他们往往会利用日常社会生活惯习中发展出来的策略和资源，从事零星而区域化的游击战，对抗现代化的精心设计。而在与生物医学风险互动的过程中，无论是想象的还是现实可能遭遇的，女性都依赖着自己获得的知识、信仰的传统文化或者可利用的社会关系来解释行动。与官晨怡等人的分析一样，女性在医疗体制当中具有一定的反思行动性（官晨怡，2010），而且本书的结论证明，这种反思行动性并不仅仅局限在选择性剖宫产这一种方式，实际上女性在整个怀孕与生产过程中都在不断调和自己的身体与生物医学风险的关系。

在当前分娩医学化的大背景下，我们看到女性在自己的分娩具身经验中创造性地勾勒着属于自身的"能动性"空间，但极为有限。她们会根据自身情况，在分娩中积极去面对、适应或规避可能的风险。在这个过程中，她们将传统文化、社会关系或者生物医学知识以不同的方式纳入具身经验当中，构建出一个隐约可见的能动性空间。在这个能动性空间当中，她们的分娩和生物医学知识之间的关系发生了微妙的变化。她们一方面可能以传统文化等在场让自己勇敢"冒险"，另一方面也可能以社会关系、生物医学等在场的方式让自己理性"避险"。这种选择并不是完全基于生物医学知识或者理性而做出的，而是根据现实状况的情境性和关系性，基于她们对分娩的"组合知识"做出"情境性的选择"。

本章通过女性的叙述和生物医学风险叙述的差异，分辨出女性在分娩过程中更为复杂的需求，力求推动创建一种以产妇为中心的生产照护环境。了解产妇在实际分娩过程中的需求和考量，认识到生产的"风险"和"风险"的生产在实践中的差异，方能在此基础上构建医生和产妇双方都满意的产科环境。在当前的制度背景下，产科的医疗资源不再紧张，或许给医生和助产士提供了新的空间和时间，让她们在围绕孕产的工作实践过程中有足够的精力去关注和理解每一名产妇的实际需求，达成一种真正的"产房里的共识"。

第八章 生命的门槛：
怀孕与生产的再思考

本研究得出，国家、市场、医院和女性自身均在怀孕与生产的身体空间中寻找自己的作用范围。几方以不同的方式交织在一起，形成中国社会文化情境下的女性怀孕与生产图景。中国女性的怀孕与生产确实具有健康、消费（Zhu，2008）的特征，但这一健康消费只是其中一部分女性的行为，还有一些女性可能遭受健康和风险的多重剥夺。同时，在已有传统生育文化和中医等方面元素的影响下，女性的孕产观念与现代医疗产科中的"风险"和"知识"互动，相互融合，再造了当代中国女性的怀孕与生产经验。

回到本书导言讨论的中、法、美三国女性孕产状况粗略对比，中国近年来发生的某些产妇特殊事件是一种女性对控制自我身体权力的"呐喊"，也是女性在医疗制度中反行动（conter - conduct）之个例。这正如贾樟柯所言："即使你发出个人的声音，那谁在聆听呢？在这样的情况下，遭遇极端生存压力的人面对这样一个无法讲述、无人聆听的情况，或许暴力是他们的一个宣言，一种个人的讲述。"[1]医院的最终目的是保证孕妇的安全生产和胎儿的健康，而某个产妇在这一过程中并不以此生产过程和生产结果为目的，转而中途选择结束生命——确认身体属于自己，留下医院和家属都期待对方来承担这一死亡之后的"责任"。这是否给我们带来沉重一击呢？当前对这一领域的探讨和研究远远不够。

这一个人身体权力的"宣言"让我们再度反省女性分娩的变迁历程。

---

[1] 来自于沃尔特·塞乐兹（Walter Salles）拍摄的《汾阳小子贾樟柯》中片段。"暴力"实际上成为不少个人面对制度无力反抗诉诸的手段，这种暴力既可能是一种针对自己身体的暴力（自我伤害等方式），还可能是面对社会上其他人的暴力，一方面是"不和谐"，另一方面也是一种宣言和呐喊。

新中国成立初期，我国推崇新法接生，旧式接生婆逐渐被吸纳到医疗制度框架内。随后，剖宫产也逐渐在医疗产科中推广开来并迅速受到医院和孕妇的青睐。我国剖宫产率在短时间内远高于世界平均水平。"产妇怕疼"一度被不少新闻媒体用来解释中国的高剖宫产率，也有学者将当前中国医疗体制中的程序化、市场化等视为不可忽视的原因（陶艳兰，2012；郇建立、田阳，2014；范燕燕、林晓珊，2014）。本书的数据研究结果证实，在全面二孩政策实施以后，各家医院的孕妇数量增多，剖宫产率依然停留在较高的水平，超过世界卫生组织所规定的15%两倍之余。由此，各家医院控制剖宫产率的任务更重，在一定程度上会导致医生和助产士对剖宫产的指标控制日益严格。

在这种情境下，孕妇对生产过程中疼痛的耐受不同，各家庭对顺产和剖宫产的期待不同，几方力量的综合角逐留给产妇逼仄的空间，导致了产妇"选择"逃离。而实际上，在面对制度的暴力和多重剥夺时，结束个人的生命已经成为极端的个人无奈"选择"。这一制度和个人之间冲突的警钟无一不让人振聋发聩。中国各地区发展程度、女性教育程度和生活水平的差异等都导致女性对生产中个人可行动空间有差异化的理解，从而对个人身体的权力要求极具多元性。在医疗资源上，优质医疗资源分配有待提升。在社会保障制度设计上，医院的医疗保险报销项目和非报销项目对不同工作状态的女性而言差别很大。从经济层面的意义上，医疗市场化背景下的高额费用成为部分孕妇就医选择的经济障碍。所以，国家、市场、文化甚至医疗制度设计都营造了一种特殊的中国孕产治理情境，中国女性需要从中寻找并创造可供自己周旋的行动空间。

一、消费性、健康性的多元治理与孕妇行动

本研究基于以往对中国女性怀孕与生产领域的研究成果，从医疗体制内部的互动关系来分析这种消费性和健康性的怀孕与生产转向。国家的政策转变引导医疗制度，市场经济嵌入医疗制度改变着医疗服务供应方式。医疗制度这一医生和孕妇互动的核心场所，在风险分配和知识传播中具有主导作用。由于在医疗制度中面对风险和知识的是具有能动性的孕妇个体，她们的自身经验同时融合着传统生育文化、中医、社会关系和经验等各方面内容，从而构成了中国社会文化情境下怀孕与生产的女性经验。孕妇对制度的反应性行动正是在这样的背景下展开。

(一)多元治理下的消费性、健康性身体

在当前的医疗体制内,孕妇的身体成为多个主体争夺解释权和操作权的领域。知识的多元性中包含了传统的生育文化、传统医学和现代的妇产科学知识,其科学界限存在模糊性,且与当前医疗制度的总体目标密切相关。产前检查等技术将女性身体纳入新的范畴中,由此,中国女性怀孕与生产的身体及与之相伴的母职也在这一系列制度设计变迁中随之不断发生变化。

我们将此置于中国国家政策和医疗制度历史中发现,这一情景并非持续存在。新中国成立初期,国家卫生政策对女性身体规范倾向于劳动式、政治平等性。在这一政治环境下,孕产过程服从于当时的劳动生产体系,强调女性从自然生育中解放出来。当时不少女性在孕期产后均保持参与"社会主义劳动",加之生育政策的严厉控制,怀孕与生产这一女性身体带有浓烈的政治色彩。

随着西方产科技术的推广,中国女性的身体重新接受孕产科学的阐释和新生殖技术的探测。当前的孕产知识以科学的外衣将与自己价值观相符合的内容纳入其中,摒弃那些不符合自身目标的内容,并视之为"落后的""低级的"。在民族主义和现代国家话语下,医生将这种情况与其他国家(主要为日本)进行比较,赋予人们的生活实践以民族主义和国家现代化的含义。由此,官方对孕妇身体的定位逐渐从建国初期的国家建设型转为全球化下的现代健康型。身体的政治性逐渐沉淀为背景色,科学、市场化、健康的身体色彩日益凸显。从数值上的管理、质量上的控制到与经济资本的密切相关,当前中国女性怀孕与生产的身体带有时代叠加的印记。

随着市场进入医疗制度,医生及医疗技术与就医者的关系带有消费色彩。部分医疗技术成为可供选择的商品,一些医疗照顾也成为可以购买的服务。当前中国医疗制度中,人们通过消费进行自我身体治理已经成为一大特征。以女性群体为主的消费内容从身体扩展到母职,从母职领域扩展到家庭。女性的选择在这一消费过程中得以实现,消费后产生的满足感和"心安"成为很多女性说服自己的内在动力①,从而模糊化或

---

① 关于女性消费健康的内容,更详细深入的分析可参见朱剑锋的相关研究(Zhu,2008;2013)。

者不再关注自己的身体所处的权力关系。

医生通过与孕妇的沟通,分析各种医疗技术对孕妇及其腹中胎儿的利弊,并为她们提供相应医疗服务。之后医生则通过一纸"知情同意书"将责任转移给孕妇自身或者其家人,使其"同意"这一对生的治理(Memmi,2003)。孕妇或者家人成为对身体进行治理的责任主体,她们在这一医疗制度中做出选择并按照医院的要求主动完成对身体的管理。

(二)"花钱买心安"或多重风险:公平性的构建

怀孕与生产在当代社会具有医疗化的特征,因此本书对女性怀孕与生产的讨论让我们反思当前中国社会医疗体制中就医者的实际处境。中国的医疗体制及其特性和国家政策对其定位和规范密切相关,因此,中国医疗问题仍然具有特定的政治功能。根据国家的政策规范要求,医疗制度分为特定的级别种类,形成差异化的医疗制度体系。如同权力关系的网络最终形成一个贯穿各个机制的制度,却又不局限其中的网络一样,大量的抵抗点也贯穿了各个社会阶层和由个人组成的团体(福柯,2014)。

在医疗体制内部,医疗工作人员按照市场规则划分出不同的服务种类,将就医者分为 VIP 和普通患者,同时对风险问题进行专业分类。女性在孕妇课堂、问诊和媒体宣传中不断习得孕产医学知识,并成为这个制度中"合格的"行动者。孕妇群体内部状况的社会差异创造了多种行动可能的条件。在日益主流化的市场消费自发扩张的情况下,医疗制度的公平性备受诟病,经济支付能力很大程度上可以决定人们在医疗制度当中的选择权益和范围。因此,本书提出,产科医疗制度强调孕妇和胎儿的健康及孕妇对医学知识的理解、接受,同时也融入了特定医疗技术的消费和推广,改变了女性怀孕与生产的现实身体经验。从对怀孕与生产的健康关注到产检技术和孕期产品的消费,女性怀孕与生产中的身体具有了健康性、消费性和关系性,女性从自身身体经验和社会关系出发,形塑出组合知识下的情境选择。

在医疗体制市场化后,其内部逐渐形成了就医者群体的分层式购买服务。医疗服务技术水平高低的购买和使用最大程度上和支付能力相关,因此社会经济地位处于底层的人获得优质医疗服务的难度可能更大。与此同时,中国人口对优质医疗资源的需求和医疗资源分布不均之间的矛盾,一并造成专业优质医疗资源供不应求的紧张状况。在这种情况下，提升优质医疗资源的公平性和可及性成为新型生育环境下产科及医疗制度面临的现实挑战。

从市场化的层面来讲，由于部分医疗资源带有了消费产品的属性，医疗资源按照经济、社会资本分配，孕妇或者就医者所获得的服务预期与其所具备的服务购买能力直接相关。经济资本或者社会资本成为医疗体制中的有利工具，患者可以通过自己的资本"获得服务"。另一层面讲，患者对医疗领域公平性的预期高于其他领域，以病情为导向的患者及其家属均认为自身状况应该及时接受个性化的诊疗。然而，在当前医疗资源紧张且优质医疗资源分布不均的医疗体制下，医生对患者情况的处理则会考虑多方面因素。如若问题未得到及时的解释或处理，就医者和家属便会有更多的心理焦虑，从而使得就医者无奈接纳当前医疗体制的市场和权力寻租规则，"甘心情愿"购买服务——"花钱买心安"。这样的女性身体在梅米教授的生命个体化框架下可以视为一种"生命消费"（bio-consumption），即以身体为实践基础进行消费。而在同样的制度当中，患者如果不具备购买心安的资本，便会受到制度治理下的经济、身体风险多重剥夺，即"生命剥夺"（bio-deprivation）。当代社会的群体差异除了存在于原有的社会人口因素上，更着重体现在身体和生命健康层面上的切实差异。

以专业知识为基础的市场化医疗内部，医疗风险分配、管理，医疗知识的传播和患者的花钱买心安共同再造了当前市场化与医疗化的医院体制。尽管国家一直在规范各种医疗行为，医院也据此建立了较为正式的制度框架，但是在实际医疗流程中人与人互动的微妙性远非文本上的制度条款所能控制。医院的医生与市场合作，使患者在掌握制度内知识和医疗体系框架下"自主、知情地选择"额外服务。这种选择无疑是源于制度的，到底是一种制度剥夺还是一种服务消费完全取决于患者的医疗资源获得能力和知识掌握状况。如今，网络知识的复杂需要女性自主辨别知识的权威性和来源，对女性本身的知识筛选和理解能力提出要求。从而，在孕产知识的专业化和非专业化传播上，教育水平较低的女性可能更难以在多重知识体系中找到对自己有益的知识内容，从而做出更适合自己身体状况的选择。

医疗制度本身制造出来的区隔以及划分方式拉大了孕妇之间的差异，制造了新的健康消费主体。孕妇群体在当前中国产科医疗体制中形成了一种针对身体的消费行为实践。具有特定经济条件能够在制度内自由选择甚至在制度外选择的人，享受着自己在制度内外行动的自如性，区别于另一种难以获致基本医疗条件的弱势群体。这些弱势群体的劣势在当前健康和个人责任捆绑的状况下更不可见，她们不光在优质资源的获取上处于劣势，还可能因为资源和信息的获得能力面临更大的孕产风险。

在这种政治、医疗、市场权力综合作用的情况下，孕妇的实践行动取决于具身经验及其与医疗互动的实际情况，同时也更多基于个人的经济水平、教育水平等多方面因素。使用抵抗、顺从权力话语或者数据分析孕妇在医疗体制中的行动都显得有失偏颇，孕妇在医疗体制的身体治理过程中形成了多样化和流动性的态度和行动反应。我们需要更多关注就医者这一主体的声音，并注意到这一群体并不是同质的，还应该关注到她们内部的资源获得能力和社会经济状况差异，提升女性群体内部在获致妇幼卫生保健资源的公平性。

（三）重新思考医患关系和医患共识

由产科医疗体制与孕妇的互动关系可以看出，中国身体治理的作用离不开国家政策、市场合作和医疗管理，更离不开医疗专家与孕妇的普遍参与。生育政策在中国是一种政治性背景因素，构成了中国生命政治的基本背景，也直接影响着当前中国医院中对怀孕与生产的治理。与此同时，国家在孕产方面的政策导向决定了医疗知识和科学的界限，通过医生的专业权威和系统性的知识传播影响孕妇对自我身体和胎儿健康的主观认知。国家并未从医疗体制的市场化中完全退出，而是在公立医院中通过政策之手对其进行适当、适时的干预和调控。市场则以技术合作和资金人员支持等优势嵌入医疗体制，成为左右医疗制度内身体治理的另一状况。两者之间的关系处于不断的调和之中，且取决于医生和患者在现实情境中的互动。

医疗体制及医院中的专家一方面按照怀孕与生产的相关政策要求管理孕妇，另一方面则通过日常沟通、医疗检查、风险分配等各种方式将孕妇纳入对自己身体的健康化、消费化治理中。一系列的医疗指标、市场合作压力让医生模糊并重建知识、自然、科学、传统等之间的界限。医院和社会宣传围绕医疗制度规范展开，而按照制度规范行动的个体总结分享这种与医疗流程密切相关的孕产经验。由此，越来越多的孕妇进入医疗体制，与其他主体一并参与制度规则的再生产。在这一过程当中，医院中的医生将风险和知识传递给孕妇的同时，将风险避免和孕产保健的责任也转移给孕妇自身，使得孕妇成为在这一医疗体制治理自身的主体。这一知识和责任的转移过程给医生提供了避免医疗纠纷的可能，同时将治理过程的主体和责任分散到每个个体，形成松散但极为有效的个人治理网络。

随着中国社会的变革，医疗体制的制度特征和工作重点不断发生变化。医院治理过程中强调自己的知识权力权威，忽视了大众知识体系多元性、患者背景多样性、身体经验差异性对专业知识的影响。而对就医者而言，其身体经验是连续的，他们对于医疗治理的具身性体验是持续存在的。因此，中国就医者在身体治理过程中对国家、市场及其参与程度的预期，与现实医疗体制中国家、市场角色不断调和变化之间形成潜在矛盾和巨大差异，在这种情况下，若个体又缺乏平等沟通的制度化表达路径，便会容易产生医患纠纷。

处于医疗体制中的医生所期待的患者角色是一种以专业医疗知识为健康的唯一权威标准，并愿意为健康付出经济代价的个体。而患者期待的医生角色则是从身体经验和平民知识层面让自己"信得过"的医生和医疗服务。这种矛盾和冲突反映出当前国家、市场综合作用下的医疗体制运作以病患为对象，但是并未将中国社会中病患的经济水准差异性和文化差异考虑在内。网络空间似乎提供了一种可能——网络专家给就医者提供回答，或者权威医疗知识网站给患者宣讲解释医疗知识。这一平台似乎给医生和就医者提供了可能对话的空间，但是其长期效果仍然需要更规范的管理，如规范化和权威化的网络知识平台的建设和及时的纠错机制，给患者提供值得信赖和实用性的手头知识。

十九大采访中中出现对医患关系的回应，"医生提供的服务不是商业化服务，是照护。"2017年10月26日一名医生在自己的朋友圈发表关于这一说法（"医疗是一种服务"）的感悟。她认为医疗技术和治愈通常被患者当作同一回事，疾病本身充满了变数：

> 患者从医院购买了医疗技术，不等于购买到了治愈。因为其中有一个最大的变数，就是疾病本身，特别是这个疾病的载体——患者本身。做医生这些年，越来越明白，疾病的败退，不会因为善良或者祈祷或者权势。我们能做的就是"尽心尽力

的合作"这个我们＝医＋患＋社会保障体系。(20171026－某医生朋友圈)

"照护"在这一意义上显然还要不断平衡医疗、市场和政府保障之间的关系才能完成。这位医生所言的"尽心尽力的合作"实际上既需要一种更包容多元化的制度，提供公平和可及的医疗服务，还需要一种更具开放性和尊重多元性的社会环境，给医生和患者都有了解和认知对方的空间和文化基础，构建一种特定医疗情境中的"共识"。这种情境对当前医疗环境的友好性提出新的要求，在医疗资源不再紧缺的状况下着重提升医疗服务质量，构建以孕妇照护为核心的产科环境。

二、理论反思与中国情境

回到本书所使用的身体治理理论，我们将中国医疗产科对女性身体的治理进行了多层面分析，同时我们注意到在各个层面，不同的主体都在互动过程中发挥着作用。国家的推动、市场的嵌入在医院空间中体现在医患互动和医疗资源配置上，风险分配和知识融合在医疗体制内外同样参与着这一身体治理过程。孕妇在这一过程中具有流动性的孕产体验、组合的孕产知识和多元化的情境选择。

从身体治理的角度入手分析当代中国女性的怀孕与生产，具有特定的理论意义。第一，鉴于已有学者将治理、治理术的理论概念用于分析中国女性的怀孕与生产(Zhu, 2008)，本书再次从治理理论出发与相关研究进行对话，并对其进行补充，从治理的主体而非治理的过程出发分析医疗产科对女性的身体治理，理清各个主体的不同作用，从多元权力交织中分析中国社会医疗机构中身体治理的权力谱系。第二，本书采用混合研究方法，与本书的分析过程结合，更全面地展示出治理的具体细节。研究发现，治理的复杂性并不能通过割裂式的分析完成，而是"你中有我，我中有你"的混合状态，同时取决于医生和患者在现实情境中的互动状况。在这一状态下，治理的对象——孕妇也表现出更加多元的行动特性。第三，就理论概念和工具的使用而言，本书还涉及女性主体层面的分析，以产检和分娩为例分析了女性群体内部在孕产实践上的社会差异。

从身体治理的角度出发分析当代中国女性的怀孕与生产，具有一定的实践意义。无论是从关于产妇的特定社会新闻事件还是当前宏观的母婴卫生保健政策，中国女性怀孕与生产的身体受到越来越多的关注。古代的保胎政策等对女性身体的关注离不开中国传统家庭文化中对生儿育女、传宗接代的重视，当前社会生育政策放开后更是出现对女性生育议题社会性的关注。分析和展示这一治理过程无疑能给我们提供分析中国社会发展变迁的棱镜，映射出医疗领域如何随着中国社会的变化不断转变着对身体的治理术。对于中国医疗机构而言，制度中仍然存在的问题也在本书中得到体现。市场化过程中对差异性的补偿政策缺失，知识传播过程中地区和人群的差异化，医患沟通过程中对女性一方主体身体经验的忽视等在本书中都暴露出来，这些都是当前中国医疗机构中急需处理的问题。纳入中国女性自身的主体性，关注女性群体内部的多样性，则成为本书能为这一现实情境提供给妇幼卫生保健的关键策略。

本书将治理这一概念缘起所带有的国家和历史色彩剥离，单纯把它视为对现当代社会制度和行动关系的一种分析方法，并将其置于中国的社会历史发展背景之下，再次给治理这一理论工具注入了中国情境色彩。

身体治理过程中国家的作用仍然十分关键，生命政治的概念有助于理解这一过程。这回应了一些学者认为当前的生命政治正走向一种完全新自由主义的个人化状态——在中国，这种情况仍然要放在不同类型的主体上进行分析。宏观层面上的国家政策仍然具有主导作用。医疗机构的方向性控制在中国的医疗产科身体治理中更加明显；优生政策的倡导和健康理念在当前中国医疗机构中得到更多的强调；现代化指标的控制和医生工作绩效挂钩，科学的阐释常常带有政策的外衣都将中国国家的调控色彩凸显出来。

其次，中国孕妇身体治理过程中市场的作用愈发明显，生命资本（bio-capital）的自发扩张性质正日益增加。市场经济嵌入医疗体制之后，将这一原本在中国带有公平、救助特征的"公益性"制度赋予了难以剥离的经济资源分配特征。正如朱剑锋所言，中国的医疗制度当前正和中国社会的其他制度一起，生产这一种"试图通过创造更多经济资本来解决所有问题"的主体（Zhu，2013）。本书赞同这一结论，同时发现这一特征的主体数量正在不断增加。然而，这一状况可能会造成病患群体内部的社会不平等。中国社会中已经逐渐出现孕妇对身体的自我治理，但是这种自我治理更多是与女性的社会经济地位和所处社会境况直接相关。从这个意义上讲，中国社会情境下的健康差异问题具有更大的阶层张力，与时代差异、地区差异等交织在一起构成更复杂的健康社会分层状况。

最后，身体治理理论中关键的"规避风险"或者"知识"都在不同程度上保留着中国传统孕产文化、中医或者时代的色彩。时代的迅疾变迁使得中国社会在同一问题上总是呈现出更多元化的特点。无论是风险的内涵，还是孕产知识的具体内容，都极具历史特殊性和文化传承性。不同时代孕产观念的冲突可能在日常生活中发生调和（Zhu，2013），呈现出更加多元差异化的孕产行为。另一方面，这一系列概念在中国的社会情境文化下具有更高的流动性。中国社会的急剧变迁和技术更新、引进都将中国女性的孕产经验扯入全球化技术革命的前沿。

尽管本书从经验和理论层面对当代中国城市医疗制度中女性怀孕与生产的研究进行了补充，但总体来说仍存在些许不足和遗憾。就本书的研究问题而言，使用混合研究方法，结合定量和定性的研究结果，既能够展示出行动的内在逻辑，还能从比较描述层面上对群体的差异性进行分析。但是，在研究的推进过程中，量化研究对精确化的追求和质性研究对鲜活性的关怀在研究实践中具有极大张力，如何在研究过程中平衡这种张力对研究者的理论素养、社会学想象力甚至时间和精力构成了现实挑战。因此，本书是使用混合研究方法在生殖社会学、医学社会学领域的初步探索，对主体复杂行动策略的分析仍待继续研究。

此外，回到文初，生殖选择和权利问题在欧美国家中仍存在，而在中国则侧重于关注女性的生育环境和社会支持等问题。在这一背景下，我们需要更开放和多元化的话语空间，容纳女性对自我身体经验的讲述，关注她们对生育的想象、体验和反思，创建一种纳入生育主体的生育支持政策，回应社会公平和性别平等的关键原则。构建家庭友好的社会环境需要以人们对"生"有积极良好预期为前提条件，"何以为生"？也让我们思考，当前中国城市"生命的门槛"之现状与问题。我们如何想象"生"及"生命"？希望本书能提供一些供大家思考的线索。

参考文献

[1]安姗姗.走出家门走入社会:分娩集约化进程中国家与妇女的互动[J].浙江学刊,第6期,2020.

[2][加]约翰·奥尼尔著,李康译.身体五态:重塑关系形貌[M].北京:北京大学出版社,2010.

[3][美]白馥兰.邓京力,江湄译.技术与性别:晚期帝制中国的权力经纬[M]南京:江苏人民出版社,2006.

[4]包蕾萍.中国计划生育政策50年评估及未来方向[J].社会科学,第6期,2009.

[5][美]苏珊·鲍尔多.綦亮,赵育春译,不能承受之重——女性主义,西方文化与身体[M].南京:江苏人民出版社,2009.

[6]蔡江南,胡苏云,黄丞,等.社会市场合作模式:中国医疗卫生体制改革的新思路[J]《世界经济文汇,第1期,2007.

[7]曹慧中.成为母亲:城市女性孕期身体解析[J].妇女研究论丛,第1期,2014.

[8]曹云霞.高龄女性生育力的变化与评估[J].中国计划生育与产科,第6期,2014.

[9]陈东原.中国妇女生活史[M].北京:商务印书馆,2015.

[10]陈家萱.不再"傻傻的"孕妇:战后以来台湾产前检查医疗化的发展与影响[C],高雄医学大学性别研究所硕士论文,2007.

[11]陈施,陈倩.高龄妊娠的孕期管理[J].中华产科急救电子杂志,第8期,2016.

[12]陈竺,高强.走中国特色卫生改革发展道路使人人享有基本医疗卫生服务[J].求是,第1期,2008.

[13][英]玛丽·道格拉斯.张晨曲译.制度如何思考[M].北京:经济管理出版社,2013.

[14] 杜玉开.妇幼卫生管理学[M].北京:人民卫生出版社,2006.

[15] 丁玲著,刘晴编.丁玲代表作[M].北京:华夏出版社,2008.

[16] 胡桂香.中国的计划生育政策与农村妇女[D].华东师范大学历史学系博士毕业论文,2014.

[17] 董维真.公共健康学[M].北京:中国人民大学出版社,2009.

[18] 佴科军,刁英,温树美.孕妇年龄对产程和分娩方式的影响[J].农垦医学,第2期,1999.

[19] 范燕燕、林晓珊."正常"分娩:剖腹产场域中的身体、权力与医疗化[J].《青年研究》第3期,2014.

[20] 冯国银.妇幼保健学[M].济南:山东科学技术出版社,1990.

[21] 冯毓华,王女杰.什么年龄分娩最合适[J].生殖与避孕,第2期,1982.

[22] 风笑天."单独二孩":生育政策调整的社会影响前瞻[J].国家行政学院学报,第5期,2014.

[23] 范建霞,杨帅.单独二胎政策开放高龄产妇面临的临床问题[J].中国临床医生杂志,第8期,2015.

[24] [美]费侠莉.甄橙主译,吴朝霞主校.繁盛之阴:中国医学史中的性(960-1665)[M].南京:江苏人民出版社,2006.

[25] [法]米歇尔·福柯著,钱翰,陈晓径译.安全、领土与人口[M].上海:上海人民出版社,2010.

[26] 佘碧平译.性经验史[M].上海:上海人民出版社,2014.

[27] 福州军区军医学校编.临床医学问答[M].福州:福州军区后勤部卫生部,1977.

[28] 高春亮,毛丰,付余晖.激励机制、财政负担与中国医疗制度演变[J].中国公共管理论坛,第4期,2009.

[29] 高锦升,苏勤.生育年龄与优生[J].中国农村医学,第6期,1988.

[30] 顾昕.全球医疗卫生体制改革的大趋势[J].中国社会科学,第6期.

[31] 顾昕.走向有管理的市场化:中国医疗体制改革的战略性选择[J].经济社会体制比较,第6期,2005.

[32] 顾昕.医疗卫生资源的合理配置:矫正政府与市场双失灵[J].国家行政学院学报,第3期,2006.

[33] 顾昕.走向全民医保:中国医疗保障体系的制度演变[C].中国社会

保障制度建设30年:回顾与前瞻学术研讨会论文集,2008.

[34] 官晨怡.台湾"选择性剖腹产"之重新解读分析[J].考古人类学刊,第72期,2010.

[35] 官晨怡.生产中的"现代性":科技信仰与科技局限的竞技场[J].台湾人类学刊,第11期,2013.

[36] 国佳,董玲.二孩政策给妇幼保健工作带来的新挑战[J].中国妇幼保健,第9期,2016.

[37] 郭松铎,陶月玉,林尚楠.心脏病学词典[M].北京:中国医药科技出版社,1998.

[38] 葛月萍,张霞.妊娠年龄与并发症的相关分析[J].中国妇幼保健,第25期,2010.

[39] [美]欧文·戈夫曼.宋立宏译.污名——受损身份管理札记[M].北京:商务印书馆,2009.

[40] 郭戈.高龄初产妇的问题化——基于医学话语与大众话语的双重建构[J].妇女研究论丛,第4期,2016.

[41] 桂从路.回归尊重,凝聚"产房里的共识"[N].人民日报,2017-9-7,第5版:http://health.people.com.cn/n1/2017/0907/c14739-29520724.html

[42] 韩俊红.21世纪与医疗化社会的来临——解读彼得?康拉德《社会的医疗化》[J].社会学研究,第3期,2011.

[43] 黄金麟.历史、身体、国家:近代中国的身体形成(1895-1937)[M].北京:新星出版社,2006.

[44] [英]克莱尔·汉森.章梅芳译.怀孕文化史:怀孕、医学与文化(1750-2000)[M].北京:北京大学出版社,2010.

[45] 郝芳之.怎样带好娃娃[M].济南:山东科学技术出版社,1981.

[46] [美]贺萧.生育的故事:1950年代的农村接生员.载王政、陈雁主编.2005.百年中国女权思潮研究[M].上海:复旦大学出版社,2005:301-327.

[47] 何燕嫦.1500例不就医及不遵医行为的调查与分析[J].现代护理,第12期,2006.

[48] 何逸雯,蔺莉.高龄产妇分娩方式评估[J].实用妇产科杂志,第1期,2017.

[49]贺颖.医学遗传学[M].郑州:郑州大学出版社,2015.

[50]华嘉增.妇女保健学[M].北京:中国人口出版社,1991.

[51]华嘉增,朱丽萍.现代妇女保健学[M].上海:复旦大学出版社,2011.

[52]皇甫翰深.医学伦理学[M].成都:四川科学技术出版社,2009.

[53]黄金麟.历史、身体、国家:近代中国的身体形成(1895–1937)[M].北京:新星出版社,2006.

[54]黄荣清.健康是人的最基本需求,健康是科学的基础研究,健康是人的基本权利[J].市场与人口分析,第6期,2006.

[55]黄醒华,王临虹.实用妇女保健学[M].北京:中国协和医科大学出版社,2006.

[56]杰福利斯,席格伦.王佳鹏译.治理术与中国:研究国家、社会和自我的新取向[J].中国研究,第18期,2014.

[57]贾朝霞.调整生育政策对北京市产科资源的影响[J].中国全科医学,第21期,2015.

[58]江苏省卫生和计划生育委员会.关于加强生育全程基本医疗保健服务和妇幼健康领域风险防控的实施意见(苏卫妇幼[2016]12号)[EB/OL],2016.原文网址:http://www.jswst.gov.cn/jsswshjhsywyh/ywgl/fyjk/gzdt/2016/12/22102959917.html

[59]安东尼·吉登斯.生活在后传统社会中,载于乌尔里希·贝克,安东尼·吉登斯,斯科特·拉什.赵文书译.自反性现代化[M].北京:商务印书馆,2001.

[60]姜振勋.评论:生育年龄与节育年龄[J].健康家庭,第1期,1937。

[61]金一虹."铁姑娘"再思考——中国文化大革命期间的社会性别与劳动[J].社会学研究,第1期,2006.

[62]康楚云.生育政策调整对助产医院分娩量及产妇构成的影响[J].人口研究,第6期,2015.

[63][美]约翰·克雷斯威尔.李敏谊译.混合方法研究导论[M].上海:上海人民出版社,2015.

[64]郎景和.实用育儿指南[M].福州:福建人民出版社,1983.

[65][美]艾德丽安·里奇.毛路,毛喻原译.女人所生——作为体验与成规的母性[M].重庆:重庆出版社,2008.

[66] 李崇高.日记—五十四、优生科学一次里程碑的会议[EB/OL],2008,原文网址:http://blog.sina.com.cn/s/blog_53da28750100bu0q.html

[67] 李芳秋,郝秀芳,吴元赭.检测孕妇血循环中胎儿 DNA 进行无创产前诊断的研究进展[J].中华妇产科杂志,第3期,2004.

[68] 李红梅.生二胎,别以"过来人"自居[N].人民日报,2014-2-14(17).

[69] 李红梅.两孩来了,产假长了(民生调查·全面二孩新保障)[N].人民日报,2017-5-4(13).

[70] 李力,陈建昆.高龄妇女孕期母儿监护[J].实用妇产科杂志,第1期,2017.

[71] 李明慧.民国陕西省妇婴卫生建设刍议(1934—1949)[J].医学社会史研究,第3辑,2017.

[72] 李滔,王秀峰.健康中国的内涵与实现路径[J].卫生经济研究,第1期,2016.

[73] 李增庆.高龄初产妇保健[M].北京:金盾出版社,2006.

[74] 李贞德.性别、身体与医疗[M].北京:中华书局,2012.

[75] 连亮思.高龄孕妇应早点检查[N].中国消费者报,第7版,2001.

[76] 梁中堂.宏观视野下的我国医疗卫生体制改革[J].经济问题,第3期,2006.

[77] 林崇德.中国独生子女教育百科[M].杭州:浙江人民出版社,1999.

[78] 林晓珊.城市职业女性妊娠期的工作与生活:以身体体验为中心[J].中华女子学院学报,第2期,2011a.

[79] 林晓珊.母职的想象:城市女性的产前检查、身体经验与主体性[J].社会,第5期,2011b.

[80] 刘畅.中国城市女性孕期医疗化的社会建构研究[D].吉林大学博士学位论文,2017.

[81] 刘国恩,陈佳鹏.中国人口健康模式与医疗体制改革[J].市场与人口分析,第6期,2006.

[82] 刘国恩.我国医改成功的关键:破除垄断、加强竞争、促进供给——访经济学家、北京大学光华管理学院刘国恩教授[J].中国药物经济学,第2期,2007.

[83]刘爽.女性生育年龄推迟的多维度分析[D].沈阳师范大学硕士学位论文,2015.

[84]刘文慧,郑菲菲,姜连英.浅析"普遍二孩"政策给医疗卫生机构带来的挑战[J].全科护理,第26期,2016.

[85]刘雪松.毛泽东与新中国医疗卫生工作[J].党史博览,第6期,2016.

[86]刘朝晖.高龄孕妇必要的检查[N].家庭医生报,2004-11-29(5).

[87]路琰.国内最早提出政府主导公共卫生医疗的专家之一:李玲反对医改市场化[J].中国医药指南,第1期,2007.

[88][英]尼古拉斯·罗斯.尹晶译.生命本身的政治:21世纪的生物医学、权力和主体性[M].北京:北京大学出版社,2014.

[89]吕铁力.产床[M].北京:中国华侨出版社,2000.

[90][德]尼克拉斯·卢曼.孙一洲译.风险社会学[M].贵州:广西人民出版社,2020.

[91]麦明琴.高龄二孩孕妇的产前诊断结果[J].实用医学杂志,第33期,2017.

[92]潘光旦.生育节制的几个标准.载于潘光旦.潘光旦文集9[C].北京:北京大学出版社,2000:57-61。

[93]潘光旦.医学与优生学.载于潘光旦.潘光旦文集9[C].北京:北京大学出版社,2000:281-293.

[94]潘炎君.加强孕期规范管理对高龄孕妇妊娠结局的影响[J].中国当代医学,第7期,2017.

[95]钱信忠.医学小百科:优生[M].天津:天津科学技术出版社,1983.

[96]乔晓春."单独二孩"政策下新增人口测算方法及监测系统构建[J].人口与发展,第1期,2014.

[97]庆慧等.妇女卫生禁忌[J].石家庄:河北科学技术出版社,2002.

[98]邱济芳.流动性经验和理性医疗选择——基于高龄孕妇的个案分析[J].妇女研究论丛,第1期,2017.

[99]秋萍.产妇之心得与实验谈[N].妇女时报,第1期,1911.

[100]渠川琰.中国优生优育优教百科全书·优生卷[M].广州:广东教育出版社,1999.

[101]饶克勤,尹力,刘远立.中国居民健康转型,卫生服务需求变化及其

对社会经济发展的影响[J].中国卫生经济,9期,2000.

[101]任强.我国人口死亡、健康与医疗体制改革[J].市场与人口分析,第6期,2006.

[102]史成礼.关于优生学的若干资料(优生学史话)[J].优生与遗传,第4期,1990.

[103]世界卫生组织.王汝宽等译.2000年世界卫生报告[M].北京:人民卫生出版社,2000.

[104]石一复.放开"二胎"政策与妇产科的重任[J].中国计划生育与妇产科,第2期,2014.

[105]宋健,张婧文.孩次、生育时间与生育水平——基于中日韩妇女平均生育年龄变动与差异的机制研究[J].人口研究,第3期,2017.

[106]宋子成.结婚生育不应太晚[N].人民日报1980-7-14(5).

[107]孙厚璞,林耀琛,邓伟志.女性生理与心理[M].杭州:浙江人民出版社,1986.

[108]孙慕天,杨庆旺,王智忠编.实用方法辞典[M].哈尔滨:黑龙江人民出版社,1990.

[109]孙念怙.产前诊断的国际动向[J].国际遗传学杂志,第05期,1990.

[110]唐应天.我国计划生育政策评估——以江苏省为例[D].中国农业大学硕士毕业论文,2005.

[111]陶芳标.妇幼保健学[M].合肥:安徽大学出版社,2003.

[112]陶艳兰.产科医生遇上"怕疼产妇"——中国女性生产经历的身体政治[J].妇女研究论丛,第1期,2012.

[113]万钫.中国学前教育百科全书·健康体育卷[M].沈阳:沈阳出版社,1995.

[114]王炳顺.孕妇对分娩方式的意愿及其原因[J].中国妇幼保健,第20期,2005.

[115]王春艳.高龄妊娠对胎儿疾病的影响[J].中华产科急救电子杂志,第5期,2016.

[116]王海琦.妇幼卫生学[M].北京:人民卫生出版社,1989.

[117]王虎峰.论争中的中国医改——问题,观点和趋势[J].中共中央党校学报,第12期,2008a.

[118]王虎峰.我国卫生医疗体制改革30年.载于邹东涛主编.发展和改革蓝皮书:中国改革开放30年(1978-2008)[M].北京:社会科学文献出版社2008b:663-688.

[119]王建华等人.常州地区941例高龄孕妇产前诊断及结果分析[J].中国妇幼保健,第2期,2017.

[120]王建影.高龄产妇风险多[N].保健时报,2004-11-4(6).

[121]王靖,丁淼,顾春怡,等."单独两孩"政策对上海市医疗卫生行业的影响研究[J].中国医院管理,第8期,2015.

[122]王广州.中国生育政策调整[M].北京:社会科学文献出版社,2013.

[123]王绍光.中国公共卫生的危机与转机[J].比较,第7期,2003.

[124]王绍光.政策导向、汲取能力与卫生公平[J].中国社会科学,第6期,2005.

[125]王诗宗.治理理论及其中国适用性:基于公共行政学的视角[D].浙江大学公共管理学院博士论文,2009.

[126]王文娟.医改新出路——重新定义医疗服务市场[M].北京:北京大学出版社,2017.

[127]王惟恒.高龄孕产妇应重视自我保健[N].中国中医药报,2002-7-12.

[128]王映媚.影像的故事:怀孕妇女经历妇产科超音波的经验与性别意涵[D].高雄医学大学性别研究所硕士论文,2008.

[129]王跃生.生育文化的历史考察.选自:田雪原主编.生育文化研究[M].北京:中国财政经济出版社,2006.

[130]王霞红,孙建丽.单独二孩政策下优化上海产科医疗卫生资源配置设想[J].改革与开放,第7期,2015.

[131]卫生部.妇幼卫生工作条例(1986)(已宣布失效)[OL].1986.原文网址:http://pkulaw.cn/(S(pvgj1x45wuwnwm5555df4e55))/fulltext_form.aspx?Gid=32913&Db=chl

[132]吴汉锋.538例高龄孕妇胎儿羊水细胞染色体核型分析[J].中国优生与遗传杂志,第25期,2017.

[133]吴嘉苓.医疗专业、性别与国家:台湾助产士兴衰的社会学分析[J].台湾社会学研究,第4期,2000.

[134]吴嘉苓.临床因素的消失:台湾剖腹产研究的知识生产政治[J].台

湾社会学刊,第45期,2010,.

[135]武深秋.高龄产妇一定会难产吗？[N].大众卫生报,2004-2-4.

[136]谢幸,苟文丽.妇产科学(第8版)[M].北京:人民卫生出版社,2014.

[137]新华社通讯员.破旧立新勇当先[N].人民日报,1973-12-25(2).

[138]《新中国预防医学历史经验》编委会.新中国预防医学历史经验(第4卷)[M].北京:人民卫生出版社,1990.

[139]徐阳.健康比年龄更重要:给高龄孕妇的嘱咐[N].人民日报,2000-3-17(10).

[140]郐建立,田阳.剖腹产滥用的发生机制:从市场化改革到生育医疗化——基于河北省s县p医院的调查与分析[J].社会科学,第12期,2014.

[141]寻玉凤,杨志寅,张金萍,等.临床诊断技术手册[M].北京:中国医药科技出版社,2005.

[142]严仁英.妇女卫生保健学[M].北京:学院出版社,1994.

[143]杨发祥.当代中国计划生育史研究[D].浙江大学人文学院博士论文,2003.

[144]杨念群."兰安生模式"与民国初年北京生死控制空间的转换[J].社会学研究,第4期,1999,.

[145]杨念群.再造病人[M].北京:中国人民大学出版社,2013.

[146]杨蕾,任焰.孕产行为的医疗化:一个社会建构过程的反思[J].开放时代,第6期,2014.

[147]杨雪峰,杨玲竹.妇产科临床治疗[M].郑州:河南医科大学出版社,1998.

[148]杨志松,郭俊春.十月怀胎指南[M].北京:人民军医出版社著,1989.

[149]叶继红.人口政策调整与社会资源配置问题研究——以苏州市相城区实施"单独二孩"政策为例[J].兰州学刊,第7期,2015.

[150]叶启政.传统与现代的斗争游戏[J].社会学研究,第1期,1996.

[151]应豪,谢涵."三孩"生育政策下产科面临的挑战和应对举措[J].中国实用妇科与产科杂志,第6期,2023.

[152] 作者不详. 优生学知识问答[J]. 中国初级卫生保健, 第 12 期, 1988.

[153] 俞莲实. 民国时期城市生育节制运动的研究——以北京、上海、南京为重点[D]. 复旦大学博士学位论文, 2008.

[154] [日] 雨森良彦. 顾江萍译. 十月怀胎[M]. 广州: 花城出版社, 1989.

[155] 于文. 生育与国家: 1950 年代中国妇婴卫生运动中的政治、科学与性别[D]. 复旦大学历史系硕士论文, 2008.

[156] 曾毅, 顾宝昌. 低生育水平下的人口与经济发展[M]. 北京: 北京大学出版社, 2010.

[157] 张丽娜. 妇幼医疗服务与"单独二胎"政策的相关性分析[J]. 中国卫生产业, 第 1 期, 2014.

[158] 张丽萍, 王广州. "单独二孩"政策目标人群及相关问题分析[J]. 社会学研究, 第 1 期, 2014.

[159] 张雪. 北京市"单独二孩"政策对高危妊娠变化的初步分析[J]. 中国妇幼保健, 第 24 期, 2015.

[160] 赵婧. 1927 - 1936 年上海的妇幼卫生事业——以卫生行政为中心的讨论[J]. 史林, 第 2 期, 2008.

[161] 赵婧. 近代上海的分娩卫生与医疗化[J]. 中国社会历史评论, 第 14 期, 2013.

[162] 赵婧. 近代上海的分娩卫生研究: 1927~1949[M]. 上海: 上海辞书出版社, 2014.

[163] 赵力, 王淑慧. 60 例大龄初产妇分娩的临床分析[J]. 兰州医学院学报, 第 4 期, 1986.

[164] 郑红深, 罗华. 为了民族的身心健康——关于控制劣生、提倡优生的报告[N]. 人民日报, 1990 - 3 - 3.

[165] 郑晓瑛, 1996, 《计划生育、妇女地位与生殖健康——生殖健康的影响因素探讨》, 《人口与经济》第 6 期。

[166] 郑晓瑛, 宋新明, 陈功. 提高出生人口素质的战略转变: 从产前 - 围产保健到孕前 - 围孕保健[J]. 中国计划生育学杂志, 第 8 期, 2005.

[167] 郑真真. 计划生育与生殖健康. 载于中国社会科学院人口与劳动经济研究所编. 中国人口年鉴 (2009) [M]. 北京: 中国社会科学出版

社,2009.

[168] 中共中央国务院.中共中央 国务院关于实施全面二孩政策,改革完善计划生育服务管理的决定》(中发〔2015〕40号)[EB/OL].2015.原文网址:http://www.gov.cn/xinwen/2016-01/05/content_5030806.htm

[169] 中华人民共和国国务院.中共中央国务院关于深化医药卫生体制改革的意见[EB/OL].2009.原文网址:http://www.china.com.cn/policy/txt/2009-04/07/content_17560601.htm

[170] 中华人民共和国国家卫生计生委、国家发展改革委、教育部、财政部、人力资源社会保障部.关于加强生育全程基本医疗保健服务的若干意见》.(国卫妇幼发〔2016〕53号)[EB/OL].2016.原文网址:http://www.nhfpc.gov.cn/fys/s3581/201610/9bb93dff07c54ebb84572f0d2a866495.shtml

[171] 中华人民共和国国务院.国务院关于印发"十三五"卫生与健康规划的通知国发(〔2016〕77号)[EB/OL].2016a.原文网址:http://www.gov.cn/zhengce/content/2017-01/10/content_5158488.htm

[172] 中华人民共和国国务院.国务院关于印发"十三五"深化 医药卫生体制改革规划的通知》(国发〔2016〕78号)[EB/OL].2016b.原文网址:http://www.gov.cn/zhengce/content/2017-01/09/content_5158053.htm

[173] 中华人民共和国卫生部.中国出生缺陷防治报告(2012年)[EB/OL].2012.原文网址:http://www.moh.gov.cn/wsb/pxwfb/201209/55840.shtml

[174] 中华人民共和国卫生部.妇幼卫生司妇幼卫生工作条例[J].中国妇幼保健管理,第1期,1986a.

[175] 中华人民共和国卫生部妇幼.妇幼卫生"七五"发展计划[J].中国妇幼保健管理,第1期,1986b.

[176] 中华人民共和国卫生部妇幼卫生司.全国城市围产保健管理办法[J].中国妇幼保健管理,第3期,1987.

[177] 中华人民共和国国民经济和社会发展第十个五年规划纲要[EB/OL].第九届全国人民代表大会第四次会议批准,原文网址:http://www.npc.gov.cn/wxzl/gongbao/2001-03/19/content_5134505.htm

[178]中华人民共和国国民经济和社会发展第十一个五年规划纲要[EB/OL].第十届全国人民代表大会第四次会议批准,原文网址:http://www.npc.gov.cn/wxzl/gongbao/2006-03/18/content_5347869.htm

[179]中华人民共和国国民经济和社会发展第十二个五年规划纲要[EB/OL].第十一届全国人民代表大会第四次会议批准,原文网址:http://www.npc.gov.cn/wxzl/gongbao/2011-08/16/content_1665636.htm

[180]中华人民共和国国民经济和社会发展第十三个五年规划纲要[EB/OL].第十二届全国人民代表大会第四次会议批准,原文网址:http://www.npc.gov.cn/wxzl/gongbao/2016-07/08/content_1993756.htm

[181]周培勤.学哺乳:基于网络社区中妈妈关于母乳喂养讨论的话语分析[J].妇女研究论丛,第5期,2019.

[182]周树森.中国女性百科全书·医药保健卷[M].沈阳:东北大学出版社,1995.

[183]周毅.医疗体制改革比较研究[D].浙江大学医学院博士学位论文,2014.

[184]朱伏凡.不要成为高龄孕妇[N].家庭医生报,2004-12-06(1).

[185]朱琏.新中国两年来的妇幼保健工作[N].人民日报,1951-11-5(3).

[186]作者不详.孕妇须知[N].万象周刊,1944-9-23(3).

[187]作者不详.努力推广妇幼卫生工作(《健康报》社论)[N].健康报,1951-3-22.

[188]作者不详.妇女晚育子女聪明[J].农村实用信息与技术,第2期,1997.

[189]作者不详.生不出二孩真烦恼(聚焦·二孩政策一年追踪)[N].人民日报,2017-2-3(19).

[190]Akaishi, R, et al. Uptake of Non-Invasive Prenatal Testing by Japanese Women[J]. Ultrasound in Obstetrics & Gynecology, 2015, 45(1).

[191]Allyse M. Non-invasive Prenatal Testing of International Implementation and Challenges[J]. International Journal of Women's Health, 2015, 7.

[192]Almeling R. Reproduction[J]. Annual Review of Sociology, 2015, 41.

[193] Anagnost A. The Corporeal Politics of Quality (Suzhi)[J]. Public culture,2004,16(2).

[194] Armstrong, D. Political Anatomy of the Body: Medical Knowledge in Britain in the Twentieth Century[M]. Cambridge: Cambridge University Press,1983.

[195] Armstrong E M. Lessons in Control: Prenatal Education in the Hospital [J]. Social Problems, 2000,47(4).

[196] Barker K K. A Ship upon a Stormy Sea: The Medicalization of Pregnancy[J]. Social Science and Medicine,1998,47.

[197] Beaulieu A, Lippman A. Everything you Need to Know: How Women's Magazines Structure Prenatal Diagnosis for Women over 35[J]. Women & Health,1995,23(3).

[198] Beauvoir D e S . Le Deuxième Sexe [M]. Paris: Editions Gallimard, 1949.

[199] Beck U. Risk Society: Towards a New Society[M]. London: Sage Publications. 1992.

[200] Beck U, Giddens A, Lash S. Reflexive Modernization: Politics, Tradition and Aesthetics in the Modern Social Order[M]. Cambridge: Polity Press,1994.

[201] Beckett K. Choosing Cesarean: Feminism and the Politics of Childbirth in United States[J]. Feminist Theory,2005,6.

[202] Brase G L ,Richmond J. The White – coat Effect: Physician Attire and Perceived Authority, Friendliness, and Attractiveness[J]. Journal of Applied Social Psychology, 2004, 34(12).

[203] Browner C H, Nancy A. Press. The Normalization of Prenatal Diagnostic Screening. In Ginsburg Faye D. and Rayna Rapp eds. Conceiving the New World Order: The Global Politics of Reproduction [M]. Berkeley: University of California Press,1995.

[204] Browner C H, Nancy A. Press. The Production of Authoritative Knowledge in American Prenatal Care[J]. Medical Anthropology Quarterly , 1996,10(2).

[205] Brubaker S J. Denied, Embracing, and Resisting Medicalization: Afri-

[206] Carolan M, Nelson S. First mothering over 35 Years: Questioning the Association of Maternal Age and Pregnancy Risk[J]. Health Care for Women International, 2007, 28(6).

[207] Carolan M, Dorota F. Advanced Maternal Age and Adverse Perinatal Outcome: A Review of the Evidence[J]. Midwifery, 2011(27).

[208] Carter S. Boundaries of Danger and Uncertainty: An Analysis of the Technological Culture of Risk Assessment. In Gabe, J. eds. Medicine, Health and Risk: Sociological Approach[M]. Oxford: Blackwell, 1995.

[209] CHen N N. Health Wealth and the Good Life. In Chen, N. N. eds. China Urban: Ethnographies of Contemporary Culture[M]. Durham: Duke University Press, 2001.

[210] Chetty S, Garabedian M J, Norton M E. Uptake of Noninvasive Prenatal Testing (NIPT) in Women Following Positive Aneuploidy Screening [J]. Prenatal diagnosis, 2013, 33(6).

[211] Conrad P. The discovery of Hyperkinesis: Notes on the Medicalization of Deviant Behavior[J]. Social Problems, 1975, 23(1).

[212] Conrad P. Medicalization and Social Control[J]. Annual Review of Sociology, 1992, 18.

[213] Cooke A, Tracey A, Mills T L. Informed and Uninformed Decision Making' – Women's Reasoning, Experiences and Perceptions with Regard to Advanced Maternal Age and Delayed Childbearing: A Meta – Synthesis[J]. International Journal of Nursing Studies, 2010, 47.

[214] Davis – FloydR E. The Technocratic Body: American Childbirth as Cultural Expression[J]. Social Science and Medicine, 1994, 38(8).

[215] Deans Z, Angus J C, Ainsley J N. For Your Interest? The Ethical Acceptability of Using Non – Invasive Prenatal Testing to Test 'Purely for Information'[J]. Bioethics, 2015, 29(1).

[216] Dean M. Governmentality: Power and Rule in Modern Society[M]. London: Sage Publications, 1999.

[217] Douglas M, Wildavsky A. Risk and Culture: An Essay On the Selection of Technological and Environmental Dangers[M]. Oakland: University of California Press,1983.

[218] Douglas M. Risk and Blame. Essays in Cultural Theory[M]. London: Routledge,1992.

[219] Duden B. Disembodying Women[M]. Boston: Harvard University Press,1993.

[220] Ettorre E. Experts as 'Storytellers' in Reproductive Genetics: Exploring Key Issues[J]. Sociology of Health & Illness,1999,21(5).

[221] Farquhar J. Market Magic: Getting Rich and Getting Personal in Medicine after Mao[J]. American ethnologist,1996,23(2).

[222] Farquhar J, Zhang Q. Biopolitical Beijing: Pleasure, Sovereignty, and Self-Cultivation in China's Capital[J]. Cultural Anthropology, 2005, 20(3).

[223] Fassin D. Another Politics of Life is Possible[J]. Theory, Culture & Society, 2009,26(5).

[224] Fassin D, Memmi D. Le Gouvernement Des Corps[M]. Paris: Editions de L'Ecole des Hautes Etudes en Sciences Sociales,2004.

[225] Fassin D, Memmi D. Le Gouvernement Des Corps[M]. Paris: Editions de l'Ecole des Hautes études en Science Humaine,2004.

[226] Fausto-Sterling A. Sexing The Body: Gender Politics And The Construction of Sexuality[M]. New York: Basic Books,2000.

[227] Fletcher R. Reproductive consumption[J]. Feminist Theory,2006,7(1).

[228] Foucault M. La Politique de la Santé au 18e Siècle. in Foucault, Michel. Dits et écrits 2: 1976 – 1988[M]. Paris: Editions Gallimard. 1976. "

[229] Foucault M. Surveiller et Punir[M]. Paris: Gallimard,1975.

[230] Foucault M. Crise de la? Médicine ou Crise de l'Antimédicine?? in Foucault Michel, Dits et écrits[M]. Paris: Gallimard,1976.

[231] Foucault M. La Governmentalité, Cours du Collège de France, année 1977 – 1978: Sécurité, Territoire et Population, 4e le? on, 1er février

1978. ? in Michel Foucault. Dits et Ecrits [M]. Paris: Gallimard,1978.

[232] Foucault M. Naissance de la Biopolitique: Cours au Collège de France (1978 - 1979)[M]. Paris: Gallimard,2004.

[233] Fox B,Worts D. Revisiting the Critique of Medicalized Childbirth: A Contribution to the Sociology of Birth[J]. Gender & Society,1999 (13).

[234] Franklin S. Embodied Progress: A Cultural Account of Assisted Conception(M). London: Routledge,1997.

[235] Gabe J. Medicine, Health and Risk: Sociological Approach[M]. Oxford: Blackwell,1995.

[236] Gammeltoft T. Sonography and Sociality: Obstetrical Ultrasound Imaging in Urban Vietnam[J]. Medical Anthropology Quarterly,2007,21 (2).

[237] Gammeltoft T, Nguy? n H T T. The Commodification of Obstetric Ultrasound Scanning in Hanoi, Vietnam[J]. Reproductive Health Matters,2007,15(29).

[238] Gammeltoft T M, Wahlberg A. Selective Reproductive Technologies [J]. Annual Review of Anthropology ,2014,43.

[239] Gimenez Martha E. The Mode of Reproduction in Transition: A Marxist - Feminist Analysis of the Effects of Reproductive Technology[J]. Gender & Society,1991,5 (3).

[240] Ginsburg Faye, Rapp R. The Politics of Reproduction[J]. Annual Review of Anthropology,1991,20.

[241] Ginsburg F, Rapp R. Conceiving the New World Order: The Global Politics of Reproduction[M]. Berkeley: University of California Press, 1995.

[242] Goffman E. Asylums: Essays on the Social Situation of Mental Patients and Other Inmates[M]. New Jersey: Aldine Transaction,1968.

[243] Gottschang S Z. 2001. The Consuming Mother: Infant Feeding and the Feminine Body in Urban China. in Chen, N. N. eds. China urban: Ethnographies of Contemporary Culture[M]. Durham: Duke University

Press, 2001.

[244] Graeber D. Consumption[J]. Current Anthropology, 2011, 52(4).

[245] Greenhalgh S. Controlling Births and Bodies in Village China[J]. American Ethnologist, 1994, 21(1).

[246] Greenhalgh S. Globalization and Population Governance in China[M]. New Jersey: Blackwell Publishing Ltd, 2005a.

[247] Greenhalgh S, Winckler E A. Governing China's Population: From Leninist to Neoliberal Biopolitics[M]. Redwood City: Stanford University Press, 2005b.

[248] Greenhalgh S. Just One Child: Science and Policy in Deng's China[M]. Oakland: University of California Press, 2008.

[249] Greenhalgh S. The Chinese Biopolitical: Facing the Twenty-first Century[J]. New Genetics and Society, 2009, 28(3).

[250] Greenhalgh S. Cultivating Global Citizens: Population in the Rise of China[M]. Cambridge: Harvard University Press. 2010.

[251] Hacking I. The Construction of What? [M]. Cambridge: Harvard University Press, 1999.

[252] Han J. Uptake of Non-Invasive Prenatal Testing in Chinese Women: Money Matters[J]. European Journal of Obstetrics & Gynecology and Reproductive Biology, 2015, 195.

[253] Henffner L J. Advanced Maternal Age – How old is Too Old? [J]. New England Journal of Medicine 2004, 351(19).

[254] Heyman B, Mette H. Risk, Age and Pregnancy: A Case Study of Prenatal Genetic Screening and Testing[M]. New York: Palgrave, 2002.

[255] Hochberg M S. The Doctor's White Coat – – An Historical Perspective[J]. Virtual Mentor, 2007, 9(4).

[256] Huber S J. The White Coat Ceremony: A Contemporary Medical Ritual[J]. Journal of medical ethics, 2003, 29(6).

[257] Illich I. Medical Nemesis: The Exploration of Health[M]. New York: Pantheon Books, 1976.

[258] Inda X J. Anthropology of Modernity: Foucault, Governmentality and Life Politics[M]. Oxford: Blackwell Publishing, 2005.

[259] Inhorn M L. Defining Women's Health: A Dozen Messages from More than 150 Ethnographies[J]. Medical Anthropology Quarterly, 2006,20.

[260] Ivry T. At the Back Stage of Prenatal Care: Japanese Ob-Gyns Negotiating Prenatal Diagnosis[J]. Medical Anthropology Quarterly, 2006, 20(4).

[261] Ivry T. Embodying Culture: Pregnancy in Japan and Israel[M]. New Jersey: Rutgers University Press, 2010.

[262] Jefferey E, Sigley G. Governmentality, Governance and China. in Jeffreys E. eds. China's Governmentality: Governing Change, Changing Government[M]. New York: Routledge, 2009.

[263] Jeffreys E. eds. China's Governmentality: Governing Change, Changing Government[M]. New York: Routledge, 2009.

[264] Johnson T P. Childbirth in Republican China[M]. Lanham: Lexington Books, 2011.

[265] Jolly D. Malade ou Client? [M]. Paris: économica, 1993.

[266] Krause E L, Silivia d Z. Ethnography and Biopolitics: Tracing Rationalities of Reproduction across the North-South Divide. in De Zordo, S., & Marchesi, M. eds. Reproduction and Biopolitics: Ethnographies of Governance, Rationality and Resistance[M]. London: Routledge, 2015.

[267] Kuan C I. 'Suffering Twice': The Gender Politics of Cesarean Sections in Taiwan[J]. Medical Anthropology Quarterly, 2010, 28(3).

[268] Lash S. 2000. Risk Culture. in Barbara A., Beck U. & Joost van L. eds. The Risk Society and Beyond: Critical Issues for Social Theory[M]. London: Sage Publications, 2000.

[269] Lazarus E S. What do Women Want?: Issues of Choice, Control, and Class in Pregnancy and Childbirth[J]. Medical Anthropology Quarterly, 1994, 8(1).

[270] Lemke T. Foucault, Governmentality and Critique[C]. Rethinking Marxism Conference, 2000(9).

[271] Lewis C H. Non-Invasive Prenatal Testing for Trisomy 21: A Cross

- Sectional Survey of Service Users' Views and Likely Uptake[J]. BJOG: An International Journal of Obstetrics & Gynecology, 2014,121(5).

[272] Li G, Allyse M. Experiences of Mandarin – Speaking and English – Speaking Women of Undergoing Non – Invasive Prenatal Genetic Screening[J]. Ethics, Medicine and Public Health,2016,2(3).

[273] Li G, Chandra s S. and Allyse, M. 'The Top Priority Is a Healthy Baby': Narratives of Health, Disability, and Abortion in Online Pregnancy Forum Discussions in the US and China[J]. Journal of Genetic Counseling, 2017,26.

[274] Liang J. Relaxation of the One Child Policy and Trends in Caesarean Section Rates and Birth Outcomes in China between 2012 and 2016: Observational Study of Nearly Seven Million Health Facility Births[J]. British Medical Journal, 2018,360(817).

[275] Link B G, Phelan J C. Conceptualizing Stigma[J]. Annual review of Sociology 2001,27(1).

[276] Lippman A. Prenatal Genetic Testing and Screening: Constructing Needs and Reinforcing Inequalities[J]. American Journal of Law & Medicine,1991,17(1-2).

[277] Lippman A. Embodied Knowledge and Making Sense of Prenatal Diagnosis[J]. Journal of Genetic Counseling,1999,8(5).

[278] Lo J C. 'Patients' Attitudes vs. Physicians' Determination: Implications for Cesarean Sections[J]. Social Science & Medicine,2003,57.

[279] Lo Y, Corbetta N. Presence of Fetal DNA in Maternal Plasma and Serum[J]. The Lancet,1997,350(9076).

[280] Lock M. Encounters with Aging: Mythologies of Menopause in Japan and North America[M]. London: University of California Press. 1993.

[281] Lock M, Kaufert P A. Pragmatic Women and Body Politics[M]. Cambridge: Cambridge University Press,1998.

[282] Lock M, Kaufert P A. Perfecting Society: Reproductive Technologies, Genetic Testing and the Planned Family in Japan. in Lock, M. , & Kaufert P. A. eds. Pragmatic Women and Body Politics[M]. Cam-

bridge: Cambridge University Press,1998.

[283] Lorentzen J M. 'I Know My Own Body': Power and Resistance in Women's Experiences of Medical Interactions[J]. Body & Society, 2008,14(49).

[284] Lumbiganon P. Method of Delivery and Pregnancy Outcomes in Asia: the WHO Global Survey on Maternal and Perinatal Health 2007 – 08 [J]. The Lancet, 2010, 375(9713).

[285] Lupton D. Risk: key Ideas[M]. London: Routledge,1999a.

[286] Lupton D. Risk and Sociocultural Theory: New Directions and Perspectives[M]. Cambridge: Cambridge University Press,1999b.

[287] McCallum, C. Explaining Caesarean Section in Salvador da Bahia Brazil[J]. Sociology of Health & Illness,2005, 27(2).

[288] Malacrida C, Boulton T. The Best Laid Plans? Women's Choices, Expectations and Experiences in Childbirth[J]. Health 2014,18(1).

[289] Markens S, Carole H B. Because of Risk: How US pregnant women account for refusing prenatal screening[J]. Social Science & Medicine,1999,49.

[290] Martin E. The Women in the body: A Cultural Analysis of Reproduction[M]. Boston: Beacon Press,1987.

[291] Memmi D. Faire Vivre et Laisser Mourir: Le Gouvernement Contemporain de la Naissance et de la Mort [M]. Paris: édition de la Découverte,2003.

[292] Memmi D. Administrer une Matière Sensible: Conduites Raisonnables et Pédagogie par Corps autour de la Naissance et de la Mort. in Fassin D. et Dominique Memmi eds. Le Gouvernement des Corps[M]. Paris: Editions de L'Ecole des Hautes Etudes en Sciences Sociales,2004.

[293] Memmi D. Du Gouvernement des Corps par la Parole[J]. Spirale, 2006,1.

[294] Miller A C, Shriver T E. Women's Childbirth Preference and Practices in the United States[J]. Social Science & Medicine,2012,75.

[295] Mills T A, Tina L. Advanced Maternal Age[J]. Obstetrics, Gynecology & Reproductive Medicine, 2010,21(4).

[296] Minear M A. Noninvasive Prenatal Genetic Testing: Current and Emerging Ethical, Legal, and Social Issues[J]. Annual Review of Genomics and Human Genetics 2015,16.

[297] Mitchell J. Women's Estate[M]. New York: Vintage. 1971.

[298] Namey E E, Lyerly A D. The Meaning of 'Control' for Childbearing Women in the US[J]. Social Science and Medicine, 2010 ,71.

[299] Nash M. Indulgence versus Restraint: A Discussion of Embodied Eating Practices of Pregnant Australian Women[J]. Journal of Sociology, 2015,51(3).

[300] Nelson M K. The Effect of Childbirth Preparation on Women of Different Social Classes[J]. Journal of Health and Social Behavior,1982,23(4).

[301] Oakley A. Women Confined: Towards A Sociology of Childbirth[M]. New York: Schocken Books,1980.

[302] Oakley A. The Captured Womb: A History of Medical Care of Pregnant Women[M]. Oxford: Blackwell Publishing Ltd,1984.

[303] Oakley A. The Sociology of Childbirth[J]. Sociology of Health and Illness,2016,38(5).

[304] Peretti-Watel P. La Société du Risque [M]. Paris: La découverte,2010.

[305] Petchesky R P. Fetal Image: The Power of Visual Culture in the Politics of Reproduction[J]. Feminist Studies,1987,13(2).

[306] Poon C F,Tse W C, Kou K O. Uptake of Noninvasive Prenatal Testing in Chinese Women Following Positive Down Syndrome Screening[J]. Fetal Diagnosis and Therapy,2015,37(2).

[307] Qiu J. Buying reassurance: uptake of non-invasive prenatal testing among pregnant women of advanced maternal age in China[J]. Health, Risk & Society, 2019,21(3-4).

[308] QIU J. Assembled Knowledges and Situated Choices: Women's Understandings and Practices Concerning Childbirth Risks in Urban China [J]. Health, Risk & Society,2024 (7).

[309] Rabinow P, Rose N. Biopower Today[J]. BioSocieties, 2006,1(2).

[310] Rapp, R. Amniocentesis in Sociocultural Perspective[J]. Journal of Genetic Counseling 1993,2(3).

[311] Rapp, R. Refusing Prenatal Diagnosis: The Meaning of Bioscience in a Multicultural World [J]. Science, Technology, & Human Values, 1998,23(1).

[312] Rapp, R. Testing Women, Testing the Fetus: The Social Cultural Impacts of Amniocentesis in America[M]. New York: Routledge,2000.

[313] Rapp, R. Gender, Body, Bio - medicine: How Some Feminist Concerns Dragged Reproduction to the Center of Social Theory[J]. Medical Anthropology Quarterly,2001,15.

[314] Roberts J. Why do Women Seek Ultrasound Scans from Commercial Providers during Pregnancy? [J]. Sociology of Health and Illness, 2015,37(4).

[315] Root R, Carole H B. Practices of the Pregnant Self: Compliance with and Resistance to Prenatal Norms[J]. Culture, Medicine and Psychiatry, 2001,25.

[316] Rothman B K. In Labor: Women and Power in the Birthplace[M]. New York: Norton Company,1982.

[317] Rothman B K. Recreating Motherhood: Ideology and Technology in a Patriarchal Society[M]. New York: Norton Company,1989.

[318] Root R, Browner C. Practices of the Pregnant Self: Compliance with and Resistance to Prenatal Norms[J]. Culture, Medicine and Psychiatry, 2001,25(2).

[319] Rose N. The Politics of Life itself: Biomedicine, Power and Subjectivity in the Twenty - First Century[M]. New Jersey: Princeton University Press,2007.

[320] Samerski S. Genetic Counseling and the Fiction of Choice: Taught Self - Determination as a New Technique of Social Engineering[J]. Signs,2009,34(4).

[321] Santalahti P. Women's Decisions in Prenatal Screening[J]. Social Science & Medicine,1998(46).

[322] Sassatelli R. Consumer Culture: History, Theory and Politics[M].

New York: Sage Publishing Inc. ,2007.

[323] Schein L. Urbanity, Cosmopolitanism, Consumption. in CHEN, N. N. eds. China urban: Ethnographies of Contemporary Culture[M]. Durham: Duke University Press, 2005.

[324] Sigley G. Chinese Governmentalities: Government, Governance and the Socialist Market Economy[J]. Economy and Society, 2006. 35(4).

[325] Silcock C. Will the Introduction of Non‐Invasive Prenatal Testing for Downs Syndrome Undermine Informed Choice? [J]. Health Expectations, 2015,18(5).

[326] Simonds W. Laboring on: Birth in Transition in the United States[M]. New York: Routledge,2006.

[327] Strathern M. Reproducing the Future: Essays on Anthropology, Kinship and the New Reproductive Technologies[M]. Manchester: Manchester University Press. 1992.

[328] Taylor J S. Of Sonogram and Baby Prams: Prenatal Diagnosis, Pregnancy, and Consumption[J]. Feminist Studies,2000,26(2).

[329] Taylor J S. The Public Life of the Fetal Sonogram and the Work of Sonographer[J]. Journal of Diagnostic Medical Sonography 2002,18.

[330] Taylor J S. The Public Life of Fetus Sonogram: Technology, Consumption and the Politics of Reproduction[M]. New Jersey: Rutgers University Press. 2008.

[331] Theodorou E, Spyrou S. Motherhood in Utero: Consuming Away Anxiety[J]. Journal of Consumer Culture, 2013,13(2).

[332] Thomas G M. Picture Perfect: '4D' Ultrasound and the Commoditization of the Private Prenatal Clinic[J]. Journal of Consumer Culture, 2015,17(2).

[333] Thomas G M, Barbara K R. Keeping the Backdoor to Eugenics Ajar? : Disability and the Future of Prenatal Screening[J]. AMA Journal of Ethics 2016,18(4).

[334] Tulloch J, L D. Risk and Everyday Life[M]. London: Sage Publications,2003.

[335] Vanstone, M. King, C. de Vrijer, B. & Nisker, J. Non – Invasive Prenatal Testing: Ethics and Policy Considerations[J]. Journal of Obstetrics and Gynaecology Canada, 2014, 36(6).

[336] Waitzkin H. A Critical Theory of Medical Discourse: Ideology, Social Control, and the Processing of Social Context in Medical Encounters [J]. Journal of Health and Social Behavior 1989, 30(2).

[337] Weir L. Recent Developments in Government of Pregnancy[J]. Economy and Society, 1996, 25(3).

[338] Wendland C. The Vanishing Mother: Cesarean Section and Evidence – Based Obstetrics[J]. Medical Anthropology Quarterly, 2007, 21(2).

[339] Williams S J, Michael C. The "Limits" of Medicalization? Modern Medicine and the Lay Populace in "Late Modernity[J]. Social Science & Medicine, 1996, 42(12).

[340] Zeng X. Localizing NIPT: Practices and Meanings of Non – Invasive Prenatal Testing in China, Italy, Brazil and the UK[J]. Ethics, Medicine and Public Health, 2016, 2(3).

[341] Zhang J. Caesarean Delivery on Maternal Request in Southeast China [J]. Obstetrics Gynecology, 2008, 111(5).

[342] Zhu J f. Winning the Competition at the Start Line: Chinese Modernity, Reproduction and the Desire for a 'High Quality' Population[D]. University of Minnesota, 2008.

[343] Zhu J f. Mothering Expectant Mothers: Consumption, Production and Two Motherhoods in Contemporary China[J]. Ethos, 2010, 38(4).

[344] Zhu Jianfeng. Projecting Potentiality: Understanding Maternal Serum Screening in Contemporary China[J]. Current Anthropology, 2013, 54 (S7).

[345] Zola I K. Medicine as an Institution of Social Control[J]. The Sociological Review, 1972, 20(4).

[346] Zordo S D, Milena M. Reproduction and Biopolitics: Ethnographies of Governance, 'Irrationality' and Resistance[M]. New York: Routledge, 2015.

附录一　访谈人员及其编码

\multicolumn{7}{c}{访谈对象基本情况表——孕妇}						
编号	化名	建大卡医院	年龄	访谈材料编号		职业
01	米妈	南京市妇幼保健院	37岁	01T – 37Y – 20150416 01T – 37Y – 20150723 01T – 37Y – 20150921		高校教师
02	荷妈妈	国外生产	43岁	02D – 43Y – 20150416 02D – 43Y – 20151009 02D – 43Y – 20151113		自主创业者
03	甜甜妈	江苏省妇幼保健院	35岁	03Z – 35Y – 20160317 03Z – 35Y – 20160426		高校教师
04	莉莉	鼓楼医院	36岁	04G – 36Y – 20160415 04G – 36Y – 20160429 04G – 36Y – 20160805		高校教师
05	萍萍	江宁同仁医院	37岁	05W – 37Y – 20160428		全职妈妈
06	丽芬	鼓楼医院	39岁	06Z – 39Y – 20160504 06Z – 39Y – 20160513		个体户
07	雯雯	迈皋桥妇幼保健院	33岁	07W – 33Y – 2016054		民企员工
08	余杰	江宁人民医院	35岁	08X – 35Y – 20160505		私企员工
09	夏夏	江苏省妇幼保健院	37岁	09X – 37Y – 20160513		企业员工
10	乐乐妈	南京市妇幼保健院	38岁	10Y – 38Y – 20160606		外企经理
11	晨星	鼓楼医院	40岁	11W – 40Y – 20160811		公务员
12	林林	鼓楼医院	37岁	12L – 37Y – 20160811		高校教师
13	秋叶姐	江苏省妇幼保健院	42岁	13F – 42Y – 20160804 13F – 42Y – 20160812		卫生局工作人员

访谈对象基本情况表——孕妇					
14	依然	江苏省妇幼保健院	41 岁	14L－41Y－20160816 14L－41Y－20160823	机关工作人员
15	红红	江苏省妇幼保健院	48 岁	15S－48Y－20160818	企业员工
16	方芳	江苏省妇幼保健院	38 岁	16L－38Y－20160823	企业员工
17	池粒	江苏省妇幼保健院	40 岁	17C－40Y－20160823	无业（再婚）
18	伶俐	江苏省妇幼保健院	38 岁	18Y－38Y－20160825	自主创业者
19	晓晓	江苏省妇幼保健院	38 岁	19C－38Y－20160825	企业员工
20	弘老师	江苏省妇幼保健院	41 岁	20H－41Y－20160901	高校教师
21	敏宁	江苏省妇幼保健院	39 岁	21W－39Y－20160901	高校教师
22	吴卿	栖霞医院	38 岁	22W－38Y－20160907	中学教师
23	雪姐	鼓楼医院	37 岁	23X－39Y－20160805	高校教师
24	张璐	鼓楼医院	38 岁	24A－38Y－20160809	全职妈妈
25	文华	鼓楼医院	37 岁	25A－37Y－20160722	准备辞职做全职妈妈
26	煦煦	鼓楼医院	29 岁	26L－29Y－20161001	研究员
27	奕奕	南京市妇幼保健院	28 岁	27B－28Y－20161112	高校教师
28	小花	固安县计生局	27 岁	28Z－26Y－20161002 28Z－27Y－20170310	全职妈妈
29	静静	丹阳人民医院	30 岁	29X－30Y－20160722	全职妈妈
30	锡锡妈	成都市妇幼保健院	29 岁	30W－29Y－20160630	怀孕辞职后为学校教师

医生护士访谈及化名表			
编号	化名	职务	访谈日期	对应访谈资料编号
01	魏主任	主任医师	20160909	20160909－医 W
02	刘主任	主任医师	20160908	20160908－医 L
03	曹老师	护士长	20160908	20160908－护 C
04	藩老师	助产士	20160923	20160923－助 F
05	钟老师	护师	20160901	20160901－护 Z
06	张老师	护师		注：自 06～11 人员并未按照正式访谈提纲进行访谈，但是在田野期间曾多次与其交流并记录至田野笔记，故将化名置于此以供参考
07	大黄	助产士		
08	大英	实习医生		
09	灵灵	胎心监护公司员工		
10	琴阿姨	胎心监护公司员工		
11	吴主任	主任医师		

附录二　访谈提纲[①]

孕妇访谈提纲

1. **风险认知和生育决策**

（1）您觉得您此次怀孕有风险吗？主要为哪些方面？

（2）您是否觉得高龄生育会有危险？为什么？

（3）您为什么会选择在计划生育政策变化后生育？和这一政策有关系吗？为什么之前没有生？

（4）您通过哪些方法了解怀孕与生产的相关知识？如何知道怀孕过程中的风险？

（5）您有无咨询过医生相关风险问题？是否询问过风险评估门诊？

2. **孕产经历**

（1）以前孕产经历。

（2）以往流产史。

（3）此次怀孕体验如何？主要担心哪些问题？

（4）此次怀孕采取检查有哪些？为什么做这些检查？为什么不做这些检查？

（5）进行检查时有何感受？为什么？

（6）您知道羊水穿刺吗？会做吗？为什么？是否采用了其他替代的检查方式？

（7）您是否会选择剖宫产？为什么？您选择自然生产的原因是

[①] 此访谈提纲为基本内容，在具体访谈过程中遇到具体问题会针对特定问题访谈，随后再回到访谈提纲。另外对于追踪访谈的孕妇，访谈提纲中有些问题是重复提问的。

什么？

(8)怀孕初期,您是否有早孕反应？包括恶心、头晕等。此次反应如何？一胎时反应如何？

(9)怀孕中期,您的怀孕反应有哪些？有无缺钙、缺镁等情况,您是如何应对的？

(10)您在饮食上有无特别注意？具体行为有哪些？

(11)有无使用中药进行调理？具体如何？

3. 就医经历

(1)医生对您此次怀孕过程帮助大吗？为什么？

(2)请您讲述:怀孕期间,您在医院愉快就医的经历？

(3)有无拒绝医生要求检查的经历？为什么？如何处理？

(4)请您讲述:怀孕期间,您在医院不愉快就医的经历？

(5)您认为医生是否应该了解更多您的个人情况？

(6)医生做出诊断的方式让您信服吗？您还根据其他什么方式解决孕期中的疑惑？

(7)您在预约医院检查或者生产床位的时候困难吗？如何解决的？

4. 社会支持系统（获得孕期知识的方式）

(1)在怀孕过程中,您通过什么方式获得怀孕与生产相关的知识？

(2)您是如何得知关于怀孕期间风险的？

(3)周围朋友对您的怀孕帮助大吗？具体有哪些？

(4)母亲对您的怀孕过程帮助多吗？具体在哪些方面对怀孕过程有积极作用？

(5)是否有人给您讲述过她们怀孕的经历,具体讲述的内容有哪些？对您此次怀孕行为有无影响？

(6)您是否求助了认识的医生？他们给了您哪些建议？具体求助了哪些问题？

(7)医疗记录是否有？如果有,在经同意情况下摘录拍照。

(8)是否愿意参与后续研究？留下联系方式以便进行追踪访谈。

附录三　知情同意书

生育政策调整的医疗社会问题研究

【研究项目介绍】

本调查项目为南京大学和 X 医院合作开展的"生育政策调整的医疗社会问题研究"。本研究以孕妇为研究对象,通过对孕妇的深入访谈和问卷调查,了解孕妇从生育决策、风险认知到产前检查服务选择和生产方式选择等内容。

请您在阅读和理解知情同意书后,决定是否自愿参加。

【获益及风险说明】

本调查中我们会询问您的怀孕与生产经历、个人信息等,同时追踪了解您的产检过程和生产方式选择,但是我们保证信息的收集不会给您带来任何影响。您的参与会给我们的研究提供很大的帮助,使我们了解生育政策调整对育龄女性带来的切实影响,同时也有利于了解孕妇需求,使医务人员更好地为您提供服务。追踪访谈结束后,我们会给您提供一份礼品作为答谢。

【参与原则及保密】

根据《中华人民共和国保守国家保密法》的规定,我们会对您的调查结果和访谈情况进行严格保密,避免在报告撰写过程中暴露您的隐私。在研究过程中,我们也愿意随时得到您的积极支持,包括我们研究方法和内容上的不合理,我们都会高度尊重您的建议。同时您也可以随时选择退出调查研究。

如您同意参加本研究,您需签署姓名和日期,这将表明您同意以下事项:

1. 您已阅读并理解知情同意书的所有信息,并且经过了充分考虑。
2. 您的所有疑问都已经得到满意答复。
3. 您自愿加入此项研究,并且会如实回答。

这项研究和可能的获益与风险我已充分了解。

我重申,我同意参加这项研究。

被访谈者姓名:
  签名: 日期

研究者姓名:
  姓名: 日期

附录四　调查问卷

孕产保健资源使用调查问卷

亲爱的准妈妈：

　　您好！我们是南京大学社会学院"生育政策调整和孕产保健资源使用"调查组。为了使医院更好地为孕妇提供孕产保健，我们希望了解您怀孕和产检的经历。这些数据将仅用于研究，无须知道您的姓名等信息，只希望了解您作为一名孕妇的基本情况。请您按照自己的真实经历填答，在合适的答案处打"√"或者在填空处直接填写。感谢您的配合！

　　填答完成后，我们的调查员会送给您一份小礼物作为感谢！祝您身体健康，阖家幸福！

　　联系人：邱济芳　　　　联系邮箱：qiu_ji_fang@126.com

"生育政策调整和孕产保健资源使用"调查组

2016 年 5 月 18 日

一、家庭基本情况

A1 请问您是哪一年出生的？_____年

A2 您爱人是哪一年出生的？_____年

A3 您有兄弟姐妹吗？

1 没有　2 有____个哥哥　____个姐姐　____个弟弟　____个妹妹

A4 您爱人有兄弟姐妹吗？

1 没有　2 有____个哥哥　____个姐姐　____个弟弟　____个妹妹

A5 您和您爱人 18 岁以前主要生活在哪里（小时候家在哪里）？（请将答案号码填在____上）

您自己_____　　您爱人_____

1 本市市区　　2 本省其他城市　　3 外省城市

4 本市郊县农村　　5 本省农村　　6 外省农村

A6 您和您爱人的文化程度是什么？（请将答案号码填在____上）

您自己_____　　您爱人_____

1 初中及以下　　2 高中或中专　　3 大专

4 本科　　5 研究生及以上

A7 您与您爱人在下列哪种单位工作？（请将答案号码填在____上）

您自己_____　　您爱人_____

1 党政机关　　2 事业单位　　3 国有企业

4 集体企业　　5 私营/民营企业　　6 外资企业/合资企业

7 个体经营　　8 社会组织/社区　　9 全职在家

10 其他（请写明）____

A8 您和您爱人的具体职业是什么？（请将答案号码填在____上）

您自己_____　　您爱人_____

1 工人　　2 商业、贸易人员　　3 服务业人员

4 邮电通信业人员　　5 行政办事人员　　6 干部、管理人员

7 教师　　8 科技人员　　9 医疗卫生人员

10 建筑房地产业人员　　11 个体经营者　　12 银行保险业人员

13 交通运输人员　　14 军人、公检法人员　　15 全职在家

16 其他（请写明）_____

A9 您和您爱人每月的收入在下列哪个范围内？（请将答案号码填在____上）

您自己_____　　您爱人_____

1　2000 元及以下　　2　2001～4000 元　　3　4001～6000 元

4　6001～9000 元　　5　9001～12000 元　　6　12001～15000 元

7　15001～18000 元　　8　18001～22000 元　　9　22001 元及以上

A10 你们双方父母目前的工作状态是：（请将答案号码填在____上）

男方：父亲____　　母亲____

女方：父亲____　　母亲____

1 在职上班　　2 务农　　3 离退休

4 离退休后再就业　　5 在家（家庭主妇）　　6 其他（请写明）____

A11 你们双方父母的文化程度是什么?(请将答案号码填在____上,若已去世,请填去世前的)

男方:父亲____　　母亲____

女方:父亲____　　母亲____

1 小学及以下　　2 初中　　3 高中或中专

4 大专　　5 本科及以上

A12 你们双方父母的年龄是多少岁?(请将答案填在____上,若已去世,则不填)

男方:父亲____岁,母亲____岁;

女方:父亲____岁,母亲____岁;

A13 你们双方父母的户口性质是:(请将答案号码填在____上)

男方父母:_____　　女方父母:_____

1 农村户口　　2 城镇户口

3 一个是农村户口,一个是城镇户口

A14 你们双方父母目前的身体状况如何?(请将答案号码填在____上)

男方:父亲____　　母亲____

女方:父亲____　　母亲____

1 非常好　　2 比较好　　3 一般　　4 不太好　　5 很差

A15 请问您现在主要居住在哪里?____

1 本市区　　2 本省其他市　　3 外省城市

4 本市农村　　5 本省农村　　6 外省农村

A16 您从现居住地到这家医院需要多长时间?____小时____分(用您常使用的交通工具计算)

二、生育意愿

B1 人们生孩子的原因有很多,对您来说,生孩子的最主要原因是什么?(勾选最主要的一项)

1 有孩子老年才有所依靠　　2 有了孩子人的一生才完美

3 有孩子才能传宗接代　　4 没孩子会被人看不起,受歧视

5 孩子是家庭幸福和快乐的源泉　　6 没考虑过,结婚生孩子是很自然的事

7 孩子可增强夫妻感情　　8 孩子将来可给家庭带来经济上的帮助

9 满足父母的愿望　　　10 其他(请写明)

B2 您对这个孩子的性别有什么希望吗?＿＿＿＿＿＿＿＿＿

1 希望是男孩　　　2 希望是女孩　　　3 不管是男孩还是女孩都行

B3 如果希望是男孩,主要原因是什么?

1 第一个是女孩,生一个男孩就儿女双全

2 将来养老主要靠儿子　　　3 男孩好养　　　4 生男孩有面子

5 男孩可以传宗接代　　　6 就是喜欢男孩

7 其他(请写明)＿＿＿＿＿

B4 如果希望是女孩,主要原因是什么?

1 第一个是男孩,生一个女孩就儿女双全

2 女儿孝顺,将来养老有保障　　　3 女儿贴心

4 男孩将来结婚要准备房子,经济压力大　　　5 就是喜欢女孩

6 其他(请写明)＿＿＿＿＿

B5 你们生这个孩子,双方的父母是否愿意帮您们带孩子?＿＿＿＿

1 双方父母都愿意　　2 只有男方父母愿意　　3 只有女方父母愿意

4 双方父母都不愿意

B6 综合身体条件和时间精力情况,你们双方的父母是否能够帮忙带孩子?＿＿＿＿

1 双方父母都能够　　　　2 只有男方父母能够

3 只有女方父母能够　　　4 双方父母都不能够

三、怀孕产检认知和经历

C1 您的身高＿＿＿ cm,体重＿＿＿ kg　　C1_1 您这次怀孕前的体重大概是＿＿＿ kg

C2 您目前的身体状况如何?

1 非常健康　2 比较健康　3 一般　4 不太好　5 很不好

C3 您目前的孕周是＿＿＿＿＿周

C4 您之前是否有过流产?　　1 是　C4-1 流产＿＿＿＿＿次　　2 否

C5 您这次的怀孕方式是?

1 意外怀孕　2 正常备孕后怀孕　3 准备较长时间才怀孕

4 使用生殖技术辅助怀孕

C6 您是否严格按照《孕妇保健手册》上要求的时间进行产检?

1 是　　2 否

C7 您听说过以下哪个检查项目?(有几项勾几项)

1 唐氏筛查　　2 三维/四维彩超　　3 NT

4 羊水穿刺　　5 无创 DNA 检测

C8 这次怀孕,您已经做过以下哪个检查项目?(有几项勾几项)

1 唐氏筛查　　2 三维/四维彩超　　3 NT

4 羊水穿刺　　5 无创 DNA 检测

C9 此次怀孕以来,您一共参加了_____次产前检查?(请将答案写在横线上)

C10 您认为自己在怀孕与生产过程中哪些方面存在风险?(每行选一格打√)

风险	1 没有风险	2 有些风险	3 风险很大
a. 流产			
b. 胎儿残疾/基因疾病/畸形			
c. 高血压、糖尿病等并发症			
d. 生产过程(难产、早产等)			

C11 您知道医学上高龄生育是从多少岁开始的吗?

1 知道　C11-1 医学上从_____岁开始是高龄生育

2 不知道(跳至 C12)

C11-2(知道者回答)您如何得知高龄生育年龄的这一标准?(有几项勾几项)

1 医生告知,医院宣传　　2 网络查询　　3 朋友聊天提到

4 家人提到过　　5 电视广播中看到过

6 书中看到过　　7 其他(请写明)_____

C12 根据您的经验,您认为女性从_____岁开始生育较危险,即属于高龄产妇(不知道为 999)

C13 据您所知,高龄生育的可能风险有哪些?(有几项勾几项)

1 流产　2 胎儿畸形/残疾等　3 糖尿病等并发症

4 生产过程　5 其他(请写明)_____

C13-1 您是如何知道以上这些风险的?(有几项勾几项)

1 医生告知,医院宣传　　2 网络查询　　3 朋友聊天提到过

4 家人提到过　　5 电视广播中看到过　　6 书中看到过

7 自己经历过　　8 其他(请写明)_____

C14 在怀孕产前检查过程中,您是否通过以下途径解决疑惑?(有几项勾几项)

1 网络论坛/微信/App   2 医生护士等专业人员   3 与朋友交流
4 图书、报纸杂志等   5 与老公交流   6 电视广播等
7 与母亲/婆婆交流   8 与亲戚交流
9 其他(请写明)_____

C15 您服用特定的孕产保健品吗?(叶酸为孕前3个月的服用情况)(每行选一格打√)

保健品	1 没有	2 每天服用	3 一周2~3次	4 一周1次	5 一个月1~2次	6 想起来就吃
a. 叶酸						
b. 多维片						
c. 钙片						
d. DHA						

C16 以上孕产保健品当中,是否有进口保健品?   1 是   2 否

四、孕产保健资源和服务的评价

D1 您为何选择在这家医院进行产检?
1 离家近   2 有熟人在这里工作   3 医疗技术好   4 有专家
5 其他(请写明)_____

D2 请问您是如何在这家医院预约到的建大卡?
1 正常排队预约就可以   2 起早排队约上的
3 找熟人关系介绍   4 其他_____

D3 您觉得以下孕产保健资源是否充足?(每行选一格打√)

	1 非常充足	2 比较充足	3 比较紧张	4 非常紧张
a. 产检资源(B超、唐筛等)				
b. 孕产相关医护人员				
c. 产房床位				

D4 您对此医院的孕产保健服务满意吗?
1 非常满意   2 比较满意   3 比较不满意   4 非常不满意
D4-1 请问您不满意的原因是?(请写明)_____

五、请已生过孩子的孕妇回答以下题目

E1 除了现在待产的孩子,请问您已经有几个孩子？_____个

E2 他们的基本情况是：

孩子情况	性别	年龄
第一个孩子		岁
第二个孩子		岁

E3 您生第二个孩子的最主要原因是什么？（只勾最主要的一项）

1 孩子可以有个伴,利于孩子成长

2 就希望生一男一女,儿女双全

3 主要想要个男孩　4 主要想要个女孩

5 第一个孩子就不会被娇生惯养

6 多一个孩子将来我们养老更有保障

7 多一个孩子就更加保险　8 就可以传宗接代,姓父母双方的姓

9 多一个孩子家里更热闹　10 生养第一个孩子没经验,有些遗憾

11 主要为了满足爱人的愿望　12 主要为了满足父母的愿望

13 更多地享受育儿的快乐　14 其他（请写明）_____

E4 您觉得再生一个孩子会使您的家庭生活水平下降吗？

1 不会下降　2 会有一点下降

3 会有比较大的下降　4 会有很大的下降

E5 您和您爱人之间在生不生第二个孩子的问题上意见一致吗？

1 完全一致　2 基本一致　3 不太一致　4 很不一致

E6（意见一致者跳过）在生不生第二个孩子的问题上,您和您爱人谁的意见影响（决定权）更大？

1 我的意见影响更大　2 我爱人的意见影响更大

E7 在生不生第二个孩子的问题上,双方父母的意见对你们有影响吗？

1 双方父母都有影响　　2 男方父母有影响

3 女方父母有影响　　　4 都没有影响

六、请年龄35周岁及以上的孕妇回答以下题目

F1 您和家里商量要这个孩子时,是否考虑了年龄问题？

1 是　　2 否

F2 您决定生育之前,感觉自己在现在的年龄生育有风险么?

1 没有风险　　　2 有些风险　　　3 风险很大

F3 您是否认为自己属于"高龄产妇"?　　　1 是　　　2 否

F4 目前,您认为自己的生育有风险吗?

1 没有风险　　　2 有些风险　　　3 风险很大

F4-1(认为高龄生育有风险)您为什么觉得此次怀孕有风险?(有几项勾几项)

1 年龄大,体力不如以前　　　2 自己目前身体状况不佳

3 以前怀过不健康的胎儿　　　4 之前有过流产经历

5 检查结果显示不正常　　　　6 有家族遗传病史

7 产后身材恢复慢　　　　　　8 环境污染、辐射等

9 其他(请写明)_____

F4-2(认为高龄生育有风险)怀孕过程中您用了何种方式预防风险?(有几项勾几项)

1 锻炼身体　　　2 进行规范的检查　　　3 饮食睡眠调理

4 选择专家门诊　　　5 了解相关知识

6 选择医疗条件好的大医院　　　7 其他(请写明)_____

F5 如果认为没有风险,那主要是因为什么?(有几项勾几项)

1 农村妇女高龄生育较多　　　　2 国外女性生育较晚

3 女明星生育年龄较大　　　　　4 自己感觉身体状态良好

5 没有家族遗传病史　　　　　　6 产前检查都没有问题

7 感觉胎儿(胎动等)很正常　　8 其他(请写明)_____

F6 您去过医院的风险评估门诊吗?

1 没听过这个门诊　　　2 没去过　　　3 去过

再次感谢您的配合!您有任何其他关于怀孕与生产的看法也欢迎写下来告知我们:

_____

后 记

本书的研究始于2014年,是我的博士毕业论文。南京大学的风笑天教授是我从硕士到博士的导师,他耐心地指导着我的博士论文,从确定选题到完成调研,风老师给我提供了经费、人员等各方面的支持。本书能顺利完成我首先要感谢的就是我敬爱的导师——风笑天老师。如今风老师依然致力于他最擅长的研究领域,愿我也如他一般能一直保持质朴、纯真和重情。

求学时期,南京大学的很多老师都给我提供了课堂的启发或课下的指导,感谢邵京老师、周培勤老师、张玉林老师、成伯清老师、郑震老师等的帮助。感谢我的先生曹朝龙,陪我从本科到博士,再到独立完成研究,他和我讨论了最初的想法,最先阅读了这本书最不成熟的初稿,他的鼓励、批判都构成我思考的新动力。王晓焘和聂伟在研究方法和结论上都给我诸多意见,感谢两位兄长在学术道路上多年的陪伴和指导。李潇晓、周东洋、罗丹、方洪鑫、Manon Laurent都在论文完成过程中提供了非常翔实且宝贵的建议,感谢这些一直同行的朋友们!本书成稿于法国巴黎的公共图书馆。蓬皮杜和公共图书馆给我提供了完美的论文写作空间,让我在写作困顿时能随时发现身边的惊喜。巴黎小窝的室友们给身在异乡的我带来了无尽的温暖,谢谢这群可爱的妹妹们。感谢法国ENS的Michel Offerlé,CNRS的Dominique Memmi,他们提醒我关注生命政治中更复杂的社会机制,并将其展现在研究分析当中。期待和他们再见!

感谢文中参与调研的医院和医护人员,他们的接纳与配合让本研究顺利完成。感谢那些接受我访谈的孕妈们,她们真诚的分享常让我感慨母亲的伟大,直至后来自己成为母亲才慢慢体会到其中的挣扎、焦虑和矛盾。感谢西北大学出版社的翟丽娜老师,她的督促、耐心和包容得以让此书成型。

完成本书写作时,我已经是一名五岁孩子的母亲。抚育孩子的过程于我自身也是一个重新审视自己研究主题的过程。对于书中某些细节，有些已不甚清晰，但是在医院中我参与观察的经历、医院指导老师手把手教的产科知识、孕产妇慷慨与我分享的孕产经验却实实在在烙印于我的生命中。此次研究，她们给予我的远远多于我能给她们的。2018年，我从身体经验的层面切实体验了怀孕与分娩的整个过程。11月，我在建大卡的医院没能预约到NT检查，后来在郊区的一家普通医院完成了NT项目。我在调查现场听过多次颈后透明带扫描，也曾经见到过一些检查结果，但当我看到自己腹中胎儿的侧脸时，仍然感慨这一技术确实改写了我对自我身体和胎儿的想象。从那时起，我更切身体会到本书中关注不够深入和全面的母职这一面向。感谢让我切身体验"生之意义"的一诚宝贝，也想再次感谢不断与我切磋合作承担亲职的战友——曹朝龙。

2019年，我获得了国家社会科学基金资助继续研究生殖与社会议题，这时我希望集中挖掘女性主体的声音，呈现她们更为丰富的介于母职、医疗、身体等多重结构中的复杂体验。这既是来自于本书的研究，也来自于本人所经历的孕育养育过程。本书只展现了孕产中的女性面对产前检查、分娩的行动策略和意义赋予，然而实际上，她们对风险的考量、对生育意义的认知有更多可以探讨的空间。这些内容的讨论都将丰富当下我们对生育、生育友好、家庭之多层含义的理解。因此，这本书只是一个开始，仍有诸多不足，请读者海涵。

在本书交稿之前，我的奶奶离世了。在生命的最后阶段，她曾拿着我和弟弟儿时环绕在她和爷爷身边的照片，留下思念的眼泪。这一幕在我脑海中久久不能抹去。永远记得我和奶奶紧握着的双手，越来越紧的双手。虽然那时奶奶已无法言语，但我知道我们的生命早已紧密交织，爱意也是。当我不断去追问"何以为生"时，从一个生命到另一个生命，我们打开的其实也是生命联结的诸多可能性。而本书则是回到这一生之初，呈现它那复杂的样子。希望它能让大家看到当今社会在"生命的门槛"处对生和生命可能性的想象。

最后，感谢我的父亲、母亲、弟弟和所有爱我的人，正是在他们支持下，我得以享受着生的多重可能性。

邱济芳

2024年11月于南秀村